学科的划界

- 波普尔的可证伪思想一直明确地宣示着科学领域边界，并在其中长期确立着自己的主导地位。物理学包含着大量的确定性；工程学，建立在发现的物理和数学法则之上，需要应对各种各样的环境并调参，确定性缺失了一些；更大不确定性的生物学和医学已经无法进行严格的数学推导，几乎完全依赖于实验设计的统计学归纳，删失数据带来生存分析的应用等。在这些领域里，大多数的理论都是可重复的，并应用于频率解释。

- 至于心理学、社会学、经济学等社会科学，这里的可重复性成为了一个巨大的问题，频率解已经无从出发，人们带着强烈的因果诉求，在目的论中衍生出多样的主观偏见。为了解决认知偏差，我们需要更深刻地理解肥尾统计和贝叶斯统计观点。在这些领域里，反身性更加普遍——反身性淡化了对于"非科学"的"批判立场"，弱化了哲学剃刀的工具属性，更加宽容地看待这些社会和文化现象，并赋予了波普尔科学范畴之外的学科一种额外的、启发式的解释原理。

- 可证伪思想和反身性都会有一些例外的情况：波普尔准则把数学和逻辑学开除了科学的户籍——因为公理系统的公理无法被证伪；演化生物学、地质学或宇宙学等学科，也无法用可证伪准则来判别——这些学科的方法，是通过因果推理构成的整体链条来解释自然，而不是一系列经验的真伪判断；而反身性原理也可应用于宇宙学研究，比如圈量子引力理论——这与传统的波普尔观点下发展的弦论是不同的。

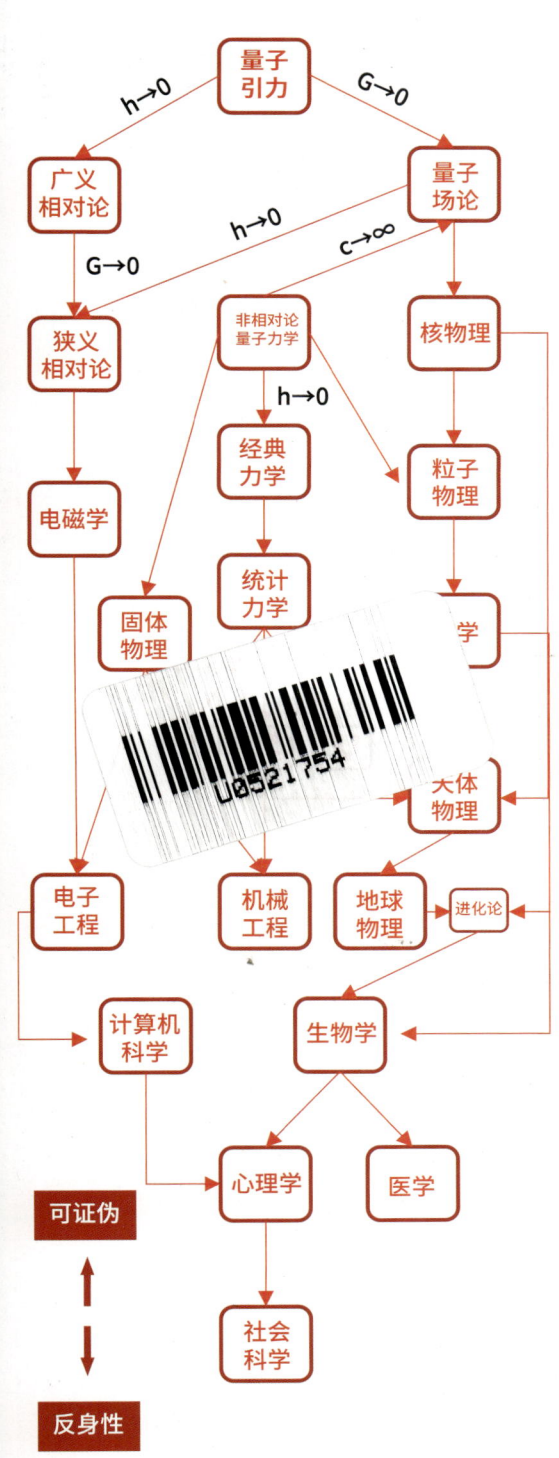

统计推断三叉戟

- 贝叶斯学派和频率学派都有坚定的信奉者，并依照信仰行动，社会工作者青睐前者，科学工作者青睐后者，这里的工具有经验贝叶斯，岭回归，J-S 有偏估计等。

- 两派的发展中，Fisher 的独立和坚持，让统计推断走向了三足鼎立的局面，Fisher 合理妥协采取中间立场。从极大似然估计到方差分析，从显著性检验到信任区间，Fisher 的哲学扎根于计算术语，并深入日常实践。

- Fisher 学派和贝叶斯学派都有似然的影子，这里的工具有马尔科夫链蒙特卡洛 MCMC、客观贝叶斯等，这里会用到无偏估计，有一些 Fisher 的味道。

- 频率学派和 Fisher 学派师出同门，共同排斥贝叶斯的先验论调，这里是传统统计推断的领地，KM 估计、生存分析、广义线性模型、回归树等是其典型应用。

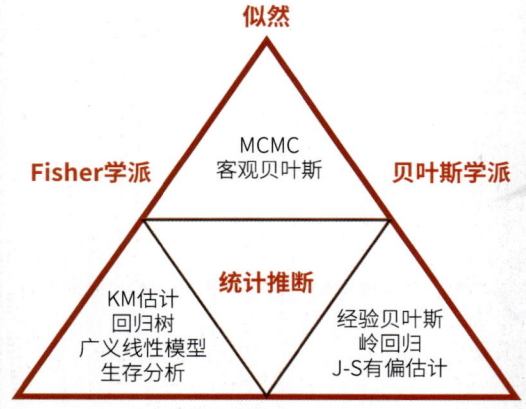

世界运行的统计解释

- 自然科学青睐频率学派，诉诸于重复实验研究；商业和个人决策贴近贝叶斯思维，人为偏见是必要的，他们都有着完整的世界观。天然排斥因果诉求的效果逻辑归属贝叶斯，贝叶斯思想恰恰需要不同甚至是奇幻思考模型的补充。

- Fisher 学派关注实用，而不是将其转变为信仰或者行动准则。最大熵是退化后的贝叶斯，比 Fisher 学派更亲近贝叶斯。研究人类行为的社会动力学领域，肥尾已经逐渐成为了一种新的世界观和信仰。假以时日，必将独自占据一极。

- 因果诉求与科学发现的溯因论渊源很深，也与人类行为的目的论相互契合，因此因果推断居于两者之间。贝叶斯里没有因果，它也因此远离了贝叶斯。因果性本身并不够深刻，很难发展为独自占据一级的思想力量。

- 反身性带有强烈的因果循环论的味道，并关联了幂律和分形解释，也更亲近肥尾统计。尽管存在反例（比如宇宙学），但我们仍有理由将其放在同时远离频率派（这里青睐客观性）和贝叶斯派（贝叶斯没有因果）的第三极。

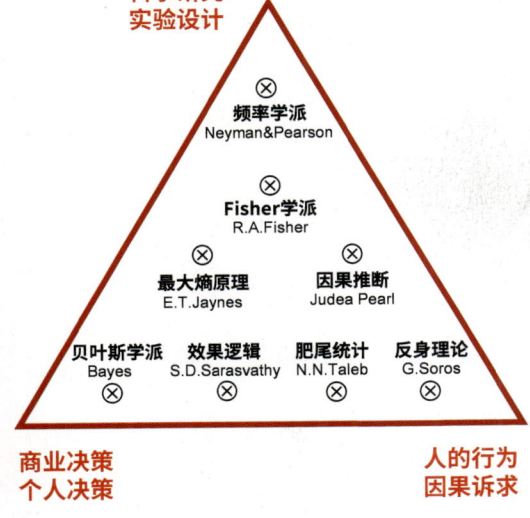

肥尾的涌现

三类随机过程可以解释肥尾的涌现。它们分别是：加法过程、乘法过程和极值过程。

加法过程从耳熟能详的中心极限定理，拓展到稳定分布（5.1 节）。这里可以看到幂律吸引子和高斯吸引子的影响；乘法过程出现在增长和与当前的规模成比例的情况下，例如利率，收入投资、人口增长、分解和分形等（8.6 节和 9.2 节等）；极值过程则用于描述极端的事件（地震、洪水和世界纪录等），这里我们有极值理论（5.4 节）。

日常生活中，肥尾应该看作比薄尾分布更为普遍，尽管加法过程（高斯分布）和极值过程（Gumbel 分布，$\alpha>1$ 的 Weibull 分布等）都可以带来薄尾，但肥尾则可以在加法过程（Levy、Cauchy 分布等）、乘法过程（Pareto 分布等）和极值过程（Fréchet，$\alpha<1$ 的 Weibull 分布）这三种过程中涌现。

"稳定分布"精确地刻画了加法过程的极限分布，"最大稳定分布"精确地刻画了极值过程的极限分布。此外，乘法过程和极值过程是否得到肥尾，与"方差∞"无关，而加法过程得到肥尾需要"方差∞"。

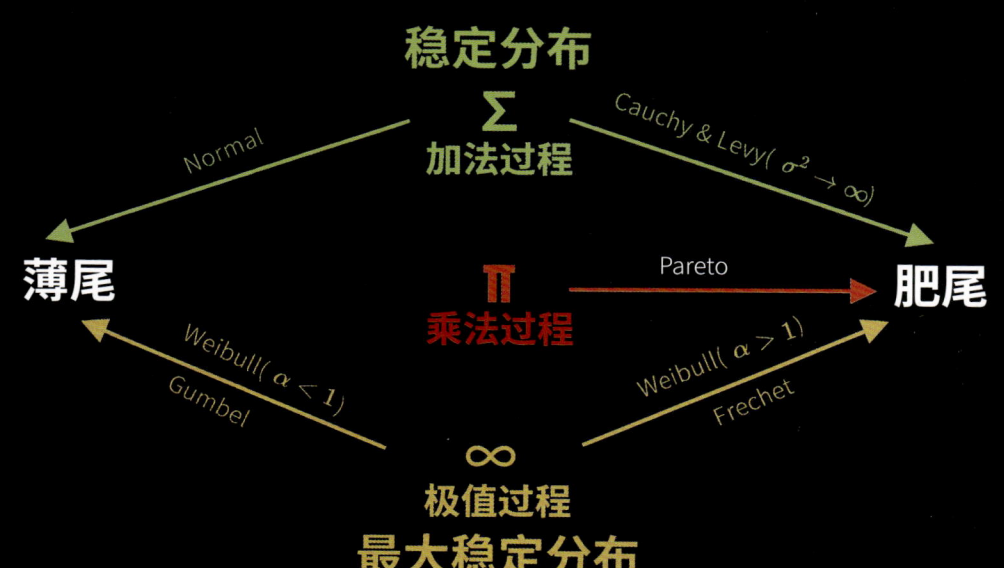

统计信仰
驾驭无序世界的元认知

徐鸿鹄 著

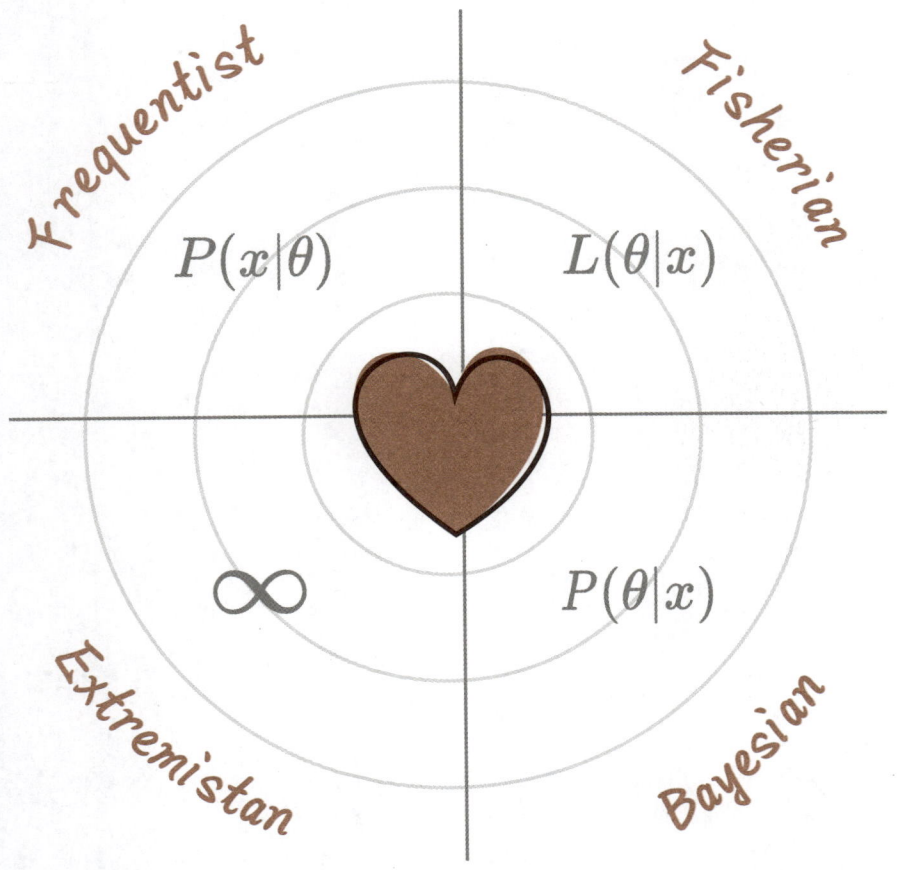

电子工业出版社
Publishing House of Electronics Industry
北京·BEIJING

内 容 简 介

本书分为上下两篇，共9章。上篇包括从逻辑到统计、频率统计、贝叶斯统计与最大熵、Fisher统计、肥尾统计，主要介绍了统计学理论四大派别的思想和主要工具。下篇包括因果认知、统计认知、商业决策、个人决策，主要剖析了统计学理论四大派别在应用端的新发展。

本书的写作参考了许多统计类书籍，将肥尾统计列到统计理论学科系统中进行梳理，并研究了它与贝叶斯统计之间的理论联系。同时将因果推论相关的内容与传统统计学进行交叉关联，还探讨了个人决策方面的统计学前沿应用。

未经许可，不得以任何方式复制或抄袭本书之部分或全部内容。
版权所有，侵权必究。

图书在版编目（CIP）数据

统计信仰：驾驭无序世界的元认知 / 徐鸿鹄著. —北京：电子工业出版社，2023.1
ISBN 978-7-121-44627-6

Ⅰ.①统… Ⅱ.①徐… Ⅲ.①统计学 Ⅳ.①C8

中国版本图书馆CIP数据核字（2022）第228948号

责任编辑：张月萍　　　　　　特约编辑：田学清
印　　刷：三河市华成印务有限公司
装　　订：三河市华成印务有限公司
出版发行：电子工业出版社
　　　　　北京市海淀区万寿路173信箱　　邮编：100036
开　　本：720×1000　1/16　印张：17.25　字数：340千字　彩插：2
版　　次：2023年1月第1版
印　　次：2023年1月第1次印刷
定　　价：79.00元

凡所购买电子工业出版社图书有缺损问题，请向购买书店调换。若书店售缺，请与本社发行部联系，联系及邮购电话：（010）88254888，88258888。

质量投诉请发邮件至zlts@phei.com.cn，盗版侵权举报请发邮件至dbqq@phei.com.cn。
本书咨询联系方式：010-51260888-819，faq@phei.com.cn。

前 言

曼哈顿学院的 Mark Mills 和 Peter Huber 说:"文明，就像生活一样，是一段飞离混乱的旅程，它充满苦难，永无尽头。混乱最终会占据上风，但我们的使命就是尽可能地推迟它，用尽一切的聪明才智和决心，把事情朝着相反的方向推。"

为了尽力解释这个世界，我们诉诸不同的努力：从概率到决策，从科学到哲学，从算法到心法，从认知到命运。然而，这种类比建立联系的方式有着一个根本的问题，即理性是有限的。

科学家可以利用科学工具解决很多技术问题，但却无法利用科学工具解答关于价值观、道德、立场的问题。维特根斯坦语言哲学、波普尔批判理性主义也纷纷指出了理性的局限。人们不得不接受这样一个观点：纯粹理性是不存在的，理性有一定作用但非万能。

尽管波普尔为"可证伪性无法被证伪"所质疑，但这种质疑实质上偏离了波普尔发明"可证伪"黄金标准的初衷。问题不在于"可证伪"是否成立、是否有意义，波普尔最大的贡献在于，他给出了一个有意义的学科分界标准。尽管遭遇了挑战，但在更好的竞争性标准提出之前，有趣的是，可证伪这个概念本身却并非是"实证"的，它并非是科学领域的概念，而应归属于哲学领域。因此，可证伪概念只是一种方针，一种经验法则。虽然不可证伪性不是黄金标准，但利用它，我们可以排除很多伪科学。同样值得注意的是，武断地使用它，我们也可能会轻易丢失正确的科学结论。

尽管这一经验法则不是普世真理，但它却是一个有效的工具，可以在经验科学的陈述与一切其他陈述（宗教，形而上等学科）之间画出一条相对明确的分界线。

波普尔的可证伪思想一直明确地宣示着科学领域边界，并在其中长期确立着自己的主导地位。

在这样的划分下,概率、科学、算法、认知这些理性的、"可证伪"世界的元素并不能完全地映射到"可证伪"黄金标准"一无是处"的社会学乃至人文学领域的决策、哲学、心法、命运上,这种映射多半会带来粗浅的类比。

波普尔认为,科学方法的正确性应该建立在可证伪的基础上。然而,这个可证伪标准本身是无法证伪的,因此波普尔的理论根据他自己建立的可证伪标准是不成立的,但这却印证了他对纯粹理性的批判。

这个"可证伪"标准,应该是一种区分实证知识和非实证知识的标准。波普尔据此就已经将数学和逻辑学开除了科学的户籍——因为公理学统的公理无法被证伪。

从波普尔到库恩、卡拉托斯、费耶阿本德,他们都指出,理论如同冰山,有一个巨大的被淹没部分,这个部分是非理论的,但对于理论的发展又必不可少。

人生在世,理性之外的文化参与是一种必不可少的训练,以此来理解群体和社会的运行:如果你在一家制药公司工作,那么你需要了解患者,否则你的所有药物开发尝试都将失败;如果你要制造汽车,那么你需要知道司机的生活方式,否则你的车里会设计一大堆不相干的配置;如果你在政府工作,那么你需要借助社会科学理论来批判性地思考官僚主义……

古希腊哲学家德谟克利特说:"我宁愿发现一个原因,也不愿成为波斯国王。"

1998 年诺贝尔物理学奖得主 Robert B. Laughlins 曾说,在一个存在着诸如离狮子近就会被吃掉那样的因果关系的世界上谋生存,使我们生来就具备了寻找事物之间因果关系的能力。

似乎一个人的一生需要供奉两个"神明":一个是科学理论的,用以解释概率化的客观世界;另一个是非科学理论的,用以解决人类的因果诉求。

决策、哲学、心法、命运大都是因果论下的主题。科学的飞跃拓展了我们对世界的概率解读,但人的问题大都是因果问题。

在因果认知方面,我们还缺乏有效的理论,但这不意味着这个领域完全空白,至少 Judea Pearl 和 Dana Mackenzie 的 *The Book of Why*,以及 E. T. Jaynes 的 *Probability Theory: The Logic of Science* 在这方面做出了有效的尝试。因果推断作为迟到的理论是值得深入研究的。

利用科学,我们可以轻松地说出 100 年后人类生活不会发生太大的变化,但却

前 言

很难预测50年后人类的生活具体会是什么样的。预测未来的难度在于，科学的发展总是步步推进的。例如，我们无意中发明了火箭技术，于是产生了太空探险的需求；我们创造出了电动车，于是产生了不同于燃油车的，对电动车的需求和依赖。针对很多进步，在事后看来技术和需求往往是互为因果的，都解释得通。人类行为更是如此，在事前看来，处处是迷雾，但在事后看来，人人觉得理所当然，从来不缺乏有效的解释。

成功学大师们口吐莲花，从投硬币概率到人生哲理感悟，以概率数字思考机会和命运，以小见大感悟人生哲理，其实大都缺少深刻而确定的理论依据，缺乏拓展性和适应性。其本质上忽视了科学的概率理性世界与主观因果认知世界的巨大鸿沟。

稍不注意，我们一厢情愿的主观意愿就会被披上科学和理性的外衣，投射为急功近利的成功学和励志怡情的心灵鸡汤。

在这个社会上有能力把所有问题解释得头头是道的人越来越多，但凭借亲身经历真正理解问题的人却越来越少。为了联系理论与宏观世界，跨越知识的藩篱，我们需要一个更好用的"中间件"，而不是简单粗暴地牵强附会。

世界越混乱和不可预测，人们就越渴望熟悉的、原创的、真实的东西。我好奇的是，为了跨域两种认知，是否存在更加基本的元认知呢？

解除这一疑惑便是《统计信仰：驾驭无序世界的元认知》一书创作的初衷。

跨越学科启发认知的事情，只要做得正确，也可以无比美妙。例如，弦论物理学家大栗博司就曾把电磁学理论类比为金融市场里的货币理论，使电场与汇率、磁场与利率产生了联系，并一鼓作气推导出了金本位制与希格斯波色子之间的奇妙联系。

对于人类来说，分析这个世界太复杂，我们很少有机会能够获取形式简洁、和谐自洽、富有美感的本质发现。

索罗斯曾说："我投资和创造财富的理论，基本上是在学生时代创造和形成的哲学思想，这蒙恩于我的老师波普尔。"现代风险学实践大师塔勒布也喜欢波普尔，并发展出了自成一派的肥尾哲学。他们学习波普尔，但没有拘泥于波普尔，最后都超越了波普尔，他们的认知都触及此前理性科学无法触及的人文领域，批判对待理性的观点一直在实践中蓬勃发展。

在众多潜在"中间件"中，统计学无疑是一个有趣的备选项。

统计学的最大魅力在于，我们可能并不需要刻意解释什么，只需要发明一个简单的模型，并以此重现现实世界的几个特征，即可获得新的认知，如医学中的生存分析、金融学中的鞅测度、心理学中的元分析，每当获得了新的认知时，我们便取得了进步。随着这些进步，更好的模型将被发明出来，以更加精确的方式重现现实世界越来越多的特征。

统计推断是一门内容极其广泛的学科，实际上，它位于数学、经验科学和哲学三门学科的交叉点上。而在当今最令人敬畏的风险管理理论学者 Nassim Nicholas Taleb 眼中，借助统计学，还能让数学、哲学、社会科学、契约理论和决策理论五个领域达成高度默契。

统计学这种研究随机性影响并量化不确定性的属性，使得其自带超强的跨界融合的特点。它不以任何一个专门领域为研究对象，只要在安排实验和处理数据过程中涉及一些一般性的、共同的数学问题，就可以利用统计学知识。

毫不夸张地说，统计学是博学者的捷径、万物理论的圣杯，这正印证了那句英语箴言：Mastering Math is a Shortcut to Becoming a Polymath（掌握数学是成为博学者的捷径）。

在当"跨界"称为热词时，在成为博学者的路径上，学习统计学是必由之路。

单一领域的专门知识暗含不容置疑的假定，而广阔的知识更能包容深刻的问题和新颖的观点。也许通过统计学，生命的无秩序、混乱和不可知性都可以慢慢走向量化。

随着时间的推移，我越发敬畏统计学这门学科，并因此萌生了以一种非通俗浅显科普，也非遵循专业教材严格推理的方式，书写统计学的想法：将重点放在构建知识体系和世界观上，力图展现统计学理论和应用的美妙之处和不为人知的一面。

认知成熟的标志，不是寻求终极的大道理，而是潜移默化地关联起身边每个领域里发生的小事情。思维的世界里没有权威，没有人可以剥夺你思想的乐趣，有很多科学家穷尽一生坚持研究就是为了探寻这种隐秘、未知而又突如其来的极大喜悦。

力图单枪匹马解读这样宏大的命题无疑是狂妄和无知的，除非站在巨人的肩膀上。作者在本书的创作过程中，自然也拜读了众多大师的著作。这些大师包括：

- 物理学家及坚定的贝叶斯学者 Edwin Thompson Jaynes。
- 计算机时代统计学的引路人 Bradley Efron。

- 中国统计学泰斗陈希孺院士。
- 科学哲学最危险的敌人兼具无穷批判力的 Paul Feyerabend。
- 肥尾统计的开拓者、当代令人敬畏的风险管理理论学者 Nassim Nicholas Taleb。
- 人工智能先驱、"贝叶斯网络之父" Judea Pearl。

不管怎么说,"独立思考"都是一个枯燥又空洞的词。人的知识绝大多数是从他人那里借鉴学习获得的,真正的知识生产的成本是很高的。一路阅读就会发现,这个世界上真正有用且自己用得上的知识真的很少。理解那些伟大的思想比批判它们往往困难得多。

从分子生物学到数理生物学,从物理化学到计算机算法设计,从通信到微观经济学,从密码学到保险,从人口普查到全民选举,从统计物理到量子力学,从无人车到心理学,从气象预报和地质探矿到医药开发和疾病治疗,从公共政策到金融风险投资……它们都是新的、有趣的和困难的问题的来源。

统计学一方面建立了一个在数学上可以处理且尽可能简单方便的模型来描述数据,另一方面要求数据中包含尽可能多的、与所研究问题有关的信息。因此,本书不是一本关于统计学或概率的数学理论书,针对本书更贴切的说法可能是关于思考如何拓展知识,努力联系起概率世界和因果世界的工具书。

从在公众号 SerendipityCamp 上开设了追踪病毒、人生算法、科学良质三个专题开始,我就一直在思考,获得新的认知是否存在捷径。但至今我也没有找到一个令自己满意的答案。如果你现在问我获得新的认知是否存在捷径,我会说:"我不知道。"但是,这一不能令人满意的回答,绝对不会减弱我的"提升认知存在捷径"这一信念。

在跨界方面,物理学家常常具备先天优势,根源在于研究物理学除了能深入了解这个世界是怎么运作的,还能培养自己分析和解决问题的能力,包括经典力学和电磁学问题、引力与核作用问题、量子力学问题、统计物理问题……它们的框架和推理完全不同,这个广泛的覆盖面能将思维和分析能力拓展得很强。

我想,统计学或许也能够担起拓展认知的大任,因而我有足够的信心认定,获得新的认知的捷径是存在的。

对于人类来说,分析这个世界太复杂,只有把它分解成小块并分别研究,才能取得进展。要剖析"语法"本身,找到语法的漏洞,并发明新的工具来填补未知,用它来解决它适合解决的问题。为了联系宏观世界和多种学科，我们需要一个更好用的"中间件"，统计学是无疑一个有趣的备选项，即便是广罗万物的物理学研究也极依赖于这个数学工具。

都说戏剧充满了冲突，统计学无疑也是一出大幕剧，其中孕育了大量冲突和类比的观点，让这门学科有了纵深感和复杂性。

- 统计推断，统计决策。
- P、Q 测度下的世界观。
- 海森伯测不准原理，熵。
- 小样本理论，大样本理论。
- 元分析，元概率。
- 置信区间，信任区间，信念区间。
- 贝叶斯派，频率派，Fisher 派，最大熵原理。
- 显著性，效应量。
- 热力熵，信息熵，统计熵。
- RR，AR，OR，HR。
- 中心极限定理，大数定理，大偏差理论。
- 一般线性模型，广义线性模型，广义可加模型。
- 期望的概率函数，函数的期望回报。
- 高斯分布吸引子，幂律分布吸引子。
- p 值，效应量。
- 布朗运动，几何布朗运动。
- 指数族分布，幂律分布，稳定分布。
- 样本分布，抽样分布，先验分布。
- 无偏估计，有偏估计。
- 回归分析，方差分析。
- 等效性，劣效性，优效性。
- 超越合理怀疑，占优势证据。
- 弃真错误，采伪错误。
- 客观先验，经验先验，共轭先验。
- 演绎，归纳，溯因，类比。
- 经验主义，理性主义。

前　言

冲突性无关乎主题的大小，主题清单没有尽头。在本书中，我将竭尽所能，将这些戏剧化的理论对抗一一展现，并通过这些对立概念展示统计学与物理学、工程学、医学、金融学、社会科学、心理学及个人决策等领域之间的深层隐秘逻辑。

本书将分为独立的两个部分，上篇介绍统计学理论四大派别的思想和主要工具，主要包括从逻辑到统计、频率统计、贝叶斯统计与最大熵、Fisher 统计和肥尾统计；下篇从工程学、医学、金融学、社会科学、心理学及个人决策等多个角度入手，应用多样的统计工具，分析统计学不为人知的强大适应性和解释力。

知识的方法论没有任何方法能够高效传递，所以你要找到窍门拨开那层薄纱，建立目标并开始行动，只要一开始行动，碎片化的知识就会迅速被组织起来，并被使用、试错、迭代，这些碎片终会穿过你的身体并成为身体的一部分。

本书能够出版要感谢的人有很多：耐心且包容的"非著名图书策划人"姚新军（@长颈鹿27）先生，提供宝贵审阅意见的冯国双博士（@小白学统计），给予帮助和鼓励的良师益友罗本进博士、王立耀教授、黎胜文老师等，以及身边的朋友和家人，当然，更重要的是众多素未谋面但为公众号 SerendipityCamp 提出批评和建议的新老朋友们。

在书写励志故事早已令人厌倦的时代，谈梦想总是不合时宜的。但正如20世纪德裔作家埃里希·玛丽亚·雷马克所说：我们有梦想，因为若没有，便无法承受现实的真相。我们不断跨越知识的边界，实践一生，探寻真相，只是为了证明：人生，不只是从摇篮到坟墓的漫长跋涉。

本书内容涉及学科众多，限于作者学识，不足之处在所难免，敬请读者指正。

作者谨识

作者简介

徐鸿鹄，某德资企业项目管理负责人，公众号 SerendipityCamp 创作者，中德教育与科技合作促进中心（kfbtz.org）高级顾问。

目 录

上篇

第1章　从逻辑到统计 / 7
　　壹　归纳推理 / 7
　　贰　演绎推理 / 11
　　叁　因果 & 概率 / 15
　　肆　溯因推理 / 19
　　伍　逻辑 & 语言 / 22
　　陆　概率 & 统计 / 24

第2章　频率统计 / 28
　　壹　频率主义 / 28
　　贰　点估计：矩估计 & 极大似然估计 / 31
　　叁　最优估计量 / 35
　　肆　假设检验 / 38
　　伍　p 值争议 / 43
　　陆　区间估计 / 48
　　柒　分布族 / 51
　　捌　抽样分布 / 54
　　玖　一般线性模型：方差分析 & 回归分析 / 57
　　拾　模型泛化：回归与非参数的现代方法 / 60
　　拾壹　统计决策 / 65
　　拾贰　频率观批判 / 67

第 3 章　贝叶斯统计与最大熵 / 69

　　壹　贝叶斯观点 / 69
　　贰　贝叶斯估计 & 检验 / 75
　　叁　探秘先验：经验贝叶斯 & 客观贝叶斯 & 共轭先验 / 78
　　肆　贝叶斯现代方法 / 82
　　伍　贝叶斯观点批判 / 85
　　陆　最大熵原理 / 89

第 4 章　Fisher 统计 / 94

　　壹　统计推断三叉戟 / 94
　　贰　置信区间 / 信任区间 / 信念区间 / 97
　　叁　第三派 / 100
　　肆　Fisher 信息量 / 103
　　伍　有偏估计 / 105
　　陆　大规模假设检验 / 109

第 5 章　肥尾统计 / 113

　　壹　指数分布族 & 幂律分布族 & 稳定分布族 / 113
　　贰　统计之旅：从退化到无序 / 119
　　叁　中值定理 / 126
　　肆　极值理论 / 129
　　伍　平均绝对偏差 & 标准差 / 132
　　陆　高斯世界之外的奇异世界 / 135

下篇

第 6 章　因果认知 / 146

　　壹　确定性的源头：实验设计初探 / 146
　　贰　医学实验设计：蛇杖上的舞蹈 / 152
　　叁　因果推断：从科学范式到认知范式 / 157
　　肆　机器学习困局：概率的？因果的？ / 162
　　伍　人的行为：维纳斯的赌注 / 166
　　陆　贝叶斯的力量：因果源于偏见 / 171

第7章 统计认知 / 176

  壹 无人车困局：无法逃离的概率世界 / 176
  贰 缺憾之美：直面死亡的生存分析 / 183
  叁 元认知：效应量到 Meta 分析 / 189
  肆 浇筑现代工业之花：可靠性试验验证 / 195
  伍 精美的试验品：从布朗运动到金融帝国 / 199
  陆 变异与毁灭：预防原则 / 204

第8章 商业决策 / 210

  壹 门萨圈套：智商测试的伪科学 / 210
  贰 维度的秘密：戏局谬误与 PQ 测度 / 215
  叁 大厦将倾：肥尾重塑的金融秩序 / 219
  肆 效果逻辑：驾驭随机性的创业法则 / 224
  伍 投机微论：最优组合与风格博弈 / 229
  陆 反身理论：从金融学到宇宙学 / 234

第9章 个人决策 / 238

  壹 偏见的偏见 / 238
  贰 平均斯坦与极端斯坦 / 243
  叁 遍历性灾难 / 247
  肆 脆弱与反脆弱 / 251
  伍 人生算法 / 255

参考文献 / 259

上篇

古希腊人擅长建模，他们青睐证明、公理、定理，然后是更多的证明、更多的公理、更多的定理。欧几里得的《几何原本》就是在公理之上搭筑的，论证严密，逻辑强大，如果你没读过《几何原本》，那么可以看看卡尔·马克思的书，他的书读起来也像《几何原本》一样，一切都如数学般精密严谨。

以芝诺、欧多克索斯、阿基米德、埃拉托色尼等为代表人物的古希腊文明是唯一的这样一种古代文明：它承认人的理性的力量，人凭借着理性，再加上观察实验，就可以发现宇宙的规律，而不必求助于超自然的力量。

对于古希腊文明来说，科学的任务就是发现宇宙的规律，数学是科学的一部分。物理学家海森伯就曾赞美道，"基本粒子具有柏拉图描述的形式，因为这是数学上最美、最简洁的形式。现象的终极根源不是物质，而是数学规律、对称性和数学形式。"

古希腊人天然就排斥那种模糊的理论，即有关随机性的事物，就像毕达哥拉斯只喜欢整数一样患有严重的数学强迫症。苏格拉底也曾说过，"任何在几何中使用概率和似然性论证的数学家，都不是第一流的。"

然而，被寄予厚望的古希腊人没有发展出概率论，一方面是因为他们对确定性的过度偏爱，另一方面可能是因为他们对神祇的迷恋，他们认为"未来"只按照神的意愿实现，这里没有随机性。

但不容忽视的一点是，古希腊时代还没有发展出有用的算术符号和法则（古希腊数字只有1~9，没有0，也没有进位的概念），以便处理带有概率和似然性的命题。

真正打破僵局的是讲求实践的罗马人。罗马政治家西塞罗就一锤定音地宣布："偶然性正是生活之向导。"罗马人不仅接受不确定性，还进一步地希望对不确定性进行量化。

例如，在《罗马民法大典》中，罗马人就提出了"半证据"的概念用来量化不确定性，即两个"半证据"相加，就可以构成一个完整的证据。

在学过概率论的现代人看来，罗马人的计算只对了一半，因为加法只有用在两个事件互斥的组合中才是对的。如果两个事件是独立发生的，则应该选择乘法。但这也怨不得罗马人，就像古希腊数字还没有进位的概念一样，乘法符号直到17世纪才被发明。所谓的"半证据"，正是分数的早期形态，而分数概念和运算的真正突破是印度人在8世纪实现的。

在量化随机性发展的道路上，一个至关重要的人物是卡尔达诺。他的《机遇博弈》在历史上第一次赋予了随机性理论以严谨的理论框架。

卡尔达诺首次提出了"样本空间"的概念。样本空间是指在一个随机过程中，每种可能的结果含有少量几个"点"，但在更复杂的情况下则是一个"空间"。

例如，掷硬币，硬币有两个面，每个面向上各有50%的概率，这两个面就构成了掷硬币的样本空间。同样的，掷骰子的样本空间有6种结果，如果你押注了样本空间中的3个面，则胜率是3/6。样本空间这个概念看似鸡肋，但不要轻视它的意义，它代表了一个核心的概率原则，即一个事件发生的可能性依赖于这个事件所有可能性发生方式的数量。

基于样本空间的概念，帕斯卡进一步提出，应该把样本空间中每种可能的结果的概率和其对应的回报相乘再相加，得到一种被称作"期望"的获利。这就是那个著名的问题：帕斯卡赌注。

如果我们言行虔诚且上帝确实存在，那么我们将得到永恒的快乐，快乐的价值将是无穷大的；如果上帝不存在，那么我们将有所损失，这里的负回报也仅是我们的虔诚被白白浪费了。

这样看来，与我们的虔诚所对应的期望回报应该等于无穷大的一半，无穷大减去某个无足轻重的数字的一半结果仍然是无穷大。这意味着虔诚的期望回报是正的无穷大。因此，任何一个足够理性的人都应该虔诚。

走到这里，现代概率论的出现也就不远了，只欠缺了最后一块理论的拼图——极限。从千年前的芝诺悖论开始，极限的思想开始发端，但直到 400 年前，极限的概念才真正地被数学理论家提及。这多亏了牛顿和莱布尼茨，他们通过创立微积分理论，通过极限的概念间接地推动了概率和统计学理论的发展（实际上，严密的极限的概念直到 19 世纪才真正成熟）。

这里，微积分一共讲了三个思想：

- 序列，即按顺序排列的若干元素。
- 级数，即一系列数字的和。
- 极限，即某序列的组成元素，似乎指向的某个地方。

这三个思想中，极限的思想深刻地启发了雅各布·伯努利。伯努利进一步借用了极限的概念来表达概率和观察因果之间的密切联系，即任意多数量的重复实验的极限情况。

至此，你已经可以发现这正是现代概率论，尤其是频率派的核心工具和思想。概率论乃至统计学由此发端，逐渐演变成一门宏大的学问，它将拓展出更多的实际应用，让我们不断转换视角，从哲学层面上思考各个领域的问题。伯努利为我们揭示的规律就是大量观测结果如何体现隐含概率，即数量足够多的样本几乎能肯定地反映出被采样群体的真实构成。

人们并不满足于此，随着频率派理论的发展和演变，人们逐渐发现了频率派理论的短板，如偶然性带来了日常决策的组合和分化，让我们的行为难以解释和规划，这是无法通过重复实验极限的方式来解释的。

任何人都无法否认，长期的进化因素、大脑的构造、个人的经验、知识与情感共同构成了人们在偶然性局势下进行分析和决策的倾向性。无数随机事件的发生，以及我们对随机事件的应对最终决定了我们的命运。

我们需要补充新的理论，来解决一些新的、此前无法回答的问题。这也是被看作频率派死敌的一派——贝叶斯派存在的意义。

许多医学诊断和法律判决都出现过严重的错误，根源就在于医生和律师在接受职业训练的时候，缺乏对贝叶斯思维的了解。

事件 B 发生时事件 A 也发生的概率，一般不同于事件 A 发生时事件 B 也发生的概率。当一系列事件是某个大阴谋的产物时这些事件发生的可能性，与当一系列事件已经发生时这些事件证明存在一个大阴谋的可能性，两者不能混为一谈。

于是在法律圈内，懂得贝叶斯思维的律师往往可以借助"检控者谬误"占据优势，这意味着可以利用这对易被混淆的条件概率，诱导陪审团或法官仅凭借单薄的证据就对犯罪嫌疑人定罪或为其脱罪。

其中最著名的当属辛普森之案，正是利用这个谬误，辛普森得以成功脱罪。真正与该案凶手及真相有关的概率，并不是一个殴打妻子的男人会杀害妻子的概率，而是一个遭殴打的妻子被谋杀凶手是她的施虐者的概率。

不要觉得贝叶斯思维离你很远，我们常见的医学化验单上通常就给定了某个身体指标的一个固定的参考范围，你可以依据医学检测数值结果来了解自己的身体情况是否出现了异常，这里的参考数据就需要用贝叶斯思维来理解。

当频率观点建立时，伯努利考虑的问题是，如果你打算用一枚均匀的硬币投掷，那么有比较大的把握正面朝上的次数有多少？贝叶斯则反过来考虑另一个更有趣的问题：当你知道硬币正面朝上的次数时，你能在多大程度上相信硬币不会特别偏爱其中的某一面。

你可以认为贝叶斯派与频率派的观点是背离的。频率派关注的是概率，而贝叶斯派更关注统计。前者希望根据确定的概率进行预测，后者则希望根据观测的数据来计算概率。

历史的有趣之处在于，贝叶斯本人和伯努利本人在性格方面也正好是两个极端：伯努利反对神学，贝叶斯信仰虔诚；伯努利看重名誉，贝叶斯对名利毫无兴趣。

实际上，两派在分析的角度上也是不可融合的。频率派认为世界是确定的，必然有一个源头的本体；贝叶斯派认为世界是不确定的，因此人们对世界要先有一个预判。

然而，这两者单看每一项都无法让统计学摆脱一揽子技术集合的现实，真正成为一个理论连贯的学科。就在人们为自己应该站在哪个阵营争论不休的时候，有一个人选择了中立，并在两派的夹缝中站稳了脚跟，弥合了两个派别之间的裂隙，让统计学成为一门真正的系统学科。

这个人就是 Fisher，他手握的理论撒手锏不计其数，如极大似然估计、Fisher 信息量等，其最大的贡献是将贝叶斯的世界和频率的世界双向关联起来。从极大似然估计到方差分析，从显著性检验到信任区间，Fisher 的哲学总是自成一派，用非常务实的计算术语来表达抽象概念，始终脚踏实地地站在实践的最前沿。

Fisher的统计哲学常常被理论界低估，但Fisher一生的最高成就却无法磨灭，即对于任意一个统计问题，几乎可以做到最好的最优性标准。因此，Fisher的理论贡献的确值得独立成章。

回归现实世界，尽管随机性经常令人意外，但在随机性的世界里也有确定性，尤其是在宏观视角下。虽然个体的命运很难预测，但集体行为却有其规律性，这就是"统计分布"所揭示的信息。

乌托邦中没有问题令人烦恼，但乌托邦中也因此没有机遇。随机性在某种意义上意味着活力和机遇。决定论的乌托邦对于人类社会来说，几乎是一个糟糕得不能更糟糕的社会形态。这一切都印证了诺贝尔奖得主马克思·波恩的观点：相比确定的因果，偶然性是一个更加基本的概念。

拥抱随机性，并不意味着坐以待毙、听天由命。

实际上，由随机行动的个人所构成的统计集合常常表现出自洽而且可以预测的行为，就好像这是一群人有意识地追求某个共同的目标。在零售行业里，库存商品的年损失率相当稳定地维持在1.6%左右，同样稳定的是，45%~48%的损失是由员工盗窃造成的，犯罪造成的损失就像一笔按令人毛骨悚然的规律来支付的预算。

这再次印证了统计学的强大生命力——从杂乱无章的数据乃至分布中挖掘确定性规律。

哪怕我们抛弃了数学，完全依托描述语言，利用统计学所具备的非线性特性、不确定性方法、信息理论和概率严谨性来看待某些颇具挑战性的话题，如政治学、经济学、心理学话题，也是可以从中挖掘确定性规律的。

例如，在具体的个体和抽象的集体之间存在着一定数量的有形的分形层次。政治也是分层的，而不是无标度的。一个美国人的思想倾向可以是多面的：联邦层面的自由意志主义者，州层面的共和党人，县层面的民主党人，公社层面的社会主义者，家庭和部落层面的共产主义者。因此，不要在不考虑尺度的情况下描述、比较或评估政治制度的有效性。

从肥尾的观点来看，地方主义甚至不是一种政治制度，而是一种严格定义的政治结构，它还可以容纳各种其他制度。同样的，"民族主义"和"全球化"之间只存在尺度的差异，并不存在深刻的对立基础。

这样的观点源自我们对肥尾统计的分形的认知。

正如亚当·斯密所说，"我们期待我们的晚餐不是出于屠夫、酿酒师或面包师的仁慈，而是出于他们对自身利益的考虑。"人们不一定要建立一个全部都是道德个体的道德政治体系。同样，罪恶个体的加权也可以产生一个良性的系统。尺度所代表的分布认知无处不在。

肥尾统计同样能够解释为什么我们对未来的预测总以失败告终。原因在于，对于那些不善于预测未来的人来说，即使过去的数据显示出了更多的确定性规律，未来的数据由于决策的分化也必然会以更肥的分布表现呈现。

这也是《黑天鹅理论》的中心论点：我们必须仔细地处理好未来，因为未来将带来相比我们从过去的知识中收集到的更频繁（或更具影响力）的尾部事件。

在很多迥异的学科领域，如宏大叙事的政治学、流行病学、行为经济学、量化金融学、历史研究中，肥尾分布常常显现出令人惊艳的强大解释力，就像频率派理论在科学研究领域占据核心地位，贝叶斯理论在商业决策领域长盛不衰一样，它们都有各自所擅长的领域。在解决现实问题之前，我们必须了解不同统计分支的基本理论。

21世纪，统计学已经变得繁复而臃肿，想要弄清统计学理论的骨架和全貌，并了解其向各个学科的渗透和应用，就必须先了解统计学理论的四大派系及其理论渊源，这些内容将在本书的上篇中尽力一一呈现。

第 1 章

从逻辑到统计

壹

归纳推理

古希腊的亚里士多德在《前分析篇》(*Prior Analytics*) 中，记载了一个著名的三段论：

- 苏格拉底是人。
- 苏格拉底会死。
- 凡人皆有一死。

亚里士多德将苏格拉底分别与凡人和死亡关联，并提出"凡人皆有一死"的宏观命题。从逻辑学的发展来看，这是人类第一次用文字概念明确确立的一种人类很早就具备的思考方式。那么，这种逻辑是什么呢？这要追溯到几千年前。

在公元前 2000 年左右的 300 年时间里，共有三个民族先后来到同一个地点，并参与建造了一件神秘的天文学古物。首先是新石器时代来自欧洲大陆的猎人和农夫,其次是钟形杯文化时期的居民,最后是青铜时代的第一批居民。每个民族都不约而同地对这件古物进行了扩建和改进,这个过程跨越几百年,整个建筑的蓝图连带细节都保持一致,扩建的工作也与蓝图严格相符。三个民族也都在工程完毕后相继离去。

这件古物可以用来观察隆冬和盛夏之时月出月落和日出日落的情况,平均误差不超过1.2°,还可以用来预测日食或月食,并且具有纪年的功能。很难想象,早在石器时代的晚期,欧洲大陆就已经存在一种多民族的"国际"天文学了。

这件古物在今天已经不神秘了,它就是巨石阵。

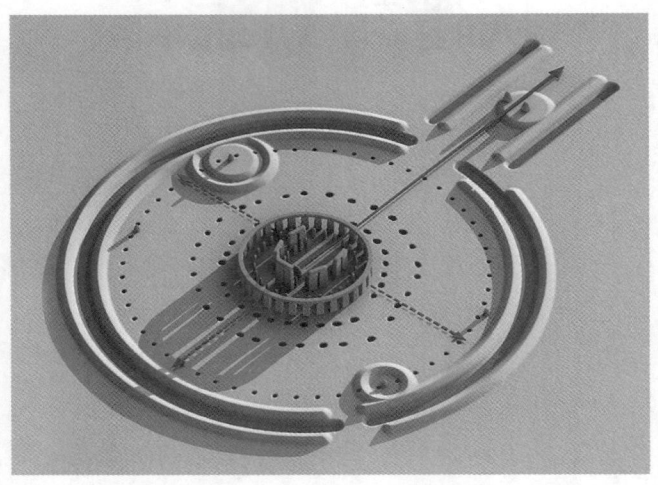

今日的我们几乎无法想象,远古时期欧洲大陆西北部赤身露体的野蛮人居然拥有预测天文现象的"数学知识",并且知道如何运用。与同时代的埃及人和后来的美索不达米亚人比起来,野蛮人所拥有的知识毫不逊色。

然而,史学家最终失望地发现,野蛮人并未真正掌握艰深的数学理论。对于巨石阵的建造者来说,天空就是一本"图画书",而不是"算术书"。原始的宇宙论阐述的并非天体之间的几何关系,而是时间上的循环往复交替,所有的现象都是真实发生并通过感知得到的。这便是最初的"科学理论",一种从观察中归纳出结论的自然哲学。

这种思考方式很迷人,可以被抽象为获得关于世界的运行知识的过程:

- 观察:四季轮回,日升月落,斗转星移,以365天为一个周期。
- 假设:未来的世界运行仍然符合周期律(连续性假设)。

- 预测：365 天后的观测与今天的观测一致。
- 实验：年复一年后，确认周期律是正确的。

这便是著名的"归纳"式方法。有关巨石阵归纳推理的思想，是利用通过观察得到的过去天体运行的频率来代替未来天文事件发生的概率。太阳每天都从东方升起，水总是向低处流淌，过去的经验和观察（频率）让我们自然而然地认为这是自然的铁律（概率）。

罗素认为，归纳推理是一个"正立的三角形"，只要观察足够充分、足够科学，结论就不会有太大的偏差。样本越科学、越多，结论就越可靠、越逼近真理。但是，归纳推理的观点要想成立，需要满足一个隐含的、重要而又容易被忽视的前提条件——假设环节中的连续性假设。

连续性假设意味着一切规律都能稳定和永久地运行，不会有意外事件发生从而打破这个规律。几百年前，大多数的概率论都基于这一假设，人们更喜欢通过可以在相同条件下无限重复进行的实验来了解概率，并从中得出推论，没有人把概率看作一种思考逻辑，而仅将其看作随机实验的独立重复中显现的频率数字。

频率派就是对秉持这一观点的人的称呼，频率的概率思想从 1900 年发端，恰巧和物理大发现保持同步。这个可以在机械计算机上运行的非常有效的理论体系，在 Pearson、Fisher、Neyman、Hotelling 等人的努力下，几乎主导了整个 20 世纪上半叶的统计实践，不过那是后话了。

在没有计算机的时代，遍地都是"小数据"，科学家获取的数据大多数是在充满限制的实验室环境下辛苦搜集而来的，因此珍贵的数据必须得到高效的统计分析。自然，频率观点契合了这一现实。在野蛮人的那个年代，通过观察得到的"实验数据"几乎引领了所有认知的进步，这通常涉及对实验条件施加更精细的控制，从而让现象更具可复制性。一旦一种现象变得可复制，它就会从众多猜测和推论中脱颖而出，成为"硬核"科学中值得尊敬的永恒"真理"。

但是，世界的运行往往事与愿违，归纳推理自身是存在局限性的。

正如哥伦布之前的欧洲人无法想象美洲的存在，股市会突然没有征兆地崩盘，泰坦尼克号在处女航中会意外撞上冰山……

这些观察警示我们，新鲜事物中往往偶发稀有而重要的冲击和跳跃——黑天鹅事件。自然界作为一个复杂的系统，内部充满了波动和不确定性的惊喜。这种波动和惊喜几乎是无法预测的，因此连续性假设往往会失效，以至于放长时间的尺度、归纳的"真理"往往并不能代表世界的本质属性。

过去的过去与过去的未来可能并不相似。同样，今天的过去与今天的未来也不会相似。正因如此，在理性的人看来，归纳推理还不是一个严密的推理形式。

大卫·休谟说："运用归纳推理的正当性永远不可能从理性上被证明。"

这句话是很具有颠覆性的，意思是任何根据经验归纳出来的道理，听上去再有道理都是不理性的。一旦忽视了隐藏的连续性假设，错误和偏见就会溜进来。在心理学领域，心理学家言必称的风险校准和概率校准，往往会不分场合地将频率和概率关联起来，并陷入这个误区。

中国古代的瓷器制造过程可以看作一种归纳式的经验总结过程，发明，失传，再发明，再失传，这种工匠式的发明模式暴露了归纳推理的理论局限性。归纳推理只能由"观察的频率"得到"概率性的趋势"，而这种观察式的经验却不是必然的结论。

因此，卡尔·波普尔说："归纳推理不能给人们以未来的必然性知识。"

波普尔的意思是，"你是最努力的""你是最棒的"这些肯定的和必然性的理论基本都是错误的。与此相反，否定的理论反而更容易被证明，如"不是所有的天鹅都是白色的"。通过穷举法肯定一个命题不一定奏效，但否定一个命题有一个反例就够了。归纳推理通常说，我们看到过的天鹅都是白色的，因此所有的天鹅都是白色的。正因为归纳推理更偏爱肯定的理论，所以它是不严密的。这便是波普尔所发现的证伪和证实方法之间存在的不对称性，但波普尔并没有说明这种不对称性的来源。

在某些领域，我们会利用证伪和证实方法之间的这种不对称性。例如，对于转基因食品是否有害这样的命题，由于生物系统具有复杂性，因此"证明无害"（No Evidence of Harm，NEH）很难，所以用"证明广泛受益"（Evidence of Broad Benefit，EBB）取而代之，因为这个命题更好证明，是比 NEH 更好的指标。把人类宝贵的时间和精力耗费在 NEH 上是很浪费生命的。

在现实中，人类习惯的思考方式很容易被这种不对称性误导。我们总是倾向于去证实某个假设，而不是去证否某个假设，这就是所谓的证实偏见（Confirmation Bias）。

波普尔进一步指出，一个反例也可能不足以证伪，因为我们生活的世界本来就是一个概率的世界，并非一切都是决定论已经为我们设计好了的。这就好像你看见一只黑天鹅，也许并不意味着你否定了"世界上只有白天鹅"这个命题，也许还存在这样一种概率上的可能性：有人把这只白天鹅人为地涂成了黑色。

为了应对这一棘手问题，我们必须去寻找关键的、强有力的假设进行强否定，而不是徒劳地堆积证据证实某个弱假设或寻找孤例去否定无意义的弱假设。

总之，归纳推理接受概率的频率解释，但却是自带偏见的推理。

"现代哲学之父"康德为归纳推理补上了致命的一枪，他说，"经验里没有因果。"这句话是很具有颠覆性的，他借此几乎否定了人类智慧，认为归纳推理来源于经验，不能完全保证结论的正确性，因此人类靠经验总结的因果道理大都是存疑的。

贰

演绎推理

- 凡人皆有一死。
- 苏格拉底是人。
- 苏格拉底会死。

这是另一个强有力的三段论范式，即亚里士多德在公元前 4 世纪提出的演绎逻辑。

随后在奥尔加农（Organon）的著作中，亚里士多德演绎推理三段论被表达为两种衍生形式。

第一种衍生形式如下：

- 如果 A 为真（凡人），那么 B 为真（皆有一死）。
- A 为真（苏格拉底是凡人）。
- 因此，B 为真（苏格拉底会死）。

把这个逻辑部分反过来表达，就是其第二种衍生形式：

- 如果 A 为真（凡人），那么 B 为真（皆有一死）。

- B 为假（苏格拉底不死）。
- 因此，A 为假（苏格拉底非凡人）。

这两种衍生形式似乎都非常强有力，蕴涵了不可辩驳的逻辑力量：前提存在，逻辑正确，结论就一定正确。这就是演绎逻辑的自身魅力。值得注意的是，在演绎逻辑里，前提的真假并不影响演绎推理过程的正确性，即使前提错误，结论错误，但推理的过程却可以是有效的，即逻辑不为前提的真假负责。

欧几里得的《几何原本》就是在演绎推理（即便前提不一定正确）的基础上展开的。只要了解了23个定义和十几条几何公理，任何人都能够以演绎推理的方法，用这些定义和公理来研究各种几何图形的性质。

演绎推理的第一步往往是提出合适的理论模型。这个模型可以是一个纯粹的天马行空的假说，也可以是如几何原理一般的元假设，即不证自明的公理。演绎推理的第二步，即根据三段论得出一个必然的结论，则略显枯燥，只是对结论进行了深加工，使其变得更加具体。由这两个步骤可知，演绎推理不是一种启发性的手段，它只能在给定的前提下进行死板的推演，并不像归纳推理一样能够带给我们新的认知。

演绎推理需要辩证地使用，因为演绎推理倚重前提假设，并关注推理本身的严密性。在利用演绎推理解决某个问题的时候，最佳的方式是同时提出多个互相竞争的理论模型，在分别进行逻辑演绎后，如果其中一种解释更加符合观察到的现象，那么这个解释就是最佳选择。据此可知，多理论模型的逻辑演绎可以去伪存真。

想象这样一个场景：在某个漆黑的夜晚，一位警察在一条寂静无人的街道上巡逻。突然，他听到防盗警报器的响声，于是望向街对面，他发现那里的一家珠宝店橱窗被打碎了。就在同时，一位戴着面具的先生从破碎的橱窗里窜出来，手里还拎着一个包，里面装满了昂贵的珠宝。警察几乎毫不犹豫地认定这位先生犯罪了。

警察是通过什么样的推理过程得出这个结论的呢？

初看起来，虽然警察的推理过程并不为人知，但我们似乎觉得它是有效的。然而，在这个场景里，依据在第一现场的观察，警察很难直接为这位先生定罪。因为从概率的观点出发，这里还存在其他解释的可能，如这位先生可能是珠宝店的老板，戴着面具刚从化装舞会回来，他忘了带珠宝店钥匙，当他路过自己的珠宝店时，一辆过路的卡车将一块石头弹向了橱窗，橱窗被打破，于是他带走了所有的珠宝，这只是在保护自己的财产。这似乎看起来非常牵强，但也许是对的，因为警察只看到了一些不完整的信息，他无法仅依据这些不完整的信息认定这位先生有罪。

显而易见的是，警察并不像演绎推理一般100%确信他所认为的观点，即这位戴面具的先生犯罪了。在真正弄清警察的演绎逻辑之前，我们有必要继续研究第三种形式的演绎推理三段论，这种三段论仅在之前的基础上做了弱化处理：

- 如果A为真，那么B为真。
- B为真。
- 因此，A变得更加合理。

没有证据表明A为真，但它的一个后果B却能证明，从而让我们对A更有信心。这一弱化逻辑更加接近生活的观察。在复杂的现实世界中，一般没有适当的信息来进行强力推理。于是，我们往往诉诸较弱形式的演绎推理。

无独有偶，数学家波利亚（Polya）发现，数学定理的推理过程几乎总是涉及一种较弱形式的演绎推理。虽然科学界在发表一个新的定理时，会非常努力地给出一个只使用第一种三段论的强演绎论证，但接受或拒绝某个理论的推理却几乎完全由第二种和第三种三段论构成。

继续弱化，可以得到演绎推理三段论的第四种形式，它是第三种形式的反向表达：

- 如果A为真，那么B为真。
- A为假。
- 因此，B变得不那么可信。

在这种情况下，证据并不能证明B为假，但它为真的一个可能的原因已经被排除了，因此我们对B的信心下降了。

再继续弱化，可以得到演绎推理三段论的第五种形式：

- 如果A为真，那么B变得更有说服力。
- B为真。
- 因此，A变得更加合理。

功夫不负有心人，弱化到这一步，我们似乎才真正找到了巡逻警察所用的演绎逻辑，即多次弱化之后的演绎逻辑。

警察也许在观察第一现场的瞬间就想象出了无数种可能，甚至包括"这位先生正在保护自己珠宝店的财产"这种可能。但这种可能性微乎其微，警察肯定量化评估过这种可能的合理程度，并认定此人更可能是盗贼而非珠宝店老板。警察在不知不觉中利用了从警的经验，以及现场的证据，修正了不同可能的概率，并从中选择了概率最大的一个。

再想象一下，如果这位警察此前每天晚上都会遇到疑似的盗窃事件好多次，而每一次这位先生都是无辜的，警察就会凭借不同的经验和观察给出不同的判断，认定此人更可能是珠宝店老板而非盗贼。那么今晚他在巡逻的时候，就可以忽视他所看到的一切。

实际上，警察的从警经验和现场的证据，是帮助警察评估新问题合理程度的核心信息。但由于确定性的部分缺失，警察不得不放弃绝对严密的演绎逻辑，而采用弱化后的演绎逻辑来对事件的因果性进行概率的评估。这种评估过程是无意识地进行的，几乎是瞬间完成的，以此来降低问题的复杂性。

由此可见，严密的演绎逻辑与概率观点是不相容的，它只能处理确定性事件，而为了解决现实问题，必定要接受确定性的缺失，进行必要的弱化，引入概率的观点。另外，从经验信息和现实观察中推演结论的这种思维模式在后世变得愈发重要，在统计学中自成一派，并独立于亲归纳推理的频率派而存在。这就是著名的贝叶斯派，显然贝叶斯观点与演绎逻辑更"心有灵犀"。

叁

因果 & 概率

是否可以由逻辑的认知发展出概率的认知呢？对此，我们已经有所探查。归纳推理依赖于概率的频率解释，而弱化的演绎推理依赖于概率的贝叶斯解释。利用逻辑的力量，可以获得新的认知，但这种认知并不可靠；利用概率的力量，可以在复杂性面前量化认知的不确定性。

在逻辑和概率的背后，我们所要探求的是因果与概率的关系。因果是对确定性的追求，而概率是对不确定性的量化。这两种不同的观点又该如何理解呢？

现在，我们给三段论中的 A 和 B 分别赋予具体的含义：

- A= 最迟上午 10 点开始下雨。
- B= 上午 10 点以前天空变得多云。

按照演绎逻辑较弱的三段论形式，将会得到下面的命题：

- 上午 10 点以前天空变得多云，因此上午 10 点下雨的可能性会更大。

的确，提前观察云层并不能使我们得出一个逻辑上的结论：肯定会下雨。但我们的常识可能会诱导我们根据云层的变化逐步改变自己的想法：如果云层变得足够阴沉，下雨的可能性就会更大。

最终，我们自然就会越来越关注云层和下雨这两者之间是否具备确定的因果关系。

以下两个命题，你觉得哪个更具备因果性呢？

- 雨 ⇒ 云。
- 云 ⇒ 雨。

下出来的雨不可能回到天上变成云，因此雨 ⇒ 云并不是因果关系。

遗憾的是，反过来的云 ⇒ 雨也不一定是因果关系。

因为云层的出现与下雨之间一系列物理机制是否存在还存疑，如有没有上升气流？水汽条件是否具备？有没有凝结核？要知道，气象员往往还要通过经验结合数据来做出合理预测，在这些物理机制确定之前，没有因果，只有概率。

这个例子告诉我们，"如果 A，那么 B" 通常只表示 B 是 A 的逻辑结果，而不一定是因果关系的物理结果。事物的因果之间往往存在物理机制，但逻辑的相关性不一定存在明确的物理机制。换句话说，谁是因、谁是果跟逻辑推理的方向无关，要根据具体的物理机制给出判定。

假设我们观察到两个变量 X 和 Y，X 的高值总是和 Y 的高值同时出现，X 的低值也总是和 Y 的低值同时出现，或者反过来，X 的高值对应 Y 的低值，X 的低值对应 Y 的高值，这样我们就可以说，变量 X 似乎与变量 Y 有关联。

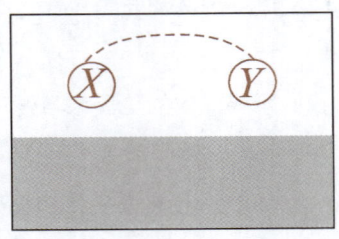

如果我们不满足于仅知道这种关联性，而想确定这两个变量关联的具体原因，那么这两个变量之间可能会是比相关性更加严密的因果关系。例如，X 可能是 Y 的原因。因果关系可以用从 X 到 Y 的箭头来表示。

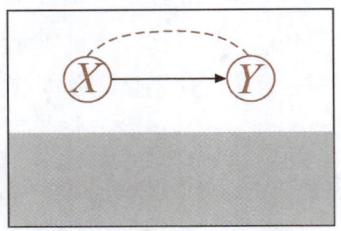

但这可能不是唯一的原因，还存在另一种可能，如可能存在对 X 和 Y 都有因果影响的未识别的第三个变量 Z。X 和 Y 之间没有直接的因果关系。它们之间的关联都是由于 Z 的影响产生的。这里的 Z 被称为潜变量，因为它隐藏在后台，影响我们的观察。

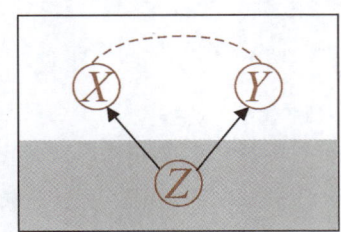

但我们也没有罗列出所有的可能。例如，还存在第三种可能，即因果效应和潜变量效应都可能是 X 和 Y 相互关联的原因，即因果效应和潜变量效应交织在一起了。在这种情况下，X 和 Y 的关联是由因果效应与潜变量效应的交织造成的，这里的 Z 被称为混杂因子。对因果和概率相关的混杂的错误解释通常会带来辛普森悖论，为了厘清原委，应该分别确定这两种效应的大小。

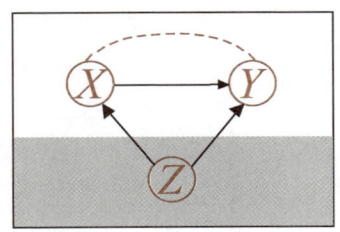

换了一个箭头的方向后，Z 就不再是一个混杂因子了，这里的 Z 被称为中介物（Mediator），是解释 X 对 Y 的因果效应的变量。如果你试图找出 X 对 Y 的因果效应，那么控制 Z 将带来一场灾难。如果通过控制 Z 来影响 Y，就会发现 X 对 Y 没有影响，从而得到错误的结论。这就是克莱因所说的"你实际上控制了你真正想要测量的东西"。

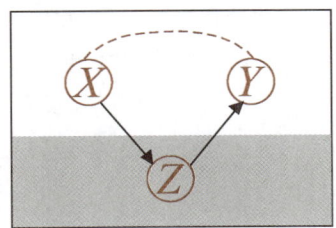

接下来介绍对撞因子的情况，这也是人类最不习惯理解的一种情况：Z 同时受到 X 和 Y 的影响，这里的 Z 就是一个对撞因子。当我们无法找到 X 导致 Y 的实际因果证据时，往往会有一种倾向，即去找出 X 和 Y 的共因，并因此而感到满意。本来 X 和 Y 是完全独立的，我们却往往利用对撞因子制造伪相关性乃至伪因果，并认为 X 导致 Y。这也被称为伯克森悖论。

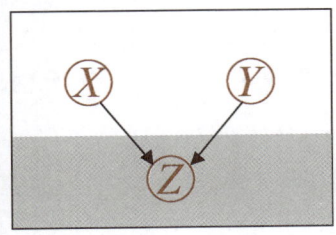 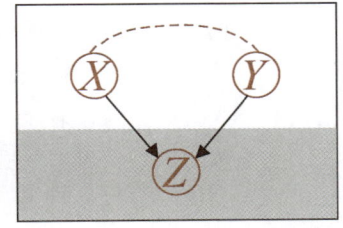

因果与概率之间的故事，通过"因果图"的表达变得复杂起来。人类往往无视历史的复杂性，总在事后认为因果性理所当然，但在事前从来都是迷茫的，原因就在于我们并没有真正弄清其中的因果关系。曾被里根授予总统自由勋章的历史学家沃尔斯泰特说："各种信号在事后看来，总是非常清晰的，我们可以看到它预示的究竟是怎样的灾难，但在事前，它却晦涩朦胧，并有着相互矛盾的含义。"

世界的复杂性在于，还存在更多解释。例如，是先发明了坦克才带来了战争中对坦克的大规模需求，还是因为战争的需求才发明了坦克？现实中的技术和需求对应 X 和 Y 之间可能是互为因果的。索罗斯的反身性、埃舍尔的循环抽象画、巴赫的乐谱等，现实中很多事物都可能存在说不清道不明的循环因果关系。

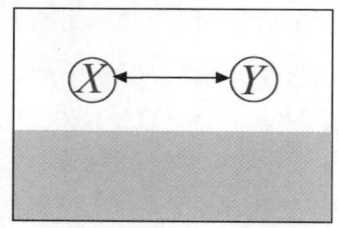

人类最大的思维局限之一就是盲目地寻找事物的因果关系，尽管很多事物从人类的视角来看是有因果逻辑的，但其实绝大多数是没有的，因此人类总是倾向于对不存在的问题问为什么。普遍来看，一些推理的讨论和应用，由于没有看到因果与概率之间的区别，因此陷入了误区。即便因果关系是确定的、美丽的，但寻求确定的物理机制也是异常耗费精力的。

于是，在世界的复杂性面前，相对确定的因果认知逐渐走向概率认知。大数据时代的降临加剧了这一趋势，统计学只被要求总结数据，而不需要解读数据，我们还顺带着学习了海量数据的挖掘技巧，数据科学家成为数据经济的最大受益者，就连我们引以为傲的机器学习，也成为以追求数据为中心的智能。

挖掘因果性的最大障碍就是必须诉诸物理机制的探索。在自然科学，如物理学中，定量描述物理的性质、数量的表述让因果律的出现成为可能，就像孔隙宽度和光线的衍射角之间存在确定的物理因果性一样。但数量的方法却无法应用在社会科学中，如你无法定量地表达"领土扩张的倾向随工业化的进程而得到强化"这类具体观点，这里很难提取出充分的因果性。

社会科学尽管总是要寻找因果性，但却与物理学皆然不同，无法得到确切的量化，最好的情况也只是能定性地分析。这就是为什么物理学等自然科学更多借助溯因和演绎，而社会科学更多借助类比和归纳（它们都属于合情推理）的原因。在社会科学领域，如科学一般具备高度确定性的类似物理机制是很难确立的。在索罗斯看来，这一点正是他的反身性哲学与波普尔科学哲学的最大分歧。人的行为不受物理定律的限制，有大量的随机和即兴行为。

因此，在人类行为占主导地位的领域里，因果解释不能被概率解释取代。例如，在无人车道德困境里，总要找到一个对交通事故负责的、确切的人类个体作为责任方，如让做出主要错误因果决策的人类个体对交通事故负责，毕竟我们无法让做出概率决策的无人车算法负责。我们过分依赖机器学习的结果就是过分依赖统计学习，依赖具有海量数据的推理（它们只是由大数据训练的高风险黑匣子），并因此忽视了更加重要的因果学习，没有因果学习，我们就无法更好地解决像无人车应用里事关确定责任的法律道德问题。

肆

溯因推理

归纳推理通常起源于令人惊异的事实，而令人惊异的事实的发现需要观察、比较、分类、概括和总结。演绎推理可以在众多假说中选择并排除那些不可靠的选项，一个假说在开始往往是粗糙的，利用演绎可以进行深度加工，让假说更加具体、完美。

归纳推理"从大到小"，能够让我们获得新知识，但过程不严谨。

演绎推理"从小到大"，推论很严密，但却无法让我们获得新知识。

在康德看来，它们分别代表：

- 关于经验或自然现象的量值的数学性原理（归纳）。
- 关于纯粹数学知识的建构原理（演绎）。

此外，康德还提出了第三种不同的认知论原理——溯因：

- 关于现象存在的动力学性原理（溯因）。

什么是溯因呢？亚里士多德这位全能型的哲学家在他的著作《前分析篇》中，提到了"还原推理模式"。医生利用溯因推理为病人寻找病因，刑警利用溯因推理建立侦察假设，这都是溯因推理。

溯因逻辑和归纳逻辑通常被一同看作启发类的观点，因为它们都能够产生新知识，都是拓展前提的推理。但溯因推理和归纳推理之间也有很大的不同：

- 归纳推理解释一类事实，溯因推理解释一个事实。
- 归纳推理可以预言新的观察，溯因推理提出理论并解释已有现象，不能预言新的观察。
- 归纳推理的前提和结论是同类事物，性质类似，溯因推理的结论与前提是因果关系，性质不同。
- 溯因推理可以看作典型的心理逻辑，包含直觉、经验和猜测，需要好奇心的驱动。

美国逻辑学家皮尔斯认为，溯因推理不是必然正确的，但却是获得新知识的"唯一道路"。

有趣的是，溯因推理和演绎推理的关系也很密切——溯因推理可以看作演绎推理的逆过程：

- 演绎推理：从前提 A，到后果 B。
- 溯因推理：从现象 B，到原因 A。

溯因推理的模式与笛卡儿时代流行的所谓的还原论类似，即复杂的系统、事物、现象可以化解为各部分的组合来加以理解和描述。例如，一只玩具鸭子的行为可以描述为机械零部件的运动合成。

溯因推理看起来有点复杂，康德将其解释得最清楚。在《未来形而上学导论》中，康德曾以"阳光照射到石头上，石头发热"来说明溯因的机制。"阳光照射到石头上"和"石头发热"可以被纳入无限的因果网络，我们可以不断溯因追问下去，从而发现问题的本质：

- 如果阳光照射到石头上，则石头发热，即阳光使石头发热。
- 如果阳光照射到物体上，则物体发热，即阳光使物体发热。
- 如果阳光对物体有某种作用，则阳光照射到物体上使其发热，即阳光对物体有某种作用。
- 如果阳光的本质是某种东西，则阳光对物体有某种作用，即阳光的本质是某种东西。

像这样，如果在一个多层因果链条上溯因（多级溯因），这个过程就非常近似于在演绎推理链条中寻找"元假设"，即探寻第一性原理。

第一性原理是这样一种存在：在确定的法则下，任何一个系统都会存在一个或多个根本性的物理学原则。坚持它，系统就会朝着正确的方向运转；摒弃它，系统甚至无法正常工作。

直觉地应用第一性原理，能够不墨守成规地提出正确的解决问题的方向，拥有不受限制的批判性思维，这是一种科学的直觉，能够摆脱类比法和经验思维的局限，回归事物本源去思考基础性的概念。溯因推理既不同于从个别到一般的归纳推理，也不同于从一般到个别的演绎推理，是从解读观察数据开始，形成解释性假说的程序。

利用溯因推理猜测现象的机理，所受逻辑规则的制约程度小，是一种颇具创造性的思维方法。当然，溯因推理也不是全能的，在多级溯因过程中，每个推导环节都是不确定的。溯因推理探寻某种现象产生的原因并给予一定的解释说明，其结论的不确定性源于不断地猜测和尝试。

多级溯因之后，因果联系也不是确定的。在这里，逻辑的力量已经捉襟见肘，必须通过循证，利用物理机制来解答。通过物理机制，因果链条理论可以得到检验。如果不对逆推的理论进行检验，就得不出与实际相符的事实性推断，也就不能为待解释的现象提供任何说明。

最终，探寻逻辑和概率统计的关联，我们可得到以下结论：

- 频率派的视角暗合了归纳推理的观点，连续性假设是必要前提，归纳推理依赖于概率的频率解释。
- 贝叶斯观点与弱化的演绎推理相关，经验和观察都至关重要，演绎推理向现实妥协并倾向于概率的贝叶斯解释。
- 溯因推理是因果关系的启发式推理，因此带有显著的因果主义倾向，第一性原理是其广为人知的第二称谓。

伍

逻辑 & 语言

人类的行为与公共语言传递的信息息息相关，因此从公共语言中也能看出人类的复杂性。实际上，语言已经超越单纯的逻辑，并发展出了微妙的引申含义，即暗示某种事物而不去正面陈述它。这种微妙的信息传递方式并不存在于纯粹的逻辑中。

例如，张先生首先表达了自己的看法："我相信我所看到的。"

随后王先生重述了这个命题："你看不到你不相信的东西。"

从形式逻辑的角度来看，他们说出的话似乎表达了同一个意思。但从语言理解的角度来看，王先生似乎是在反驳和讽刺张先生的观点，而非赞同。

人类的直觉似乎是这样的：通俗语言被仔细地使用，可以代替形式逻辑。但实际上，普通语言的规则更复杂，因此有比形式逻辑更丰富的表达可能。但在这个例子里，已经不仅是表达的精确性和丰富性的问题了，很明显在某些命题上，逻辑和语言的矛盾已经开始变得无法调和。

再来看一个例子。打开一本几何教材，你可能会看到这样的陈述：设 L 是平面上的一条直线，即 L 是该平面上的一组有限点，每个点都投影到 L 上。

这里有两个逻辑上等价的命题：

- 极限的投影是投影的极限。
- 投影的极限是极限的投影。

这一对命题只讲了一件事 "A 是 B" "B 是 A"。然而，从几何的观点来看，只有第一个命题是正确的，第二个命题并不正确。原因是，当集合的极限不存在时，投影的极限可能存在。

对于不熟悉几何的人来说，这简直就是绕口令。究其原因，很少有人会注意到这里的动词"是"在语法上就区分了主语和宾语，"A 是 B"可解释为首先断言 A 的存在，B 的存在以 A 的存在为前提条件，这也是几何定律应该被理解的正确方式。在这里，几何定律的语言陈述方式直接影响了逻辑的理解。

就像翻译家在将英语翻译成汉语时，也要拿捏认知论和本体论命题之间的微妙差异一样。

"The room is noisy.",这是一个认知论的命题,表达的是个体主观感受,"感觉"房间里很吵。

"There is noise in the room.",这是一个本体论的命题,断言了房间里噪声的客观存在。

在这里,认知论依赖于本体论。

对于对语言不敏感的人来说,把认知论的观点放到语法中加以掩饰,就可以变成本体论的陈述。这种将主观判断投射看作现实客观存在的做法被称作思维投射谬误。

以上解释有关语言的微妙性质的例子已经很充分了,指望机器人能掌握这些人类用了几十年成长期才掌握的语言,实在太理想化了。一旦这种"语法附加物"被指出,哲学家和格式塔心理学家的许多论述,甚至物理学家解释量子理论的尝试,都将陷入思维投射谬误,从而沦为无稽之谈。

当我们在一个更丰富的语境下利用逻辑推理或概率论形式规则来描述事物时,也必将有某种"语法附加物"产生,并对问题的解决产生干扰。因此,一定要拿出十分的精力,对其进行仔细分辨。

如果说在科学领域我们可以借助数学语言消除这种"语法附加物"的歧义性,那么在社会科学领域,乃至日常人际沟通中,由于语言的歧义性和不可替代性,人类行为必然变得更加令人迷惑。正因如此,哲学才发展出海量的专有概念,用来约束和限制语言的歧义性,从而避免大段的哲学论述使不同的人产生不同的理解。也正因如此,当今的科学论文已经不再像100年前一样,广泛依赖大段的哲学论述,而是采用深刻无歧义的数学语言完成快速推导。

这也再次提醒我们,从概率直接到决策,从算法直接到心法,从认知直接到命运,这种从严谨数学语言领域直接跨越到歧义公共语言领域的类比模式是不可取的,由此得到的观点和结论只是我们一厢情愿的思维投射。在社会科学和个人决策领域,为了分析复杂的世界,我们需要剖析公共语言语法本身,找到语法的漏洞,并时时审视自己的思维,避免进行错误的投射和类比,利用合适的工具来解决其适合解决的问题。

陆
概率 & 统计

人们往往注意到，在谈论概率时，另一个语义同样丰富的词汇常常混杂进来：统计。

那么，概率和统计到底有什么区别呢？

很多人混淆了这两个概念，并认为大多数统计模型研究的对象是概率分布，概率分布又是概率论的研究对象，因此概率论应该和统计学是一样的，还有人认为应该把统计学看作概率论的一部分。

Lary Wasserman 在《统计学完全教程》(*All of Statistics*) 的序言里对此有专门的说明：

- 概率论研究的基本问题是给定数据的生成过程，看其输出结果具有什么性质。
- 统计学研究的基本问题是给定输出结果，看数据的生成过程具有什么样的性质。

上述说明的意思如下：

- 概率论是统计学的基础，研究统计学需要使用概率论的数学工具。
- 统计学是概率论的一种应用，统计学有自己独特的问题从而独立于概率论。

这样的观点是很普遍的，如研究解析几何需要使用代数学的数学工具，解析几何有自己独特的问题从而独立于代数学；研究物理学要使用数学工具，物理学也有自己独特的问题从而独立于数学；研究数学要部分借助物理学的启发，数学也有自己独特的问题从而独立于物理学……

概率论对正态分布有着深入的研究，但其目的却只是弄清楚正态分布有什么样的数学性质。统计学所关心的则是如何用样本去推断这个正态分布的未知参数。

统计学是一门基础的应用科学，而不像概率论一般偏重计算。应用就意味着，它有着广泛的研究课题。以幂律分布为例，从带电粒子的费米加速，到城市人口密度地理分布，到收入分配规律，再到流行病学研究，样本分布这个数学抽象模型是普遍存在的。在形式上，这个模型可以从任何具体的专业领域中抽象出来，成为纯数学的研究对象。

统计学的真正奥妙在于以下两点：

- 统计学是通过研究样本的分布来解决现实问题的，样本的信息包含在分布中。统计分析的依据是样本，规定了样本的分布就相当于明确了问题。
- 统计模型就是样本分布，因此很多性质不一样的问题都可以纳入同一个模型。统计模型等价于样本分布，而与样本抽样的目的无关。

统计学应该重视分布本身，而不应该像概率论一样关注计算。在计算机时代，人类的计算能力再强也比不过计算机，枯燥的计算可以完全交给计算机来完成。统计模型和方法的选择才是更重要的，因此我们的关注点自然要从计算转移到更具价值的分布上来：

- 如果要研究物种生命周期演化规律，如生物种群的发展、人口数量的变化，则要用到 Logistic 分布。
- 如果要进行生存数据的拟合，即研究死亡人数的变化规律，则要用到 Weibull 分布。
- 如果要研究大规模工业产品的质量和生产过程稳定性，则正态分布是不二之选。
- 如果要研究金融市场的波动，则幂律分布也许是最优选择。
- 如果专注于数理生物学，则会广泛接触到一族分布（Pearson 分布族），包括正态分布、指数分布、χ^2 分布、t 分布、F 分布等。
- 如果要挖掘交通事故的统计规律，则请关注泊松分布。

当你看到这些陌生的分布名称时，无须把这些分布想象得过于神秘，它们只是代表了数据不同的特征而已。发明这些分布的目的就是解决纷繁世界中的各种问题。

具体有什么样的问题呢？请运用你的知识和想象力，对以下问题给出答案。

（1）如果每天饮用两杯咖啡，那么患胰腺癌的风险将极度放大吗？

（2）苏格拉底是一个真实的历史人物吗？

（3）公司 CEO 的个人品格会影响公司的发展吗？

（4）NASA 登上过月球这个故事是冷战的宣传产物吗？

（5）交易产生财富吗？

（6）地磁反转将影响人类的命运吗？

（7）孕妇防辐射服对保护胎儿能够起到积极作用吗？

（8）高利率能够对抗通货膨胀吗？

（9）母亲的身高更多决定女儿的身高吗？

（10）勤奋＋汗水＝成功吗？

显而易见，这10个问题分属不同的领域，不能一概而论，需要区别对待。

对于严肃的科学问题，不难找到标准答案。那些受到严格科学训练的物理学家、化学家、工程师，可能每个月都会有上百个重大的科学实验发现，其中也许只有10%、1%甚至更少的科学实验发现后来被证明是错误的，只要你阅读过类似的故事或亲身经历过，或者相信科学家告诉我们的事情，你的判断通常就是可靠的。

但在政治学、心理学、历史学、经济学等领域，情况却截然不同。例如，相当多的心理学研究论文根本无法重复；在政治学领域中，学者们连起码的共识都没有；更多的人质疑新闻媒体能够真实客观地处理经济、社会或政治话题，因为每个词语的选择和语调的变化都会将报道者的想法融入面向大众传播的观点；在核能、刑事司法等问题上，同样的内容让不同的人看，观点可能趋同也可能存在分歧；口耳相传的箴言和警句甚至只是粗浅的类比和主观思维投射的产物，或者辩论和争吵的调剂品。此外，从问题本身也能看出出题人是希望得到概率性的回答，还是希望得到因果性的回答。如果提问方式是日常的口语表达，并且事关政策、生活、主观意愿等，那么出题人所希望得到的回答一般是带有因果诉求的。

基于以上粗浅的观察，我们似乎能勾勒出这样一种结构化的描述，从统计学的观点来看待不同的学科和要处理的问题：纯逻辑的数学不容置疑，如果你质疑就去证明它，这里生产解决问题的工具，数学推演具有高度的确定性。

物理学理论要符合观察结果，即便物理定律不是100%可靠的，世界运行的蓝图也不会偏离太远。例如，在常规尺度下，力学和电磁学中由于物理定律的约束包含大量的确定性和已知的因果联系。但在极端尺度下，确定性是有边界的，如违背直觉的微观量子和宏观现象常需要概率解释。

应用工程学需要应对各种各样的环境和参数，从电子工程、机械工程到化学，调参是一项永恒的任务。计算机科学则挖掘了数据科学，重视计算和应用，让坐标稍稍偏离了纯粹的数学领地。这里的过程控制需要概率解释，风险控制则需要因果解释，两者暂时达成和解，势均力敌。

在具有更大不确定性的生物学和医学领域，无法进行严格的数学推导，几乎完全依赖实验设计的统计学推断，概率解释能力变得更弱。由于医学研究的对象是人类个体，因此将涉及伦理学和法医学的棘手问题，对因果性的诉求更加强烈，以确立法律和道德的活载体。

在心理学、社会学、经济学、政治学等社会科学及个体决策领域，可重复性成为一个巨大的问题，统计学对此时常一筹莫展，这些领域非常依赖 Meta 分析，乃至采用描述动力学行为的肥尾统计手段挖掘信息进行描述和决策。人类行为和心理带有巨大的不确定性，概率解释往往只在大数据的语境下可用，因果解释成为主流诉求，却往往失败，很难像物理学中一样溯因到第一性。

在统计学中，针对选定的问题，需要结合不同的学科特点，引入不同类型的统计工具和模型。在这里，问题的背景知识和经验的多少将决定问题解决的好坏程度。这个角度已经足够有趣，本书第 2 章将从此出发，尝试寻找不同学科和不同统计模型之间的隐秘关联。

第 2 章

频率统计

壹

频率主义

假如你在投掷硬币，出现正面与反面的概率各有 50%。尝试回答这个问题：投掷 10000 次，出现正面与反面的次数一致吗？

蒲丰、德·摩根、费勒、皮尔逊、罗曼洛夫斯基 这些大名鼎鼎的科学家都对这个问题产生了浓厚的兴趣，并亲自进行了实验。实验结果如下，出现正面的次数用百分数表达，投掷次数在括号中列出：

- 蒲丰：50.69%（4040）。
- 德·摩根：50.05%（4092）。
- 费勒：49.79%（10000）。
- 皮尔逊：50.05%（24000）。
- 罗曼洛夫斯基：49.23%（80640）。

显而易见，出现正面与反面次数的比例并非完美的 50% 对 50%。

这些实践派的大师们，即通过不断投掷硬币的方式研究统计学的学者，往往被称作频率派学者。为什么是频率派？因为他们的研究方法通常与无限的未来实验序列有关。频率派学者常常会问自己："如果我一次又一次地重复相同的实验，我会看到什么结果？"频率派学者拿出大把的时间来投掷硬币，是因为他们坚信估计的准确性来自观测数据的估计。

频率派的投掷硬币实验似乎很简单，但实际上投掷硬币的实验结果却常常被广泛地误读。Jim Pitman 在 *Probability* 一书中就给出了一个有趣的对话，阅读后你会意识到，原来投掷硬币的统计学并不像你认为的那么简单。

学生：如果总是出现正面，那么反面就会出现。或者说，如果反面出现的次数多，出现正面的机会就会增大。从长远来看，出现正面与反面的次数趋于平衡。

老师：你错了。

学生：我不相信，哪里错了？

老师：是的，你错了。首先，不管发生什么事，只要硬币是公平的，不管之前连续出现 2 次正面，还是 20 次正面，下次出现正面的概率还是 50%。

学生：我不相信。

老师：信不信由你。你看，我翻阅了之前 2000 次投掷的记录，连续 4 次出现同一面的情况有 130 次。其中 69 次是正面，61 次是反面。这说明，连续出现正面并不意味着下一次出现反面的机会更大。

学生：你总是告诉我这些我不相信的事。

老师：我投掷一枚硬币 10000 次，大概出现 5000 次正面。确切数字是 5067，67 只占投掷次数的不到 1%。这个我有记录。

学生：那再投掷这枚硬币 10000 次，一共投掷 20000 次，这样出现正面的次数应该会接近预期的次数，最终出现正面与反面的次数必然相等，对吗？

老师：看来你刚才根本就没听我讲话，我之前就说过了类似的话，并告诉了你那是错的。你看，在我的前 1000 次投掷中，出现正面的次数与预期的次数之差为 2。经过 2000 次投掷，差值为 13。

学生：那只是侥幸。在投掷到 3000 次的时候，只相差 10 了。

老师：你才是侥幸。投掷 4000 次，差值为 29。投掷 5000 次，差值为 33。虽然投掷 6000 次差值下降到 9，但投掷到 10000 次时，总体差值仍然是增加的。

学生：这是怎么回事呢？

老师：很简单，由于投掷次数很多，因此从绝对值来看，出现正面的次数与预期的次数之差可能相当大。但与投掷次数相比，差值可能很小。就像我说的，67 只是 10000 的一小部分。

学生：我不明白。

老师：你好好听着。在 10000 次投掷中你估计能得到 5000 次正面，对吧？但这是错的，你也可以得到 5001 次、4998 次或 5007 次正面。所差数值被称为"偶然误差"。

学生：你能说得更具体些吗？

老师：我写一个等式给你吧，正面数 = 投掷次数的一半 + 偶然误差。从绝对值来看，这个偶然误差可能很大，但与投掷次数相比，这个偶然误差很小。

学生：嗯。但是如果再把这枚硬币投掷 10000 次会怎么样？这样总投掷次数就为 20000 了。

老师：偶然误差会增加，但不会增加 2 倍。当然，偶然误差的绝对值会变大，但是百分比会变小。出现正面的次数大约是投掷次数的一半，但会因一些偶然的错误而有偏离。随着投掷次数的增加，偶然误差的绝对值也会越来越大。但与投掷次数相比，它所占的比例变小了。

学生：你能告诉我可能的偶然误差有多大吗？

老师：投掷 100 次，偶然误差为 5 左右。投掷 10000 次，偶然误差为 50 左右。把投掷次数乘以 100，只会大概增加 $\sqrt{100}$ =10 倍的偶然误差。

学生：你的意思是，随着投掷次数的增加，出现正面的次数与投掷次数的一半之差越来越大，但出现正面的次数百分比与 50% 之差却越来越小对吗？

老师：没错。

在这段对话里，学生只是想当然地认为硬币是公平的，因此理论上硬币正面出现的概率 50% 应该反映在实验结果的频率上。但从真实结果来看，这两者并不等价，随着实验次数的增加，向理论概率收敛的只是偶然误差的百分比，而不是其绝对值。

如果你真正理解了上面这段对话，估计就能理解随机性是如何影响投掷硬币结果的。偶然误差是无法消除的，硬币的诸多特征，如大小、质量分布，以及投掷硬币的姿势、角度，甚至空气气流等都会对结果产生影响。每次投掷硬币，偶然误差都存在。换言之，如果偶然误差会随着投掷次数的增加而减小，那么还有随机性什么事呢？

在频率派学者看来，如果我们不了解真实分布的情况，就只能由真实分布的频率估计本身获得其概率的性质。尽管这里的数学期望永远是 50%，但实际结果却存在偶然误差。但偶然误差的存在并不影响频率解释的效力，即通过频率联系概率的观点。尤其是在实验环境受到严格限制的情况下，通过大量实验都能够得到近似的结果，最终，频率方法运作的效果还不错。

如今，经典统计学理论已经根深叶茂了，频率观点、抽样理论、参数估计、假设检验，乃至更加深刻的想法被广泛应用，概率可以解决的问题的边界一直在扩大，这又将带来众多令人惊讶的结果。

贰

点估计：矩估计 & 极大似然估计

估计问题与检验问题，作为发展最成熟的问题，是统计推断的两大支柱。

一个最简单的估计命题可以是，由样本 X 算出一个值，作为均值 a 的估计，这个估计被称作点估计。

假设上班族中有 3 个人，他们每个月的零用钱分别为 3000 元、4000 元、5000 元，如何根据这些信息估计所有上班族的零用钱水平呢？求平均值就是一种方法，这个数值是固定的、明确的。点估计的第一目标就是寻求类似平均值的估计量，最优地表达数据的特点。

在算法领域里有一条极其重要的原则：NFL（天下没有免费的午餐，No Free Lunch）。NFL 是说，脱离具体的问题或场景，空谈哪种算法更好毫无意义。不论 A 算法多聪明，B 算法多笨拙，它们在数学上的期望都是完全相同的。如果考虑所有的潜在问题和场景，则所有的算法一样好。如果要谈论算法的相对优劣，则必须考虑具体的问题和场景。在这里，选用的算法自身偏好与提出的问题是否匹配往往会对结果起到决定性作用。

基于 NFL 的观点，可以说不存在一个最优的估计量，不管选定的问题是什么，都能够给出最佳答案。现实往往是，我们只从某个特定的角度出发关注问题，并从这个角度找出具备最优性质的估计量。

于是，在点估计问题中，从不同的角度出发寻找最优解就出现了两大类常用方法：其一是广泛使用的矩估计；其二是名气更大的极大似然估计（MLE）。

矩估计的发源要追溯到 1894 年，它是在 K. Pearson 描述生物学数据的基础上发展而来的。但这里的"矩"似乎不太好理解，它指的到底是什么呢？似曾相识，矩的提出很容易让我们联想到经典物理学中矩的概念。在经典物理学中，如果用"点"表示"质量"，就可以创造一系列新的关于矩的称谓：表达总质量的零阶矩，表达重心的一阶矩，表达转动惯量的二阶矩。

物理语境下的矩，实际上代表距离和物理量相乘的物理量，象征着物质的空间分布情况。它们的相似之处在于，物理学中的矩描述的是分布情况，统计学中的矩描述的也是分布情况，只不过描述的是随机量的分布，而非物质的空间分布。

也就是说，如果用"点"来表示"概率密度"（概率密度可以告诉我们随机变量取某些特定值的概率），那么在数学上可以通过求"和"（对于离散变量是相加，对于连续变量是求积分）创造出一系列统计学中的矩概念：

- 零阶矩：总概率，即概率的和一定等于 1，所有随机变量的零阶矩都是一样的。
- 一阶矩：分布的数学期望值，如均值，衡量随机变量到原点的距离。
- 二阶矩：可以用来计算方差，衡量分布的数据的离散程度。
- 三阶矩：偏度，衡量分布的随机密度函数向左或向右偏的程度。
- 四阶矩：峰度，衡量分布的峰部有多尖（尽管从数学本质上来说，它更适合描述分布尾部的大小）。

概率密度函数与矩之间的这种密切的联系，深耕于数学的美学形式。如果你肯再花时间了解一下泰勒级数，就能很好地理解矩的分布意义。泰勒级数是分级的，可以用来描述函数的特征；矩是分阶的，可以用来表达概率密度函数的形状和特征。

例如，知道了均值，就相当于知道了泰勒级数中的 $f(0)$；知道了方差（结果的离散程度），就相当于知道了泰勒级数 $f(0)$ 的导数 $f'(0)$（f 变化得有多快）。泰勒级数有更多的级数就意味着有更多有关函数的信息，矩也是如此，信息越多，对概率密度函数的近似就越好。

下面来看一系列概率密度函数的矩信息。

对于正态分布，四个阶的矩都存在，其三阶矩为 0，四阶矩为 3。

对于标准均匀分布，四个阶的矩都存在，其四阶矩为 1.8。

对于偏态的 Pareto 分布 80/20，存在一阶矩，但二阶及以上的矩不存在。

对于部分幂律分布，只有一阶矩和二阶矩，三阶及以上的矩不存在。

对于所有的分布而言，其前两个矩（如均值和方差）是目前已知的最关键的两个矩。虽然所有的矩都很重要，但有些矩比其他矩更加重要。在这里，对于二阶矩的理解，我们需要耐心一些，尽管二阶矩可以用来计算方差，但二阶矩并不是方差。真正的方差的计算方法是先从所有的值中减去均值，再进行平方，因此方差往往被称为二阶中心矩，而不是二阶矩。更准确的说法应该是，方差（二阶中心矩）=二阶矩 − 一阶矩的平方：

$$\mathrm{Var}(X) = E(X^2) - E(X)^2$$

这是一个更加简单的计算方差的公式，省掉了方差公式中烦琐的减法运算。在数学上能够这样简化的深层原因在于，求和与求积分都是线性运算。

了解了矩的概念，就可以继续对矩进行估计，这就是矩估计，即利用样本自身的矩来估计样本总体的相应参数。

弱大数定理告诉我们，简单随机样本的一阶矩按概率收敛到相应的总体一阶矩。这就启发我们，可以用样本矩替换总体矩，进而找出未知参数的估计。换句话说，由矩的概念引申出了独立的概率密度函数的估计方法。

进一步地，如果总体的概率密度函数中有 k 个未知矩参数，就可以用样本的前 k 阶矩来估计总体的前 k 阶矩，利用未知参数与总体矩的函数关系求出参数的估计量。例如，我们用样本的一阶原点矩来估计总体的数学期望，用样本的二阶中心矩来估计总体的方差等。

就像泰勒级数一样，由于只通过有限的矩的数学特征来得到参数的估计量，不会探求一个分布的概率密度函数的精确表达，精确表达的程度只与矩的信息多少相关，因此矩估计方法并不会用到总体的分布模型。这意味着，矩估计使用起来很简单。

当然，矩估计的这一特点也招致了理论家的批判。英国统计学家 Fisher 就认为矩估计法并不是一个无懈可击的方法：矩估计法没有最大程度整合样本里的信息，这种浪费是一个巨大的缺憾。Fisher 的一生对矩估计有着深深的敌意，这一思想的根源是他更多地从"估计方法能整合样本里的多少信息"的角度去思考问题。

这一思考角度在统计学发展的历史上意义重大，并引发了一系列连锁反应。一方面，带来了"充分统计量"的概念（详见第 5 章壹节）。另一方面，Fisher 与天文学家爱丁顿起了争论，并严肃地探讨了平均绝对偏差和标准差哪个估计量更好的话题（详见第 5 章伍节）。

站在批判矩估计的立场上，Fisher 自然需要给出他的候选答案。Fisher 认为，统计模型的选择需要结合实际情况考虑，而不能像矩估计一样进行单纯的数学求解。这就是 1912 年 Fisher 正式提出极大似然估计的历史背景。

那么，什么是极大似然估计呢？下面不妨来看一个投掷图钉的例子。

假设有一枚图钉，设 p 为随机投掷后图钉针尖朝上的概率，现求 p。显然，这个问题要求我们做实验，并通过观察求取概率 p 的估计值。

实验开始，假设我们投掷图钉 5 次，图钉针尖朝向结果为上、下、上、上、下。在 5 次实验互不影响的前提下，图钉针尖朝向顺序出现的概率 y 可以写成：

$$y = p^3(1-p)^2$$

这个方程还被称作似然函数。画出这个似然函数的图像，我们能够很轻易地捕捉到似然函数有一个局部极大值点。通过数值求解可知，当 $p=0.6$ 时，似然函数取到局部极大值。这种将 p 的估计值设定为一个值，使 y 取到局部极大值的基本思想就是极大似然估计。这个 p 值就是图钉针尖朝上的概率估计值，利用这个值能够完美地解释实验的结果。

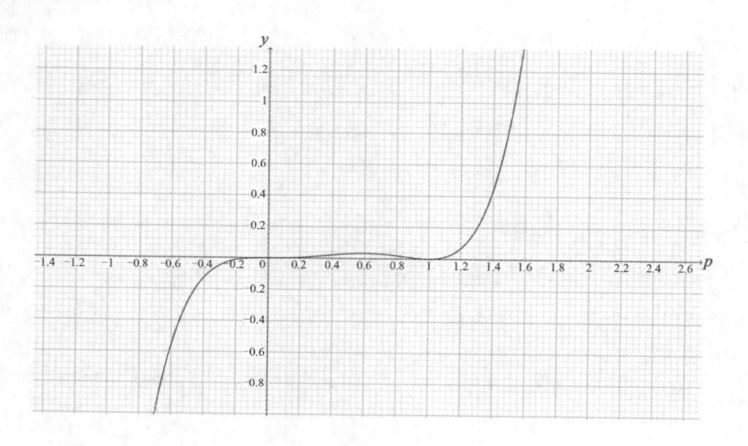

简单来说，极大似然估计的逻辑就是，猎人和徒弟去打猎，打到了一只兔子，猜一猜更有可能是谁打到的？为了回答这个问题，你至少要对猎人和徒弟的狩猎能力（模型）都有所了解，并给出自己的判断。

显然，极大似然估计与矩估计的思路是决然不同的。前者在选定模型之后，再进行参数估计，而不像矩估计一样，不管模型到底是什么，都先进行参数估计。这就是 Fisher 的极大似然估计与 Pearson 的矩估计的最大区别。

Fisher 的观点几乎完全排斥矩估计，并努力寻找全新的工具。这样的冲突让极大似然估计的思想独立发展起来并自成一派。为此，本书第 4 章将尝试独立解读 Fisher 的极大似然观点和 Fisher 派。

叁
最优估计量

选取最优估计量，可以说是经验和灵感的艺术结合。例如，决定选用极大似然估计还是矩估计，一般要基于要解决的问题合理选择。

以矩估计为例，它只有依赖大数定律才能成立，这意味着，只有在样本量 N 本身较大的时候，才能保证矩估计这种方法的优良性。从理论上讲，矩估计是以大样本为应用对象的。人们还发现，很多估计量表现出来的性质与样本量的多少有很强的关联性。通常在大样本情况下估计量能够表示出更有趣的性质。

有大样本就会有小样本。那么，小样本是指样本量趋于的样本零吗？非也。大样本和小样本的差别本质不在于样本量的大小，而在于样本量 N 是趋于无穷大，还是固定在某个值上。例如，针对统计量的某个性质，如果在样本量固定时有意义，则称其为小样本性质。

矩估计为什么更加青睐大样本性质呢？这并非出于偶然。

一是因为统计量的分布往往很难了解，而建立其大样本，即极限情况下的分布，就提供了一种近似解法的可能。当样本量趋于无穷大时，估计量的分布往往趋于一个常见的简单分布，如正态分布，借此可以全面地了解估计量的性质。但在小样本条件下，很难发现这种分布趋向性。

二是因为统计推断方法的某些优良性准则本身就是建立在大样本基础上的。在小样本条件下，寻求具有某种最优性质的估计量是很难的，最优解是否存在也是个问题。但在大样本条件下，可以打破这种尴尬的局面。

下面来看两个广为人知的例子：

- 大数定律（LLN），当样本量趋于无穷大时，估计量将收敛于被估计值，这个性质被一般性地称作相合性。
- 中心极限定理（CLT），大量独立随机变量的和趋于正态分布，这个性质被一般性地称作渐近正态性。

相合性和渐近正态性，都是基本的大样本性质。大数定律和中心极限定理，都可以看作一个更一般问题的部分答案：当求和数接近无穷大时，随机变量的和（或平均数）的极限行为是什么？大数定律告诉我们为何能以某件事发生的频率作为该事件发生概率的统计，以及为何能以样本的均值作为总体期望的估计值。中心极限定理则告诉我们正态分布为何占据重要地位，以及大样本统计推断的理论基础。

于是人们会问，矩估计是解决估计问题的最优选择吗？根据上面的讨论我们了解到，矩估计是很依赖大样本条件的。在这个最优选择题里，样本量成为评估最优估计量最重要的参考指标之一。当然，参考指标并不是唯一的。

从方法论的角度出发，为了减少对最优估计量的选择恐惧，统计学家提出了一种更为简单实用和形式化的方法来选择最优估计量。这个方法的核心思路如下：

- 对估计量的性质给出特定的要求。
- 将不符合要求的估计量淘汰并找到最优估计量。

首先，要求一个估计量在整体上有较好的性质，这样可以避免选到总体性质很差但局部性质较好的估计量的情况；其次，从剩下的选项里择优选取。以样本均值为例，通常我们只能够根据偶然选择到的某个/某些样本的均值来估计总体均值，因为抽样带有一定的随机性。这带来一个问题，对于多次取样的不同取样方法和规模，样本的均值会是一直波动的，并偏离总体的均值。为了减少这种波动产生的困扰，我们人为地限定一个前提条件，强制让估计量的平均值与总体均值一致。这个重要的假设也被称作无偏性假设。无偏性就是一个人为约定的筛选标准，如果有符合这个筛选标准的估计量，我们就可以认为样本均值的平均值等于总体均值。

类似地，我们也可以限定方差，让方差平均值与总体方差保持一致。于是，拓展到方差的无偏性，我们可以得到一个更一般的表达：如果一个估计量的理论均值等于被估计值，这个估计量就被称作是无偏的。提出"无偏估计"这个标准的意义在于，如果一个估计量经常被使用，它就保证了在多次重复的平均意义下，能够给出接近真实值的估计值。如果某项统计学应用非常看重这一点，那么这个无偏性的要求自然是合理和必需的。

无偏性的应用有时是潜移默化的。例如，在工业生产中，每日废品率虽然是波动的，但通过计算每日平均废品率就会发现长期废品率将大体稳定。又如，对于每日货款结算，超市按照商品的抽样合格率来支付货款，单就某一天而言，可能某一方会吃亏，但长期来看，双方损益是均等的。

无偏估计在统计学中很重要，除历史渊源之外，可能更多是因为它的便利性。无偏估计在数学上很容易处理，尤其涉及均值的时候，更便于解释和理解。此外，在心理感受上，这个概念也有其存在的道理。当没有其他合理准则可遵循时，一个无偏估计总比没有这种性质的估计要好一些。基于这些理由，长久以来，人们逐渐形成一种僵化的看法：一个估计量如果没有无偏性，就是不好的。

但始终不要忘记，无偏性是人为规定的标准，它不是永恒的约束，引入这个标准只是为了解决在一定准则下求最优解的问题。虽然无偏估计在科学领域取得了巨大的成功，但随着统计学应用的发展，在很多场合下偏差并不能长期抵消，因此并不适合套用无偏性标准来分析。例如，在大数据分析领域，当有数百个或数千个参数要同时估算时，无偏性可能是一种无法承受的约束。

探求最优估计量的努力，让我们打开视界，批判性地审视矩估计、无偏估计，并将视线瞄向了极大似然估计，以及与无偏估计对立的有偏估计。历史有趣的地方就在于，有偏估计对无偏估计的颠覆性丝毫不亚于 Fisher 的极大似然思想对矩估计思想的影响。有偏估计甚至是对经典统计学最自豪的领域，即极大似然估计发起的一记猛击。这个有趣的故事，将在第 4 章陆节进行讲述。

肆

假设检验

检验,是统计推断的另一个理论支柱。

估计问题,是由样本推测总体的推断,是一种定量的方法。例如,调查100个人的身高从而推测出人类总体的平均身高。检验问题,是基于概率判断某种想法是否正确的推断,是一种定性的方法。例如,判断全世界人口平均身高是否发生变化。

以边缘转动比利时一欧元硬币150次,得到的结果是正面朝上40次,反面朝上110次。"这看起来很可疑,"伦敦经济学院的统计讲师巴里·布莱特说,"如果硬币是均匀的,那么得到这个结果的可能性低于7%。"在这个故事里,如果我们根据实验计算硬币正面朝上的概率,这就是一个估计问题。如果提问这个实验结果是否能证明"硬币偏心而非均匀",这就是一个检验问题。显然,检验问题和估计问题并没有什么本质上的不同,只是问题的形式决定了我们应该选用估计方法还是检验方法来作答。

为了更加深入地理解检验的思想,我们来看一段对话。

甲:我投掷了10次骰子,9次都是奇数,我觉得这个骰子不太靠谱。

乙:为什么这么说?

甲:如果骰子合格,就意味着发生了一件不太可能会发生的事情。

乙:那不如换个骰子玩,这样比较公平。

甲:我同意。

在统计检验中,总有一个需要被判断的命题,即假设。在上面的对话中,这个隐藏的假设就是骰子是合格的。这个假设需要通过样本做出是或否的判断,即检验。

从预测天气到选择专业的运动队,从判断法律法规的财务影响到描述物理学中基本粒子和力,检验就是这样一种解决问题的思路:先给出关于某个问题的一个假设,收集与这个问题相关的数据,看看这些数据是否支持我们的观点。

假设检验思想的提出最早要追溯到Pearson在1900年所做的思考。

Pearson对统计学的看法是,从以往去预测将来,会发生什么?他认为,统计学在世纪之交急需提出一种方法，将观察数据转化为一个可用于预测的模型。这里的过去，是指已有的观察数据；未来，是指未来观察的可能结果。

为此，他提出了具体的方法：关于过去，先用一条分布曲线拟合已有的观察数据；关于未来，利用上述拟合的分布曲线计算未来观察中出现各种值的可能性的大小。关于过去和未来的两个主题，在 Pearson 的开拓下，进一步变成两个更具体的问题：

- 从曲线族中如何确定一条曲线。这项工作引出了矩估计法。
- 估计拟合程度的好坏。这项工作引出了拟合优度检验。

Pearson 的工作的开创性在于，定义了一个反应模型拟合程度优劣的指标——拟合优度。如果必须做出"接受"某条曲线的决定，那么必须定义一个阈值 α，当拟合优度小于 α 时，不接受这条曲线；反之，接受这条曲线。

你可能已经发现，拟合优度的这种判别形式已经初步具备假设检验的雏形。

1919 年，Fisher 进入了 Rothamsted 农业试验站，并与 Pearson 共事，一同从事遗传学方面的研究工作。在此期间，Fisher 通过田间试验研究实验设计，并对由实验数据做出归纳推理的原理进行了深入的思考，这些成果都写进了他的著作 *The Design of Experiments* 中。在这本书中，Fisher 第一次提出了显著性检验的概念。显著性检验是在 Pearson 的拟合优度的观点上的进化。在向假设检验思想迈进的过程中，显著性检验是一个重要中间阶段。

显著性检验的观点可以用著名的女士品茶的案例来诠释。

据说，20 世纪初，在剑桥大学的下午茶会上有一位女士说过这样的话：往红茶里掺牛奶和往牛奶里掺红茶的味道是不同的。该女士声称，她可以鉴别先奶后茶及先茶后奶两种饮料。

于是 Fisher 设计了一项实验来检验她的说法是否可信：先准备 8 杯饮料，两种掺法各半，把它们随机地排成一列，让这位女士依次品尝。Fisher 告诉这位女士，这里两种饮料各有 4 杯，请她指出哪 4 杯是先茶后奶。

Fisher 的推理过程如下。

首先引入一个假设 H：该女士不具备她所声称的鉴别能力。

如果假设 H 正确，那么不论该女士如何挑选，本质上她只是随机地挑选 4 杯饮料并将其认作先茶后奶。从 8 杯中挑选 4 杯，一共有 $8\times 7\times 6\times 5/(4\times 3\times 2\times 1)$

=70 种选法，其中只有 1 种是正确的，因此该女士如果全部选中，则必须承认下列两个命题中必然有一个成立：

- 假设 H 不成立，即该女士具备鉴别能力。
- 假设 H 成立，即虽然该女士不具备鉴别能力，但发生了一个概率 p 只有 $1/70 \approx 1.4\%$ 的罕见事件：该女士无意识地全部选中了。

我们假定决策者事先设定了一个显著性水平标准 $\alpha = 5\%$ 作为判定该女士是否具备鉴别能力的依据。由于我们已经计算过，假设 H 成立的概率 p 只有 1.4%，小于显著性水平标准 5%。因此，我们要否定假设 H，即认为该女士具备她所声称的鉴别能力。

以上这一推理方法被称作显著性检验。这一方法颇具侵略性，一经推出，显著性检验立即拓展出了一类新的应用，即用来比较两种流程、两种方法之间是否存在优劣之分这种常见的问题。例如，比较新的手术方法是否比此前的方法存活率更高，新的玉米品种是否比原品种产量更高。

显著性检验成为解决一大类新问题的最佳工具。然而，在 Fisher 改造的理论中，仍然缺少一些很重要的东西。我们只懂得根据问题套用显著性检验方法，而对检验方法本身是否有效，不同检验方法之间如何比较优劣却缺少洞察。解决问题是我所欲，用最优的方式解决问题亦我所欲。回到女士品茶的案例，如果对于假设 H，Fisher 设计了不同的检验方法，那么得到的概率可能是完全不同的：

- 从 8 杯饮料中挑选出 4 杯同一类型的饮料，该女士全部选中的概率是 1.4%。
- 如果不告诉该女士有 4 杯是一样的，而让她一一确认每杯饮料的类型，那么该女士全部猜中的概率是 1/2 的 8 次方，约为 0.39%。

采用不同的检验方法，得到的结果显然是不同的。这里我们只知道结果的概率存在差异，即分别为 1.4% 和 0.39%，但对于这两种不同的检验方法，我们却无法辨别哪种是更有效率的。直到 1928 年，J. Neyman 和 E.S. Pearson 终于完善了 Fisher 的理论，并补足了这一点，这就是假设检验，也被称为 Neyman-Pearson 理论（N-P 理论）。

假设检验在显著性检验的基础上，除给出了通常表达"无事发生"的原假设 H0（也被称作零假设）以外，还进一步提出了对立假设 H1（有时也被称作备择假设）的概念。例如，科学家想要研究肺癌发病率是否受到大气污染的影响，那么"大气污染不影响肺癌发病率"是原假设，而"大气污染影响肺癌发病率"是对立假设。

第 2 章 频率统计

别看只增加了一个对立假设，这却是一个重大的数学事件。正是对立假设这一补充，使得可以对同一假设的不同检验方法的优劣进行比较。更具体地说，在 N-P 理论中，统计学家引入了两类错误来达成这一比较目的：

- 第一类错误，弃真错误，即 H0 是真的但被拒绝了。
- 第二类错误，采伪错误，即 H0 是假的但被接受了。

检验方法有很多种，其关键问题是找到一个最佳检验法则，使得犯第一类错误和犯第二类错误的概率尽可能小。这正是假设检验的精髓，可以用来比较不同检验方法的优劣。怎样制定合理的法则，并在法则之下找到最优的检验，成为 N-P 理论的核心内容。假设检验这种通过法则进行优选的命题结构，正好契合这样一种观点：如果一个结果可能仅是偶然的，就不要把它归因于一个事件。

我们完全可以找到一个检验法则，使得无论观测到什么数据，H0 从来不会被拒绝，此时犯第一类错误的概率为 0，但犯第二类错误的概率会很高；也总能找到另一个检验法则，使得无论观测到什么数据，H0 总是被拒绝，此时犯第二类错误的概率为 0，但犯第一类错误的概率会很高。

显然，这两者都不是最佳选择。

这里有一个选择的艺术，犯第一类错误和犯第二类错误之间是此消彼长的关系，必须做出取舍。犯第一类错误和犯第二类错误之间的关系就像火灾报警器传感器的精度和误报之间的关系一样，提高传感器的精度就不会误报，但是也可能会因为传感器的精度过高，错误地感应到其他类型的热量（如开水壶的热量），从而增加误报的可能。

最佳选择应使两者之间达到最佳平衡。这有很多方法，如 UMP、UMVUE、似然比检验等。然而，最普遍的方法是将犯第一类错误的概率限定在常显著性水平标准 α 上，如 5%，以此来优先保证犯第一类错误的概率很低。这里的 5% 并没有太深刻的含义，究其根源，是 Fisher 的个人建议，因为他的名气实在是太大了，因此后人也都接受了这一预设参数。

当然，Fisher 的名气再大，在实际应用时根据解决问题的需要 α 也不是一成不变的，会有不同的标准。例如，刑事案件判决要求"超越合理怀疑"，故 α 会定为 1% 或更小的 0.5%；民事案件的判决往往只要求"占优势证据"，故 α 会定为 5% 或 10%。

N-P 理论有一个原则：要求优先限定犯第一类错误的概率，在这个基础上使犯第二类错误的概率尽可能小。你也许会问，为什么要遵循这样的原则呢？

假设今天多云，在出门之前，你面临两个选择：带伞和不带伞。

- 如果今天下雨但你忘了带伞，你就犯了第一类错误，即弃真错误。
- 如果今天不下雨但你却带了伞，你就犯了第二类错误，即采伪错误。

如果你必须在两类错误中做出取舍，那么你会选择带伞还是不带伞呢？答案是不言而喻的，大多数人都会说，带着一把无用的雨伞在外面溜达总好过在倾盆大雨里狂奔吧。虽然无法完全规避这些错误，但我们可以通过权衡两个选择的相对成本来做出决定。

于是，优先限定犯第一类错误的概率是一个更加理性的选择。

当然，这里有一个前提：在设计假设检验的命题结构时，直接将最需要规避的错误定为第一类错误。理论上没有办法同时规避所有错误，这时需要在两种假设中预设一定的倾向。这有点像法律上无罪推定的观点：默认原假设（无罪），只有存在充分的证据时才转而选取对立假设（有罪）。

这是一种约定俗成的观点，在假设检验的世界里，原假设通常代表一种久已存在的状态，对立假设则反应一种改变。一旦检验的结果是否定原假设（改用新的方法），那么一定存在充分的证据。除非证据很有说服力，否则不会轻易改变现有状态转而投入那种未经考验的、后果难以估计的新状态。

实际上，假设检验这个命题设置还有更深的用意。N-P 理论据此可以把假设检验问题转化为一个明确的数学最优化问题，这也为此后 Wald 发展的统计决策理论打下了理论基础（详见第 2 章拾壹节）。

伍
p 值争议

在检验问题中，p 值的概念也经常性地被误解，并时常引发 p 值灾难。在理解这一点之前，需要先弄清楚到底什么是 p 值。

Fisher 对 p 值的定义：当原假设为真时，比所得到的样本观察结果更极端的结果出现的概率。

回到女士品茶的案例，如果考虑 p 值检验，那么检验方法将被改写为以下形式，至少包含 5 个步骤。

（1）有一个明确的假设 H。

（2）设计一个实验，观察某个变量 X，当 H 成立时，X 有已知的分布。

（3）根据 H 和 X，对 X 的值排序，越靠前的值对 H 越不利。

（4）以 x 记 X 的观察值，按第（2）步求出的分布，求出 x 和比 x 靠前的值出现的概率之和，记作 p，p 值越小，实验结果 x 越不利于 H。

（5）求出 p 值后，把 p 值告诉决策者，决策者事前要设定一个显著性水平标准 α，将 α 与 p 值进行比较，并判断是否接受 H。

这位女士猜中全部 8 杯饮料的概率是极低的，为 1/2 的 8 次方，约为 0.39%；猜中 7 杯饮料的概率也是很低的，为 1/2 的 7 次方，约为 0.78%。以此类推，这位女士猜中 6 杯饮料的概率约为 1.56%。

按照 Fisher 的观点，p 值其实是用来汇总拒绝原假设的证据的。因此，可以把这 3 个结果累加起来，计算 p 值进行检验：0.39%+0.78%+1.56%=2.73%。显然，求和的结果低于显著性水平标准 5%。

这意味着，为了确认该女士是否具备鉴别能力，并不要求该女士严格地全部猜中 8 杯饮料，只要至少猜中 6 杯即可。如果该女士猜中了 5 杯饮料，那么你会发现情况大不相同，猜中 5 杯饮料的概率是 1/2 的 5 次方，约为 3.12%，累加后 p 值等于 0.39%+0.78%+1.56%+3.12%=5.85%，显然，此时 p 值已经超过了显著性水平标准 5%，再拒绝原假设 H0 理由已经变得不充分了。至此，可能你已经理解 p 值的奥妙了。

下面不妨再来看一个投掷硬币的例子巩固理解。

原假设 H0：硬币是公平的。

我们投掷一枚硬币 100 次，发现实验结果并不符合原假设：有 90 次正面朝上，10 次反面朝上。于是我们计算在硬币公平的前提下出现这种结果的概率。按照 Fisher 的定义，为了计算 p 值，我们必须考虑比观察到的 90∶10 情况更加极端的情形。这包括：

$$91∶9$$
$$92∶8$$
$$93∶7$$
$$\vdots$$
$$98∶2$$
$$99∶1$$
$$100∶0$$

根据检验的要求，只有将这些比观测值更极端的概率都计算出来并相加，才能得到严格意义上的 p 值。p 值意味着，当原假设为真时，检验统计量出现某个（些）不应该出现的值的概率。如果相加之后的 p 值仍然小于显著性水平，就可以拒绝原假设 H0。

由此可见，p 值不是一个纯粹的概率概念，而是罕见现象极端概率的累积值。正因为采用了如此晦涩的定义方式，p 值往往成为争议话题的中心。

2015 年 2 月，*Basic and Applied Social Psychology*（《基础与社会心理学》期刊）宣布了对于零假设显著性检验（Null Hypothesis Significance Testing，NHST）的全面禁令，要求在此期刊发表的全部文章删除包括 p 值、置信区间、检验统计量在内的一系列统计分析工具。

2016 年 6 月，美国统计学会（American Statistical Association）发表了题为"The ASA's Statement on P-Values: Context, Process, and Purpose"的声明，以澄清对于 p 值在实际应用上的误解。该声明指出，在统计检验中，p 值只能解释为数据与假设之间的关系，并不能衡量假设为真时的概率。

2019 年 3 月 20 日，*Nature* 上的一篇题为 "Scientists rise up against statistical significance" 的评论在学术界引发了人们对于 p 值和 NHST 的大讨论。

如何理解这一系列围绕 p 值概念误解引发的争论呢？要知道，在过去的几十年间，p 值作为统计分析的一条 "黄金准则" 大行其道，但这几个大事件的相继发生，却让 p 值检验跌下神坛。究其原因，学术界对 p 值检验标准和应用一直存在着广泛的误解。

第一个误解是关于检验准则的。在实际应用中，当结论否定原假设并走向对立假设时，犯错误的可能性是很小的，这个很小的可能性就是 p 值。因此，可以将 p 值看作 "原假设是真的，但错误地选择了对立假设" 的概率。显然，p 值只可衡量一类错误，即第一类错误。

我们经常要求 p 值小于 5%，就是为了把犯第一类错误的概率控制在 5% 以内。然而，统计意义上的第二类错误，即 "对立假设是真的，但错误地默认了原假设"，却没有被 p 值计算在内。

在假设检验的框架下，由于只控制了犯第一类错误的概率，犯第二类错误的概率无法被控制，因此 "默认原假设" 的结论都不是严格和可靠的。由此可见，p 值本身代表的真实意义是在原假设成立的前提下收集到已有证据的条件概率，而不是在已经收集到已有证据的前提下原假设成立的概率。

第二个误解是关于频率观点的。在教科书里，NHST 关于 p 值的定义为，当原假设 H0 为真时，以完全相同的条件无数次地重复当前试验/测量/抽样，得到的结果与 H0 一致或极端相反的概率。

然而在现实生活中，"无数次" 的这个定语经常被忽略，包括许多专业的研究者都单纯地认为，p 值是在一次检验中拒绝 H0 时犯错误的概率。这就意味着，极小的 p 值也并不代表结论就是可重复的，p 值本身就是大量可重复性实验中的个例代表。因此，即使得到了很小的 p 值，为了进一步验证结论的可靠性，仍然应该进行多次重复实验。

例如，在开发降压药时，NHST 默认新药没有什么优势。当 p 值很小时，开发出的新药有优势的结论是相对可靠的，但这很可能是因为碰巧。在 5% 的显著性水平上，可以预见在每 100 家医院中，就有 5 家会得到小于 5% 的 p 值，以致得到错误结论。更令人崩溃的是，当新药相比传统药的效果只有万分之一的优势时，同样可能得到很小的 p 值。当 p 值较大时，严格来说只能认为没找到足够的证据来证明新药有优势，而不能说新药一定是没有优势的。

如今在物理学中，我们已经能够掌控 10 亿量级的数据，在某些物理实验中，为了得到可靠的结论，科学家不得不将 p 值缩小到夸张的 0.00003%。可以说，如果我们的科学理论仍被认为是无懈可击的，那么只是因为它还没有被充分地测试过。

我们意识到：

- 当 p 值较大时，我们无法否定原假设，可能因为随机性缺失关键证据。
- 当 p 值很小时，我们通常否定原假设，但样本是有随机性的，我们不清楚这个 p 值能否"无数次"复现，它有可能仅是通过"一次性"计算得到的。

这就像两位在苏格兰高原上旅行的统计学家相互抬杠：

"啊，原来苏格兰的羊是黑色的！"

"得了吧，仅凭一次观察你可不能这么说，你只能说那只黑色的羊是在苏格兰发现的。"

"也不对，由这个观察，你只能说，在这一时刻，这只羊，从我们观察的角度看过去，有一侧的身体表面是黑色的。"

总之，检验命题通过 p 值给出的判断反应的永远是当事者在面对的样本证据下对该命题的一种态度和倾向性，或者某种必须或自愿采取的行动，而不是在逻辑上证明了该命题正确或不正确。这一切都是因为样本有随机性。更极端地说，只要不断地积累实验数据，直到得到能够否定某个理论的结果，我们就可以用 p 值否定任何理论。

第三个误解是关于原假设的。这里存在一个思维陷阱：对于原假设来说，如果结果显著，结论就可以被推翻；如果结果不显著，得到的最好的结论就只是"无法推翻原假设"，而不是"接受原假设"，无法推翻与接受是两个不同的概念。

也就是说，对于原假设 H0，只有两个结论，要么直接否定它，要么证据不足无法否定它。

无论是哪个结论，都无法证实 H0。这就像刑事审判一样，法庭上永远都不会存在"清白者"，只能判定"有罪"或"无罪"。如果嫌疑人清白的证据看起来极不可能，那么嫌疑人将被判有罪；如果嫌疑人有罪的证据不够充分，那么嫌疑人将被判无罪，法庭上从不接受"嫌疑人清白"的原假设。

假设检验不是完美的，你永远都无法完全得到肯定的结论。因此，为了证实一个命题，一定不能将其定义为原假设 H0，而必须将其定义为对立假设 H1。H1 为 H0 的对立方，否定 H0，就意味着证实 H1。

例如，为了证实"吸烟率有所增加"这个命题，需要先将其定义为对立假设 H1。

然后根据 H1 给出对立的无效假设 H0：吸烟率保持不变。

最后进行假设检验，并设置显著性水平标准，如果 p 值落入拒绝域，则否定 H0，承认 H1 成立。

由此可见，对于一个正统意义上的检验逻辑，为了证明存在某种影响的 H1，人们先间接地给出一个否定此类影响的无效假设 H0，然后以完全不参考 H1 命题的方式来反驳 H0（只使用以 H0 为条件的概率）。

Harold Jeffreys 在 1939 年表达了他对这种间接推理形式的惊讶：

"一个可能为真的假设（H0）被拒绝了，因为它未能预测尚未发生的可观察结果。这些证据可能更合理地被视为该假设的证据，而非相反的证据。"

第四个误解是关于心理准则的。假设有一位音乐家告诉你他具有绝对音感，为了验证这一点，你弹奏了 8 个音符让他猜，他都猜对了。你可以据此相信他的话吗？再假设有一个人说他可以预测你下一步要弹奏的 8 个音符，并提前默写在纸上。你又弹奏了 8 个音符，如果他都猜对了，你会相信他的话吗？从结果上看，两者的 p 值计算结果是一样的。但你会非常怀疑后一个人的话，因为这个非凡的行为实在令人难以置信，你可能更希望通过进一步的测试来考察这个人。

p 值存在争议不仅因为存在计算上的问题，还因为存在心理上的问题，如即便得到同样的计算结果，不同的上下文环境也会逆转你对同一结果的判断。正如卡尔·萨根所说，"非凡的主张需要非凡的证据"。显然，高度数学抽象化的 p 值检验无法适用于这种"非凡的情形"。更何况，由于人类的思维和行为具有复杂性，超级正常的主张，即便落到思维死角，或符合思维定式、舆论定式，也容易被视为理所当然。免于质疑的主张，同样需要超常的证据。

总之，应用 p 值是一件需要仔细对待的事情，要判断实验是否合理，样本是否具有代表性，是否用对了统计方法，p 值的显著性水平标准也应该根据需要放宽或收紧。只有批判性地理解 p 值，才能发挥它的最大价值。

陆
区间估计

像"投票支持率为 58%"这样的点估计命题总会让人头疼，因为你无法从中看出精确程度。虽然可以给出某个指标，如均方误差，去刻画估计的精确程度，但这却是非常间接的表达方法。更直接的方法是利用一个范围区间去描述精确程度。

于是，人们需要解决这样一类问题：由样本 X 估算出一个区间，并推断目标值落在这一区间的可能性。像"在 95% 的可靠度下，中国家庭主妇的零用钱平均为 2.9 万~3.3 万元"这样的观点就比"中国家庭主妇的零用钱平均为 3.13 万元"这种点估计的结论更加友好。这就是**区间估计**。

Neyman 是第一个发展了区间估计理论的人。在他看来，评价一个区间的优劣，有两个重要的因素：

- 可靠度：区间内包含未知参数的概率，即置信系数。
- 精度：衡量精确程度的指标，区间越小越好。

相比点估计，区间估计利用可靠度和精度表达的信息更加丰富。然而，可靠度和精度两者往往是相互矛盾的：

- 如果可靠度高，区间就会很大，如估计一个人的年龄为 10~90 岁没有意义。
- 如果区间很小，可靠度就会很低，如估计人群的身高为 165.5~166.5cm 也没有意义。

对此，Neyman 给出了建议，先给定置信水平，确保一定的可靠度，在这个前提下考虑获取精度更高的区间估计。这一观点是否似曾相识？没错，在假设检验中也有类似的原则，即优先保证犯第一类错误的概率很低，在此基础上尽量降低犯第二类错误的概率。

对有关评价标准的两个主要概念给定优先程度贯穿于区间估计和假设检验过程：

- 区间估计中的可靠度（置信系数）优先于精度（置信区间）。
- 假设检验中的第一类错误（弃真错误）优先于第二类错误（采伪错误）。

这种做法，不能算是牵强的类比，因为的确有其历史的根源。置信区间理论的创始者与假设检验理论的奠基人其实是同一个人——Neyman。Neyman 在发展其置信区间理论的同时，也确实广泛地借鉴了假设检验的思想。这个想法是恰当的，因为"不可靠"带来的后果与"不精确"带来的后果不可混为一谈，它们带来的影响是不同的，显然前者更重要一些，就像犯第一类错误的概率一样。

实际上，置信区间和假设检验的隐秘联系不止于此，还体现在其构造形式上，如假设检验的原假设 H0：$a_1=a_2$，可以转换为 a_2 与 a_1 差值的区间估计。因此，某种准则下的最优检验，往往带来相应准则下的最优区间估计。

在第 2 章伍节中我们了解到，假设检验常常被误解为如果 H0 被接受了，就证明了 H0。这是大错特错的，H0 被接受并不意味着 H0 被证明。我们只是收到了通知，说 H0 被接受了，但却无法估量 H0 与真正的"无条件完全被接受"相差多少。

区间估计能够量化这种差别。区间估计提供的信息往往比假设检验提供的信息更加确切，假设检验问题只能给予定性的判断，而区间估计能给出量化的判断。

例如，在进行区间估计分析时，对某一估计量 a，在 95% 的可靠度下，甲乙两人分别给出了 $-0.05 \sim 0.07$ 和 $-15 \sim 20$ 的判断。显然甲的估计偏差很小，乙的估计偏差很大。对于甲，我们有一定把握（95%）说，"事实上"可认为 a 是 0，而不只是"接受了 $a=0$"；对于乙，由于偏差很大，我们只能说"我们对 a 知之甚少"，暂时还无法给出决策。显然，如果用假设检验的方法，我们就无法获得这样的细微信息。

因此，在解释假设检验结果的实际含义时，还要多留一个心眼，必要时可参考被检验的参数的区间估计。

区间估计与假设检验同步发展，并被广泛地应用。但令人遗憾的是，区间估计的概念也常常同 p 值检验一样被广泛地误解，并没有获得普遍共识。

Neyman 在 1934 年引进置信区间理论的初衷是计算一个由样本确定的区间或上下界限。

假设我们收集了男性和女性的身高数据，并在差异估计值周围计算了 95% 的置信区间，那么是否可以理解为我们有 95% 的信心认为真实参数在这些范围内呢？很多人按照这样的方式理解，但很遗憾，这种理解是错误的。

正确的解释是，95% 的置信区间表明，如果我们无限次重复做实验，在所有情况下，95% 的参数在这些范围内。95% 被称作置信系数，代表了参数落在置信区间内的频率的大小。总体参数是固定的，而数据通过重复抽样发生变化。区间估计深深地扎根于频率解释，哪怕我们只做了一次实验，也要假设我们能够重复做无限次实验。

因此，像"爱因斯坦会在 1932 年到 1948 年之间获得诺贝尔奖，正确率是 25%"这样的命题，是无法利用置信区间和置信系数来理解的，因为这里没有无限次重复实验，不存在频率解释。

如果反复使用区间估计很多次，有的时候包含 θ，有的时候不包含 θ，当次数充分大时，包含 θ 的频率将接近置信系数。因此，一个置信系数为 95% 的区间估计的意义为，在区间 $[\theta_1,\theta_2]$ 中测试 100 次，平均约有 95 次包含 θ。按照频率观点，虽然估计的未知参数 θ 是一个常数，没有随机性，但区间是随机的、能够涵盖参数 θ 的取值范围，因此置信区间的概念可以无矛盾地归属于频率解释。

在这里，我们不得不把概率说成频率，因为经典统计学中的所有概率陈述都具有这种性质：它们在无限次重复实验中平均化。凡是由频率解释所导出的方法，如点估计、区间估计、假设检验等的精度和可靠性，都是大量重复实验的平均值。

置信区间依赖于频率解释，确实有悖于直觉。这自然带来了新的疑问，即既然置信区间必须用频率观点来理解，那么是否可以用频率之外的观点来研究区间，从而让区间估计更接近自然的思考方式并拓展可解决的问题范围呢？

我们将在第 4 章贰节中继续探索这个问题。

柒

分布族

爱尔兰都柏林的吉尼斯酿造公司（Guinness Brewing Company）是一个声誉卓著的老牌酿造公司。没错，就是那个从1954年开始一直出版《吉尼斯世界纪录大全》的吉尼斯啤酒厂。20世纪初，该公司的优秀员工，毕业于牛津大学的戈塞特（Gosset），开始着手处理麦芽浆发酵的问题。

酵母是一种微生物，人们在进行麦芽浆发酵之前，要在装有液体的罐子里培养和繁殖酵母，仔细地测量酵母的数量，测量的精度非常重要。酵母放多了将会导致麦芽浆发酵不充分，放少了将会导致啤酒发苦。

这里测量的是样品中酵母的数量，但由于酵母是活的，它会不断地分裂繁殖，因此这个数量是一直变化的。因此，真正要测量的并非绝对的固定数值，而是单位容积内酵母数量的概率分布。Gosset对数据进行了初步研究，并认为酵母的数量可以用已知的泊松分布（Poisson Distribution）来描述。

Gosset的这一发现立即获得了商业成功，他设计的一整套测量酵母浓度的规则和方法大大提高了测量的精度，并让吉尼斯酿造公司能够生产质量更稳定的啤酒。这是一个大事件，尽管当时泊松分布已经被发现了100多年，但直到Gosset的发现，人们才在现实生活中找到它的一个应用实例。

泊松分布只是人类发明的众多分布模型之一，如今统计分布族的成员已经发展到上百个，每个新成员的加入，背后都有一段有趣的故事。

在17—18世纪，有一个以法国为中心的，通过赌博来研究古典概率问题的数学家团体，该团体成员有棣莫弗、惠更斯、帕斯卡、费马、伯努利。为什么赌博启迪了统计学的发展呢？很简单，因为最早的赌博形式就是投掷硬币，于是早期以硬币为蓝本归纳的二项分布，就是研究古典概率问题的数学家们最常用的研究对象。

如果没有讨论过赌博问题，那么任何有关概率或统计的学问都是不完整的。惠更斯以《论赌博中的计算》发明了由"公平赌博值"公理推导出的"数学期望"基本定理。之后，伯努利在《猜度术》中，对惠更斯的关于赌博中出现的各种情况的概率进行计算，并第一次提出了著名的"大数定律"（当实验次数足够多时，事件发生的频率无限接近该事件发生的概率）。

嗜赌成性的赌徒们往往连续参与 N 场赌局，并希望能够计算平均输赢回报，尤其是最终赢钱的期望值。这就需要计算二项分布累加求和的定积分表达式，数学家们自然地得到了正态分布。二项分布极限分布是正态分布。如果你了解理论，那么你一眼就能看出，这就是中心极限定理的雏形——棣莫弗-拉普拉斯中心极限定理。

可以说，棣莫弗是第一个推导出正态分布的概率密度函数的人，拉普拉斯则在《分析概率论》中进行了拓展，并最终建立了中心极限定理的一般形式。但令人奇怪的是，18 世纪出现的正态分布最终被冠以高斯的名号，与其奠基人棣莫弗无关了，这是为什么呢？要知道，高斯是 19 世纪才出生的。

这一切还要从天体物理谈起。

早在 1801 年，意大利天文学家皮亚齐就发现了一颗小行星——谷神星。后来皮亚齐因病暂停了观测，并遗憾地跟丢了它的运行轨迹。这时恰巧年轻的高斯出现了，他才智过人，凭借敏锐的数学直觉，仅根据谷神星之前三次的观测数据，就计算出了它的运行轨道。令人惊奇的是，人们果真在高斯计算出来的轨道上再度发现了谷神星。

当时，行星轨道计算被公认为天体物理中最困难的问题，而高斯却找到了巧妙的方法完成了准确的计算，快速地解决了这个问题。在计算轨道的过程中，他有一个重要的数学发现：让误差的算术平均值估计等价于极大似然估计的唯一密度函数，就是正态分布。由天体物理得出的误差理论，本质上可帮助我们从噪声中提取信号，这是现代统计学的核心能力之一。

这是一个重要的数学事件，它意味着误差的不确定性得以量化。要知道，伽利略、Thomas Simpson、拉普拉斯都曾尝试解决这一问题，但他们都失败了，败给了晚辈高斯。光凭这一点，就足矣将正态分布以高斯的名字命名。然而高斯的成就并不止于此，他还有第二个惊世发现：如果满足正态分布特性，那么极大似然估计和最小二乘估计是等价的。

虽然最早由勒让德提出了最小二乘法，但在勒让德的笔下，最小二乘法更像一个孤立的发现，只被看作一个平常的代数方法。是高斯为最小二乘法正名，并找到了其与极大似然估计和正态分布之间的隐秘联系。这两个发现意味着，高斯分布成为误差估计问题分析的核心工具，借助它人们可以非常轻松地对误差大小的影响进行统计度量。

由此不难理解为什么正态分布会以高斯的名字命名。高斯分布在经典统计学中占有核心地位。

然而高斯的理论还是留下了一个瑕疵：人们只是直觉认为算术平均是优良的，这一点并没有得到证明。这一点不证明，高斯的理论的价值就会大打折扣。因为算术平均是优良的，所以可由极大似然估计推出正态分布；因为算术平均是优良的，所以可由正态分布推出最小二乘法。就像证明牛顿定律只在惯性系下成立和牛顿定律适用的参考系叫作惯性系一样，会陷入循环论证。

最终由法国人拉普拉斯出马，将高斯的误差正态分布理论和自己的中心极限定理结合，堵上了这个缺口。如果将误差看成许多微小量叠加的总和，则根据中心极限定理，随机误差服从正态分布。至此，高斯分布成为统计学的核心理论。

泊松分布和正态分布只是样本分布族中的两个典型代表。高斯通过正态分布，从轨道计算开始，解决了误差估计难题；Gosset 利用泊松分布，找到酿酒的秘诀。历史上，人们不断借助统计分布模型来解决棘手的问题。理论上，任何积分值为 1 的非负函数都可以看作概率密度函数，即某种特定的分布函数，但其中大部分分布都没有研究价值。

随着知识的进步，我们一点一点地从概率密度函数的汪洋大海中打捞出越来越好的模型——新的概率分布模型。这些模型能够越来越精确地再现现实世界中越来越多的特征。没有人知道这个过程是否会无限期地继续下去，或者有某种自然的大结局，但这个过程中往往充满了惊喜。

伦琴对 X 射线的发现为诊断医学带来了新的可能；麦克斯韦在旋度方程中又发现了一个新的子项，颠覆了人类的即时通信手段。任何的知识进步都会带来具有巨大实用价值的结果，但在刚发现的时候，其影响往往是不可预测的。统计学也表现出同样的特点。任何成功的模型，即使它可能只复制了一些常识性的简单特征，也可能在某些应用领域得到的发展。

捌

抽样分布

Fisher 在 1922 年的经典论文 "On the mathematical foundations of theoretical statistics" 中，把统计学的任务归结为三项：

- Specification——样本分布，用来确定模型。
- Estimation——参数估计，用样本估计模型中的未知参数。
- Sampling Distribution——抽样分布，用来进行统计推断。

参数估计和样本分布的介绍可以参考第 2 章贰、叁、陆、柒节，本节详细介绍抽样分布。在频率观点下，样本 x 作为随机变量，有自己的概率分布，叫作样本分布（如泊松分布、正态分布等）；样本抽样后的统计量作为样本的已知函数，也有自己的概率分布，即统计量的概率分布，它不同于样本分布，叫作抽样分布。

研究抽样分布是因为一个好的推断方法可能在个别"不好的抽样"的影响下得到不好的结果。这是一个很现实的问题，统计推断的结果取决于抽到的样本，而抽样过程又会受随机性的干扰。因此，要想获得对一种特定的统计推断方法的全面了解，就必须对抽样分布有所了解。

通常来说，抽样分布是由样本的分布得出的。当总体分布是正态分布时，许多重要的统计量的抽样分布都离不开 χ^2 分布、t 分布和 F 分布。它们就是传说中的三大抽样分布。

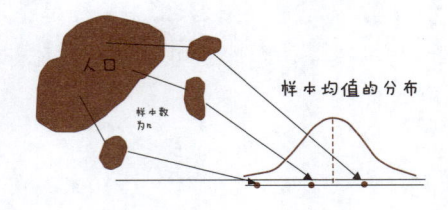

三大抽样分布的背后站着三个巨人：

- 第一个是 K. Pearson，现代数理统计学界的鼻祖，提出了 χ^2 分布。
- 第二个是 Gosset，提出了 t 分布，是小样本统计学第一人。
- 第三个是 R. A. Fisher，提出了 F 分布，在一片荒芜中开拓出了方差分析的新领地。

三大抽样分布之所以被放在一个篮子里，并非出于偶然，而是因为与它们的数学构造形式相关。

- χ^2 分布：正态分布随机变量的平方和的分布。
- t 分布：正态分布与 χ^2 分布变量的比。
- F 分布：两个 χ^2 分布变量的比。

三大抽样分布的共同之处在于，它们均来自正态分布的推演。当自由度增大（自由度通常用于度量独立观测量的个数）时，它们都将渐近趋于正态分布。而且，它们总是在假设检验中一次又一次地出现，尤其是在正态总体的检验问题中。

从高斯的时代开始，人们通常会假定误差服从正态分布。在误差研究中，"误差的和"是一个核心关注点，但却并不那么有趣，毕竟正负误差可以相互抵消。另一个核心关注点是"误差的绝对值求和"，其问题在于绝对值函数不可微，所以微积分工具无法使用。于是，唯一的研究方向只剩下"误差的平方和"了。这就是 χ^2 分布居于核心地位的原因，服从标准正态分布的随机变量的平方服从自由度为 1 的 χ^2 分布。换句话说，如果我们从正态分布总体中取样，则其样本的方差（更确切地说是样本方差的倍数）服从 χ^2 分布。

在利用特定概率分布为某种情况建模时，得到的期望值与事实往往可能存在差异。你可能会问，偏差是由正常的小幅度波动带来的，还是由建模错误带来的？这时，我们就可以利用 χ^2 分布进行检验，因为它的数学形式非常适合用来讨论真实值与理论值的吻合程度。1900 年，K. Pearson 发表了一篇文章，建议用 χ^2 作为拟合优度的标准（拟合优度是假设检验的雏形），于是带来了 χ^2 检验。

χ^2 检验还能够用来判断检验样本观测到的某个事件的出现次数是否与理论预测的出现次数（期望值）存在显著不同。当没有原始计量资料，还想比较两组试验是否存在差异时，χ^2 检验表现出了简单易用性。χ^2 检验非常容易操作，用到的假设很少，而且可以用于不同类型的数据等，因此成为统计分析中用得最多、最广的工具之一。

χ^2 分布还有一个有趣的性质，即相互独立且服从 χ^2 分布的随机变量之和也服从 χ^2 分布。这个性质意味着 χ^2 分布是一个稳定分布。稳定分布遵从这样的一般性表达：相互独立且服从某分布的随机变量之和也服从这个分布。同样地，前文中介绍的连续型的正态分布、离散型的泊松分布也属于稳定分布，在第 5 章壹节中还会介绍另外两个稳定分布：柯西分布和莱维分布。这类函数的形式在求和时没有改变的特点在分析中非常有用。

回顾第 2 章叁节，在经典统计学中，大数定律和中心极限定理的成立是有一个前提的：样本量足够大。在现实世界中，即便对于科学家来说，大多数情况下的样本量都很小，有的实验只能获得 10～20 个观测数据，这种情况在几乎所有科学领域都很普遍。

t 分布的奠基人 Gosset 平时从事酿酒工作，他遇到的实际问题是酿酒用的麦子每个批次的质量差异很大，每批麦子中能抽样试验的样本很少。每批样本又要在不同的温度下做实验，影响实验结果的因素很多。这样一来，取得的麦子样本不可能是大样本，只可能是小样本。

在一封给 Pearson 的信中 Gosset 写道：如果我是你遇到的用小样本工作的唯一一个人，那就太奇怪了，在这个问题上，我与斯特拉顿（Stratton，剑桥大学的一位研究员）交流过，他的一项研究仅有 4 个样本。

于是，来自小样本理论的 t 分布开始得到重视。t 分布并不神秘，它与正态分布的形式非常相似，只有当 n 趋于无穷大的时候，两者才是等价的。基于 t 分布的面向小样本场合使用的 t 检验，常用来推论差异发生的概率，它是当今使用最广泛的统计程序之一。Fisher 在 1939 年的 "Student" 讣告中称 Gosset 的发现为 "当代科学中最原始的思想之一"。

F 分布的数学形式也比较简单，包含两个随机变量的自由度参数。但在应用时，F 检验不像 t 检验一样比较差值，而通过比较两个方差的比值来进行推断。F 检验最常用的场合是两样本估计和假设检验，用于考察未知的双正态总体方差是否相等。第 2 章玖节将介绍其最重要的应用，即方差分析和回归分析的显著性检验。

三大抽样分布特点鲜明，在最常用的检验问题中，其应用如下：
- χ^2 检验本质上考察的是效率，可以用于单正态总体方差假设检验。
- t 检验考察的是均数（差），可以用于正态总体均值假设检验。
- F 检验考察的是方差的比，可以用于双正态总体方差假设检验。

至此，你已经认识了抽样分布族里的全部成员。但还要重申一点：永远不要把抽样分布类型（t 分布、F 分布、χ^2 分布）与样本分布类型（如正态分布、指数分布、泊松分布、二项分布等）混为一谈。

玖

一般线性模型：方差分析 & 回归分析

1886 年，Galton 在研究遗传现象时发现，高个子的父母会有高个子的后代，后代的增高往往与父母的增高等量。于是他命名了这一现象：向平常高度的回归。他的朋友 K. Pearson 等人利用上千个家庭成员身高数据做进一步分析后，得到了儿子的身高 y 与父亲的身高 x 之间的关系式：

$$y = 0.516x + 33.73 \text{（ft）}$$

x 的系数大约是 0.5，这就意味着，如果父亲的身高超过平均身高，如为 6 ft，那么他儿子的身高将大概只超过平均身高 3 ft，这里存在一个向平均值返回（Regression）的趋势。这就是统计学概念中回归一词的由来。

1919 年，Fisher 为了生计应邀到英国北部的 Rothamsted 农业试验站工作。在这里，他的人生开启了一段全新的旅程。这里有堆积如山的数据，积累了过去 90 年的农业资料，简直是一座数据宝库。Fisher 的主要工作之一便是着手研究马铃薯的产量是否与化肥有关。

这是一个棘手的问题，不考虑化肥的影响，马铃薯的产量本身就有波动。所以不能说某一组马铃薯产量高，就说明这一组马铃薯的化肥起了作用。问题是，如何才能确定化肥对马铃薯产量的影响呢？

如果某一组马铃薯的产量比平均水平多 20%，而另一组马铃薯的产量比平均水平多 50%，那么我们可以说，产量多 50% 的这一组马铃薯相比产量多 20% 的这一组马铃薯更有可能是化肥起了作用。于是 Fisher 发明了一个新的统计量，即组间方差，用来量化这种组与组之间差异的大小。

假定我们找到了两组马铃薯，它们的产量相对平均水平都多 20%，是完全一样的。排除化肥的影响，马铃薯的大小本身就是随机的。所以我们可以从两组马铃薯中各选 5 颗马铃薯比较大小，如果其中一组中最大和最小的 2 颗马铃薯之间相差了 50%，一致性很差，而另一组中最大和最小的 2 颗马铃薯之间只相差 5%，一致性很好，那么我们似乎可以说，相差 5% 的这一组马铃薯相比相差 50% 的这一组马铃薯更有可能是化肥起了作用。于是 Fisher 发明了第二个新的统计量，即组内方差，用来量化这种组内差异的大小。

Fisher 觉得，如果孤立地考察组间方差和组内方差两个概念，那么证明化肥是否起作用的显著性并不会高，但如果考察组间方差和组内方差的比值，将其当作评估显著性的新统计量，那么这个值比较可信。

- 组间方差大，组内方差小，比值大，两组有区别，化肥作用显著。
- 组间方差小，组内方差大，比值小，两组没区别，化肥作用不显著。

考察两个方差的比值就是抽样分布中提到的 F 检验方法。

假设：化肥对马铃薯的产量没有影响，组间没有差异。

检验：计算组间方差和组内方差的比值，如果该比值落入 F 分布的拒绝域，则否定原假设；反之，接受原假设。

Fisher 的这个全新的计算思想叫作方差分析。方差分析是为检验因子（化肥）在实验中作用的显著性而发明的。

通过 Galton 和 Fisher 的两个故事，我们熟悉了回归分析和方差分析的概念。问题是，为什么要把两个看似无关的故事和概念放在一起呢？毕竟两者在解决问题的方法上似乎没有什么联系。

- 在回归分析里，数据大都来自人力不可控的观测，通过回归方程进行预测。
- 在方差分析里，数据大都来自人为实验，根据数据检验显著性，寻求最优解。

统计学就是这么神奇，两个看起来完全不同的东西可以被高度归纳为同一类事物，其更一般的称谓是一般线性模型。更令人意外的是，一般线性模型不光包含回归分析、方差分析，就连用作两组均值比较的 t 检验也可以被归类为一般线性模型。问题是，它们的共同之处在哪里？它们又是如何实现和谐统一的呢？

统计学家是这样思考的。

首先，回归分析、方差分析、t 检验三者都有两个变量，即自变量和因变量，研究的目的可以总结为自变量（影响因素）对因变量（结果）的影响。

- 回归分析中的父母身高和子女身高，前者影响后者。
- 方差分析中的分组序号和组内马铃薯大小，前者影响后者。
- t 检验中的两个组别和组内数据，前者影响后者。

其次，作为影响因素的变量可以是定量数据，也可以是分类数据，而作为结果的变量都是定量数据，而不是分类数据。

- 在回归分析中，父母身高是定量数据，子女身高是定量数据。

- 在方差分析中，分组序号是分类数据，组内马铃薯大小是定量数据。
- 在 t 检验中，两个组别是分类数据，组内数据是定量数据。

至此，方差分析和回归分析走向统一。

- 回归分析能解释数据的部分被称作模型，不能解释数据的部分被称作误差。
- 单因素方差分析能解释数据的部分被称作组间因素（模型），不能解释数据的部分被称作组内部分（误差）。
- 多因素方差分析能解释数据的部分被称作所有因素的综合（模型），不能解释数据的部分被称作所有因素之外的部分（误差）。

三种工具的内在模型是高度统一的，最终人们会发现方差分析并不如其表象一般仅用于多组均值的比较。本质上，方差分析作为一般线性模型的特例，表示的也是自变量（不同分组因子状态，而非连续类型变量）对因变量的影响，并量化这种影响。回归方法也可以采用方差分析工具，即 F 检验，来衡量模型和误差。

总之，从目的上看，回归分析在于找出自变量与因变量之间关系的数学形式（回归函数），而方差分析的重点则是判定各因素对指标有无影响和影响大小及因素之间的关系（交互作用）是否存在。可以认为，方差分析处理的问题要比回归分析处理的问题复杂一些，因为回归分析涉及的主要内容是回归函数，而方差分析涉及众多效应的检验和估计问题。

拾

模型泛化：回归与非参数的现代方法

一般线性模型统一了定量和分类类型的自变量，但因变量却只能是连续类型的。统计学家们无法容忍这个瑕疵，所以尝试继续泛化，于是诞生了广义线性模型。

统计学家们不停地做着泛化的工作，在广义线性模型里，因变量也可以是分类和计数类型的数据，随后就连非连续类型的因变量也无法满足他们的需求了。因变量再度被泛化成函数——连接函数（Link Function）。连接函数的厉害之处在于，它能够随着因变量的类型和分布变化而变化。

- 在线性回归中，连接函数是一个单纯的因变量。
- 在逻辑回归中，连接函数以 Logit 变换的形式存在。
- 在泊松回归中，连接函数以均值对数的形式存在。

从线性回归出现开始，数据和模型之间的"距离"成为被关注的对象，这是一个很大的进展。把"距离"的几何概念带入统计学，是统计学最重要的奠基性成就之一。

用于分类问题的逻辑回归本质上也是用来处理连续资料的线性回归，只是将预测值限定在 0 到 1 之间。实际上，逻辑回归只是在线性回归的基础上多嵌套了一个 sigmoid 函数。逻辑回归最具代表性的案例就是 1967 年 Truett 等人成功将其应用于冠心病危险因素的研究。目前，仅在生物统计学领域中，逻辑回归的触角就延伸到药理学、流行病学、临床试验评价、疾病的预后因素分析等细分领域中。

相比线性回归，虽然只有微小的改进，但逻辑回归却成为一种分类方法，该方法正是机器学习领域感兴趣的方法：关注分类的准确性，而非传统的统计推断。sigmoid 函数赋予了逻辑回归新的能力，使其成为机器学习领域，尤其是计算广告学中的宠儿。

但逻辑回归却在基因组学中失效了，因为逻辑回归有一个致命缺点：如果训练数据是线性可分的（这正是基因组学中的数据特点），那么一些参数将趋于无穷大，此时逻辑回归模型将不再有效。

泊松回归将计数类型数据与回归模型相结合，继续开疆扩土，可描述单位时间、单位面积、单位容积内稀有事件发生的频数。描述低频率性和单位尺度，是泊松回归的特点。

广义线性模型涵盖相当一大部分回归模型。如今的广义线性模型已经将最基本的普通线性回归（如最小二乘拟合）扩展到变量为二项式、泊松、伽马、贝塔等任何指数族的情况。如今的回归也几乎完全被包含在广义线性模型的概念之下，甚至可以说，广义线性模型的作用其实就是处理回归问题，回归已经成为广义线性模型的第二称谓。日益积极地使用回归技术乃至广义线性模型，不仅是现代统计实践的一个显著标志，还是现代科学的发展特点。

在模型泛化的过程中处处体现了回归方法蕴藏着的巨大魅力，回归至少包含三个层面的能力。

（1）预测准则：给定一个新的观察值 x，来预测它的表现 y。

（2）估计准则：用来描述函数的准确度。

（3）解释准则：研究不同因子对结果的贡献。

回归方法既可以适应数据，也可以用于选择变量，这远远超出了传统统计模型的能力范围。

有人继续发问：既然因变量能够刻画成函数的形式，那么自变量也可以看作函数的形式吗？当然可以了！数学上就没什么做不到的事。这就是广义可加模型。用"可加"代替了"线性"意味着，自变量和因变量可以取任意的函数形式，两者之间不再受到线性关系的约束。当然，广义可加模型的过度泛化必然是有代价的：很难给出回归参数的估计值，只能找到一条拟合效果最好的曲线。原来这是一个盲模型。或许你了解"神经网络"和"支持向量机"，它们是融合了"回归"和"非线性"思想的机器学习领域的现代创造，在这里概率模型伴随着模型的泛化消失了。

这里似乎有一个两难的选择：你更喜欢一个没有明确的数学形式但拟合效果更好的模型，还是一个有明确的数学形式但拟合效果较差的模型？按照奥卡姆剃刀原则，越是形式简洁的解释通常就越有可能是正确的。但如果数学形式都是模糊的，又该如何比较这种简洁性呢？模型的问题在于，凡是能用数学形式表达出来的模型都有其理论局限性，因此如果倾向于过度拟合，那么在批评者看来，这明显是放弃了对问题背景知识的探索，而将全部精力放在对数据的解释上的消极做法。

因此，回归方法仍不是完美的，伴随着模型的泛化，出错的可能永远都在。滥用回归，在"随机"过程中，你总能发掘出"规律"，只要握有数据或事实，你总是可以得到某些好像有道理的联系和规律，这纯粹是随机性导致的"模式"。

下面来看一些令人啼笑皆非的例子。

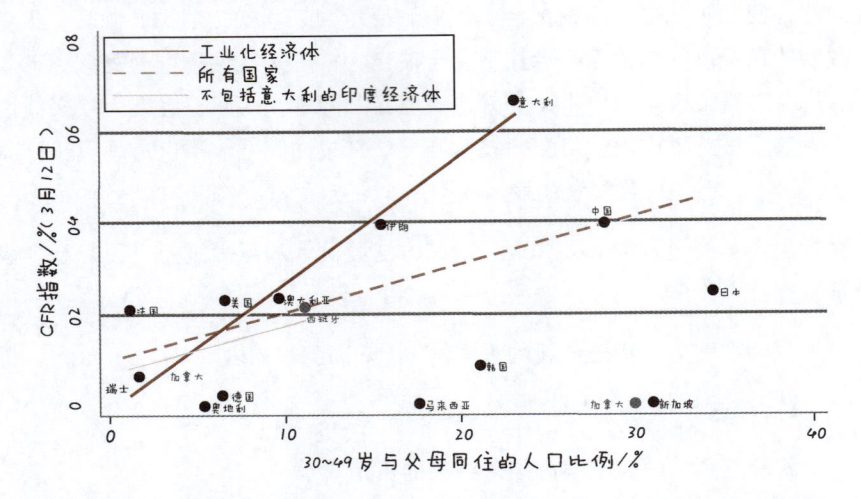

[图：CFR指数（3月12日）/% 与 30~49岁与父母同住的人口比例/% 的散点图，包含工业化经济体、所有国家、不包括意大利的印度经济体三条回归线，标注了意大利、中国、伊朗、日本、韩国、美国、奥地利、西班牙、瑞士、加拿大、德国、比利时、马来西亚、加拿大、新加坡等国家]

死亡率和工业化程度相关？与此同时，工业化程度体现在成年人与父母同居的比例上？这一结论真的值得庆贺：你做了一个回归！他做了一个回归！人人都能做回归！

下图中的这条回归线很有意思，看起来温度升高对病毒传播确实有抑制作用。但好像有点小问题。

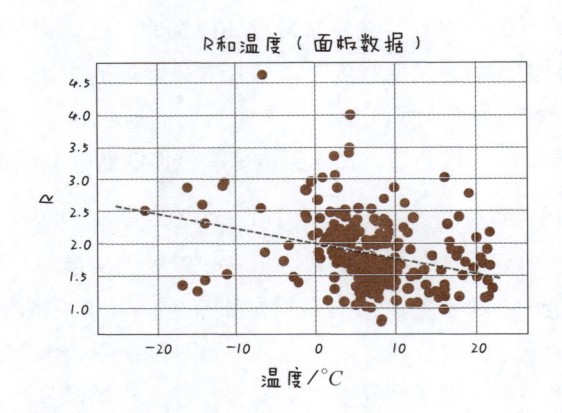

[图：R和温度（面板数据）散点图，横轴为温度/°C，纵轴为R]

下面说明怎样做到更专业的分析。如下图所示，30次多项式回归拟合之后，病毒传染性确实随温度升高有所降低，但在23.5℃之后，病毒又开始爆发。所以，人类必须现在就采取行动，避免全球变暖。

R和温度（面板数据）

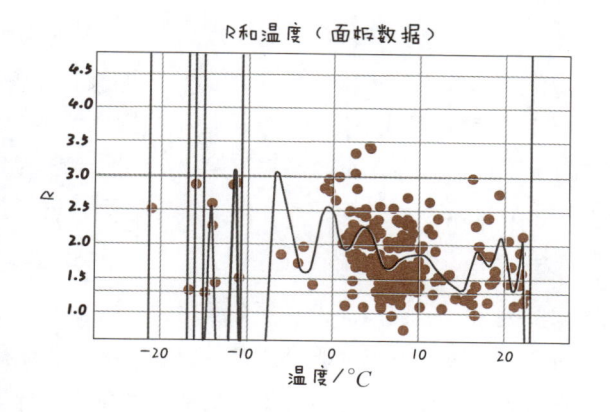

众多反面案例说明，回归分析并不能告诉我们自变量和因变量之间的相关性是否具备真实的因果联系，因此在做回归分析之前，必须时时刻刻意识到，模型极其依赖于人们所做的假设。人们往往错在喜欢应用回归方法挖掘事物的因果联系，却很少花精力在物理机制上进行循证探索。

即便我们建立了正确的模型，也需要谨慎处理回归分析的数据，使其满足一系列的前置条件。例如，自变量是否存在共线性，残差（残差为估计值和观测值的差值，关联着回归模型对数据不可解释的部分，其分布特点决定了回归模型的好坏）的一系列问题（如是否服从正态分布、是否存在方差齐性、是否独立）等，这些数学的细节都需要谨慎处理。

在模型泛化的过程中，除去掉线性约束之外，还有另外一个思路，即去掉参数约束。这些"潮流"引领着现代的统计学发展，并且已经开始变得令人眼花缭乱了。

解决统计问题的主要思路：确立样本 X 的分布形式，问题里通常包含有限个未知的实参数。如果我们根据经验选择了高斯分布，就要对均值、方差做估计和检验，这类问题一般被称作参数统计问题；如果我们对样本分布并未给出具体的数学形式，而只做出一般性的假定，如仅已知分布连续，其他的情况一无所知，就要诉诸非参数统计。

非参数统计对总体分布的要求不高，不管是定量、计数数据还是分类数据都可以使用，如第 2 章捌节介绍的 χ^2 检验就是一个非参数检验，这意味着它对提取数据的基本总体分布没有任何假设，自然它的统计效果要比参数检验的统计效果差。一般来说，当总体分布未知时，能抓住的信息往往非常很有限，因此非参数统计往往是基于大样本的，从而抓取样本量充分大时的渐近行为信息。

非参数统计就像广谱抗生素一样，虽然对众多有害细菌都有抑制作用，但效果一般，只能起到一定作用。真正想要消灭有害细菌，必须找到一种专用药。例如，用非参数的 Wilcoxon 检验也能解决参数化的 t 检验下的问题，但如果在数据满足 t 检验的使用条件的情况下仍然采用非参数检验，就不是一个合理的选择。当样本的信息太少、分布未知、分布偏态、方差不齐、样本混合等不利条件存在时，非参数检验是一个不错的选择。

随着计算机时代的到来，一些以前无法想象的方法也被发明出来。例如，在没有假定分布形式的前提下，可以不用计算公式来估算标准差，这就是现代的、非参数的、计算机化的自助法 Bootstrap，利用计算机的能力避免了统计学家们处理计算时的乏味。非参数统计在某些场合中甚至已经无法被替代了。

来到 21 世纪，随着数据量更大，结构更小的数据集开始出现，非参数方法和回归方法开始融合，如融合了回归和非参数特点的回归树。在回归的三大准则里，回归树兼容解释准则和预测准则，但有时候不满足估计准则。总体来说，回归树的回归效果不及广义线性模型，预测也相当脆弱，计算密集度也更高。

当回归树逐步发展出随机森林（通过平均减少方差的一种方法）和提升算法（一种减少偏差的机制，如 Adaboost 算法）时，惊艳的结果出现了：树的集成，即"森林"带来了超越"树"的良好预测性，并迅速应用于工业和科学领域，其适用性甚至超越了广义线性模型。在机器学习领域，还有一个叫作"核平滑"的工具，"核平滑"代表的"核方法"，同样融合了回归和非参数特点。

随着回归的泛化，回归的作用越发单一化，如机器学习领域的神经网络是精确的预测准则，却并不兼容估计准则和解释准则。似乎，越来越多关键的理论进步，都是由回归的预测准则决定的。

拾壹
统计决策

统计学家 Wald 在 1950 年出版的 *Statistical Decision Function* 中建立了一种统一处理各种统计问题的全新理论——统计决策（或统计判决）理论。

统计决策是一个源于统计推断却与其截然不同的概念。如果说充分统计量是信息论概念第一次出现在统计推断领域的话，那么统计决策的概念就是博弈论概念第一次出现在统计推断框架中。

博弈，注重的是行动。

- 统计推断反映的是科学的客观"推断"，理性分析，探求真理。
- 统计决策反映的是个人的主观"行动"，计算利弊，承担损益。

行动的概念意味着，用一个数值或区间去估计一个未知参数，对一个假设检验问题采取"接受"或"否定"的决定，同时对这个决定承担后果。这种后果可以用损失函数的概念来表达。

推断的目的在于给问题提供一个看起来最好的回答，而不用考虑其后果，而行动则要与后果联系起来，这会反过来影响统计决策。统计决策在发现事实或探求真理之上人为地加入了以追求更大利益为目标的决策，以使数理统计学能够应对更加具体的现实问题。

Chernoff 和 Moses 在 1959 年给出了一个有力的例子，说明了为什么统计决策比统计推断更加适合解决现实问题。

一家公司的员工在旧金山湾铺设电话电缆，因为他们不能事先确切知道需要多长的电缆，所以他们必须对电缆长度做确切的估计：如果他们高估了，那么损失将与多余电缆的处理量成正比；如果他们低估了，那么电缆末端掉入水中，结果可能是血本无归。

《战斗圣经》里也有一个有趣的例子。根据美国陆军的人数测定法，可以通过观察既定区域内的脚印数估算敌方的人数：脚印数如果为 4，则刚好敌方的人数为 4；脚印数如果为 5 或 6，则要把脚印数加 2，推测敌方的人数为 7 或 8。这个人数测定法有一种倾向，即在不确定的情形下，高估敌方的人数。

"押对收益很少，但押错损失很大"这个成本很高但回报很低的性质被 Nassim Nicolas Taleb 命名为凹性机会（与其相反的性质叫作凸性机会）。这个命题在现实中将反复出现，如凸性的代理制（高风险可被转移）和凹性的完全责任制（高风险无法被转移）。

在铺设电缆的决策问题中，如果使用统计推断的无偏估计进行"精确求解"，则只能描述为鲁莽，会带来财政灾难。在点估计方法中，无偏估计可能具备优势，但在决策问题中，正偏差和负偏差带来的后果可能相差很大，对电缆长度的高估显然比精确估计更优。

将统计决策过程高度抽象，它需要具备三个要素。

- 做出决策所依据的事实，其观察数据受到随机性的影响。
- 针对特定的问题罗列出来所有可能的行动，其被称作行动空间。
- 采取任何一种行动所带来的后果，以及被量化为数字的信息。

统计决策问题就是根据样本 X 估计参数 θ，并据此选择一个行动 d，使得损失 $L(\theta,d)$ 尽可能小。

（1）根据样本 X 对 θ 做出估计。

（2）找到一个行动 d，让 $L(\theta,d)$ 达到最小。

然而这样割裂的观点可能会带来风险，因为从第（2）步才关注损失并不一定能将风险降到最低，不如从一开始就考虑如何减小损失。统计决策通常考虑的是损失函数，而统计推断的最优解通常是无偏估计取到最小方差，不如一开始就把统计推断问题按照数学最优化问题提出，让损失函数介入最优估计，这样就可以引入统计推断领域的众多优良性准则进行统计决策。

把损失函数引入统计推断过程，将理论框架升级为统计决策，使得可以对同一问题的不同决策方法的优劣进行比较。其重要意义不亚于引入"对立假设""第一类风险""第二类风险"。将显著性检验的理论框架升级为现代的假设检验，使得可以对同一假设的不同检验方法的优劣进行比较。

这样的思路令人振奋，但也容易走向另一个趋势：决策过程的数学化。这似乎加速了数理统计学的纯数学化进程。至于这一趋势好还是不好，则是一个富有争议的问题。

拾贰

频率观批判

剖析归纳逻辑（见第1章壹节），频率观点通常包括连续性假设。连续性假设意味着一切规律都能稳定和永久地运行，不会有意外事件发生打破这个规则。

但是，世界的运行往往事与愿违。例如，每天早上9点，你都要喂火鸡，火鸡感到很幸福，因为有人愿意一直养它。直到感恩节那一天，所有的历史经验都化为乌有，它被宰了，跟所有的历史经验都不一样。这也引发了对频率派的尖锐批评，涉及频率解释本身，许多问题和投掷硬币是完全不同的，是一次性的或不连续的，在严格相同甚至大致相同条件下重复进行实验是不现实的。

在相对可靠的自然科学里，人类与"上帝"较量：宇宙的设计是有蓝本的，"上帝"不会轻易改变规则。虽然人类还没有找到"大统一"的物理理论，但由自然科学规律描述的宇宙运行方式基本是固定和可靠的。

但在社会科学中就不同了，以金融学为例，人类与"上帝创造的"人类较量：人们按照自己的想法为资产定价，而这些想法几乎每天都在改变。在这里，人类的行为是很难理解的。在自然科学中，可以重复进行实验，一次又一次地验证同一个理论，但在金融学中，没有严格一致的平行宇宙供人们一次又一次地展开相同的实验，因此很难研究其客观规律。

数理经济学家就反复说数理经济学的困境在于变量太多。米塞斯认为，真实的情况是只有变量，没有常量，在没有常量的情况下谈论变量是没有意义的。这里并不存在重复实验的基础。2015年，发表在《科学》上的一篇文章指出，回顾270名心理学家在5个国家重复进行的100项经典的心理学实验，结果发现74%的实验结果都无法重现。

人类社会不是物理化学，复杂程度导致其无法在严格受控的条件下进行可重复的实验，因此也很难推出客观规律。在许多情况下，频率解释完全没有现实意义。在抽象的科学世界中，思考严格的概率很多，使得人们有一种倾向：当他们转向现实世界的实际问题时，也更加倾向于用频率来思考概率。

当查尔斯·达尔文1835年9月第一次登陆加拉帕戈斯群岛时，他不知道在那里会发现多少种不同的新植物。在检查了122个标本，发现它们可以分为19个不同的物种之后，他面临的问题是，继续收集植物样本还是停止收集植物样本。因为继续收集植物样本不太可能学到更多的东西。真正的问题是，其他尚未被发现的新物种被发现的可能性有多大？

这里要求在建立数学模型时对现实世界做出预先判断。单凭朴素的频率观点无法做到。频率观点的局限性使它更适合解决概率可以解决的问题的一个子类，为了应对全新的问题，必须发明全新的方法。

频率解释的根源是把样本放在无穷多可能值的背景下去考察，这有点像平行宇宙的设想，不仅要考虑现有发生某种情况的宇宙，还要顾及可能发生但其实没有发生某种情况的宇宙。频率派学者经常会说这样的话：在 95% 的平行宇宙中，出现了我们观察到的同样的现象。但是对于统计学家来说，接受这种世界观并不容易，他们会想，我为什么要关心其他宇宙的情况呢？我只在乎自己所处的宇宙中的这一种现实的情况，毕竟这才是我的人生。

在频率派学者看来，频率是观察到的历史情况，概率是要建立的模型。频率派的数学建模往往很简单，通常只考虑一个概率模型 F（一个分布），并选择一个算法 t（如考察均值的算法），而这种简单和灵活性恰恰又代表着频率派的一个缺陷：单纯对频率的信仰并不能帮助我们选择合适的算法来解决实际问题。

例如，我们在观察国民收入统计数据时，即便不清楚真实的概率分布（如 Pareto 分布 80/20），也必须通过样本的估计量（如平均值）获得一些概率的性质（如真实的收入分配情况）。问题是，在收入分配这个特定的题目里，我们应该用样本均值来估计这个特定的分布吗？在数学上已经证明了，Pareto 分布作为一类"偏态"肥尾分布，要比样本均值这种统计量更适合描绘收入分配规律，如果直接套用样本均值来描绘收入分配规律，会造成严重低估并误导大众和政策制定者。

统计推断往往涉及两步，第一步确定收集的数据是否支持理论。如果支持，则进行第二步，即评估自变量对因变量（与模型/理论相关的参数）的影响程度。在缺少对世界的本质认知的情况下，我们怎么知道自己是否选取了最合适的模型和算法呢？总之，频率主义不能算是统计推断的一个无懈可击的思想，在频率主义的边界内，其仍然存在着不可调和的矛盾。

第 3 章

贝叶斯统计与最大熵

壹

贝叶斯观点

人的思想是一个推断机器,如"风大,天色渐暗,我最好带上雨伞"。

在这里,"带上雨伞"的决策结合了天气的情况"风大,天色渐暗","我最好"体现了对主观经验的依赖。在第 1 章贰节中已经介绍过这种推理形式与弱化的演绎推理之间的隐秘关联。

这个不同于频率主义的推理方式的提出,距今至少已经有 250 年了,甚至早于频率主义的发端。

人们经常会说"明天下雨的可能性是 2/3"这样的话。显然,这句话没有频率解释,毕竟只有一个明天,而不是三个,我们不可能通过重复观测"三个明天"得到 2/3 这个具体的概率,但人们都能够理解这句话所代表的意思。"明天下雨的可能性是 2/3"实际上反映了说话者对明天下雨这件事的相信程度,这是一个主观概率的度量。

在科学中也有这种说法：按照目前积累的探测结果，人们认为火星上有生命的可能性很低，也许不到万分之一。在这里，科学家并没有真正观测1万个火星，因此这必然不是频率解释。

支持主观概率概念的人，常把概率理解为说话者对有关事件的认知水平，即说话者根据现有的认知而做出的判断。当你不熟悉某个具体事物的本质时，可以依靠部分经验来帮助判断，这个新的推理模式被称作贝叶斯推断。在贝叶斯观点下，你不需要做很多"神秘"的测试，也不需要学习各种各样的分布，更不需要设计复杂的实验，只需要记住一些简单的规则，并着手按照固定的套路在数学上进行处理。

这个观点看起来平淡无奇，就连其发明人，18世纪的数学家托马斯·贝叶斯本人也并未注意。直到贝叶斯死后的第二年，即1763年，这个观点才被他的朋友公布。

贝叶斯推断建立在主观概念之上，与当时的经典统计学观点是矛盾的。在频率派学者看来，数字的规律源于随机取样，但贝叶斯却先主观估计一个值，然后根据客观事实进行修正。因此，长久以来其最被人诟病的一点就是主观猜测并不符合客观的科学精神。

但瑕不掩瑜，这种思想还是走上了历史舞台。1774年，法国大数学家拉普拉斯看到了贝叶斯推断的价值，并将其思想公式化：

$$P(A|B)=\frac{P(B|A)P(A)}{P(B)}$$

- $P(A|B)$：事件 A 的后验概率，是在事件 B 发生之后，对事件 A 的概率的重新评估，即事件 B 发生的情况下事件 A 发生的概率。这种数学形式叫作条件概率。或许你听说过逆概率的概念。逆概率是指，你不知道袋子里黑白球的比例，但要根据取出来的球的颜色猜测袋子里黑白球的比例。实际上，逆概率所指的就是贝叶斯公式里的条件概率。
- $P(A)$：事件 A 的先验概率，是在事件 B 发生之前，对事件 A 的概率的一个判断，即事件 A 发生的概率。"先验"一词是康德提出的，用来表示一个命题，它的真理可以独立于经验而被认识。
- $P(B|A)$：事件 A 发生情况下事件 B 发生的概率。
- $P(B)$：事件 B 发生的概率。$P(B|A)/P(B)$ 叫作似然比。

简单来说，这个公式代表的是后验概率 = 先验概率 × 似然比。

通俗地讲，贝叶斯推断就是指当你不能确定某个事件发生的概率时，可以依靠该时间内与其本质属性相关的事件发生的概率去推测该事件发生的概率。

要想完全理解贝叶斯公式，还需要明确一些重要的概念。

（1）胜率和概率。

3：1这样的表达可以代表一场赌局中赢的次数和输的次数之比，叫作胜率。同样的信息还可以用概率表达，我们可以说一场赌局中获胜的概率是3/4。于是，如果看到5：1这样的表达，我们就很容易识别，这里并不是在处理概率，因为任何概率都不能大于1（或100%）。

但是对于小于1的概率，如1：5，胜率和概率的概念很可能混淆。例如，用小数0.2表示的胜率，并不等同于20%获胜的概率。胜率为0.2意味着平均打6场比赛能获得1场胜利；20%获胜的概率意味着平均打5场比赛能获得1场胜利。

此外，当概率较低的时候，通常称为赔率，而不是胜率。例如，你感觉只有10%获胜的概率，你通常会说赔率是9：1。总之，在研究问题之前，一定要知道我们什么时候在谈论胜率（赔率），什么时候在谈论概率。

（2）先验概率和后验概率。

在前述贝叶斯公式中我们已经谈到，对发生的事情计算的概率称作先验（Prior）概率，这个词指的是我们在获得一些可能相关的新信息之前对概率的评估。贝叶斯公式的作用是在新信息可用时更新先验概率，以获得后验（Posterior）概率。

以今天晚些时候下雨的可能性为例，想象一下早晨起床的情景，平均来说，你所在的城市一年365天中有260天下雨（包括雨、雪和冰雹）。因此，不下雨的天数为105天，这可转化为260：105的胜率（请自行计算概率是多少）。这个信息就可以看作先验概率。如果你希望今天是一个晴天，那么在你睁开眼睛之前，情况就已经对你不利了。

当你睁开眼睛向窗外看过一眼后，你发现天阴沉沉的。于是你临时决定通过对云层的观察来修正今天下雨的可能性。假设雨天出现云的概率是7/10=0.7，这意味着10个雨天中有7天天空中是有云的。在多云的情况下，有时也不下雨。无雨天出现云的概率是1/2=0.5。

那么问题来了：雨天出现云的概率比无雨天出现云的概率高多少？请把这句话多读几遍。它看起来有点吓人，但如果你集中注意力仔细地消化这句话，将对后面的学习大有裨益。

（3）似然比。

似然比等于发生感兴趣的事件（雨）时观测到（云）的概率除以没有事件（雨）时观测到（云）的概率。在这里，很容易算出似然比＝雨天出现云的概率0.7/无雨天出现云的概率0.5=1.4。

套用贝叶斯公式，即后验概率＝先验概率×似然比，可以得到观察云层后下雨的概率＝初始下雨的概率×观察云层后带来的计算调整（似然比）。也就是说，通过观察云层调整后的今天下雨的概率是此前一无所知情况下估计的今天下雨的概率的1.4倍。现在你可能会想，这是公式吗？这只是一个乘法运算啊！

你很难想象到，一个简单的乘法运算可以用于各种现实场景，贝叶斯公式就是如此强大。

再来看一个例子，以更加深刻地理解贝叶斯推断。

医生通过超声波发现一位女士怀有双胞胎男孩。女士问："我的双胞胎有多大的概率是同卵双胞胎而不是异卵双胞胎？"医生并没有正面回答，他说："有1/3的双胞胎分娩后发现是同卵双胞胎，有2/3的双胞胎分娩后发现是异卵双胞胎。"

医生只给出了先验概率，我们要借助贝叶斯推断来回答这个问题。

这位女士怀的要么是先验概率为1/3的同卵双胞胎，要么是先验概率为2/3的异卵双胞胎；双胞胎的可能结果要么是相同性别的，要么是不同性别的，而通过超声波看到的是一对男孩，即相同性别（由于这位女士的问题并不关注性别，而只关注是否同卵，因此下面可以忽略性别的因素）。

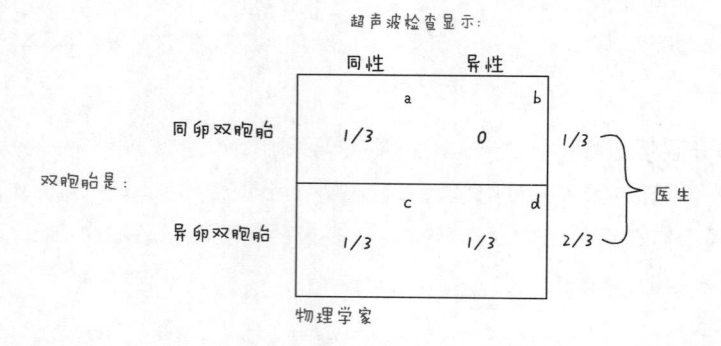

	超声波检查显示:		
	同性	异性	
双胞胎是：同卵双胞胎	a 1/3	b 0	1/3
异卵双胞胎	c 1/3	d 1/3	2/3
	物理学家		医生

一个关键的事实是，同卵双胞胎通常是相同性别的，而异卵双胞胎有0.5的概

率性别相同，有 0.5 的概率性别不同。由此可知，如果双胞胎是同卵双胞胎，则通过超声波发现性别相同的可能性是发现性别不同的可能性的 2 倍。借助贝叶斯公式，有意思的事情发生了：医生 2∶1 的先验比值被超声波 2∶1 这个更倾向于为同卵双胞胎的看法平衡掉了。最终结果显示，是同卵双胞胎和是异卵双胞胎的可能性都是 50%。

$$\frac{g(\text{同卵}/\text{同性})}{g(\text{异卵}/\text{同性})}=\frac{g(\text{同卵})}{g(\text{异卵})}\times\frac{f_{\text{同卵}}(\text{同性})}{f_{\text{异卵}}(\text{同性})}=\frac{1/3}{2/3}\times\frac{1}{1/2}=1$$

这就是贝叶斯观点，其核心要点是允许我们利用一组概率（这些概率通常是给定的，或者较容易计算的）来计算另一组概率（这些概率通常不是给定的，而且难以计算）。这就像为了简化代数运算，在多元微积分中改变积分的顺序一样。

如果继续深挖，那么还会发现贝叶斯公式中包含条件概率的思想：事件之间不是完全独立的，而是相互依赖的，某个事件的发生会影响到另一个事件发生的概率。如何理解条件概率呢？下面来看《星球大战 5：帝国反击战》中的一段对话。

当汉·索罗试图躲避敌人的战斗机，驾驶千年隼飞越一个小行星带时，见多识广的 C-3PO 告诉汉·索罗成功的概率很低。

C-3PO：长官，成功飞越小行星带的概率大约是 1/3720。

汉·索罗：永远不要告诉我概率有多大。

作为观众，我们都知道汉·索罗可以成功，让汉·索罗成为传奇人物的是，无论生存看起来多么不可能，他总是能成功生存下来。但我们也不能否定 C-3PO 的分析。C-3PO 不是在瞎编数字，他精通 600 多万种交流方式，这需要大量数据支持，因此我们可以假设 C-3PO 有实际数据支持"概率大约是 1/3720"的说法。就连汉·索罗也认为这件事很危险，尤其是追击他们的 TIE 战斗机没有一架成功，这也提供了相当有力的证据，证明 C-3PO 的计算是可靠的。

在这里，C-3PO 并不担心汉·索罗驾驶千年隼的能力，他担心的是在已知要飞越一个小行星带，且被敌人追击的前提下，汉·索罗驾驶千年隼的能力。贝叶斯推断为我们提出了这样一个框架来理解这段精彩的对话，即便它不直接与频率观点对立，从积极的角度来看，至少也能够弥补频率观点中令人担忧的缺陷。

由上述例子可知，利用贝叶斯推断，我们可以反转条件概率，所以当我们知道概率 $P(B|A)$ 时，就可以算出 $P(A|B)$。于是贝叶斯推断允许我们由给定信念的观测概

率来确定给定观测值的信念强度。例如，如果我知道你感冒时打喷嚏的概率，就可以反过来确定你打喷嚏时感冒的概率。通过这种方式，我们可以利用证据更新我们的信念。

贝叶斯推断并不神秘，其推理框架看似复杂，但任何一个人都可以独立地使用它而不被察觉。

例如，有一天晚上你突然被窗前的亮光惊醒。你从床上跳起来并发现天空中有一个巨大的物体，它只能被描述成碟形物。你是一个怀疑论者，从来不相信外星人的故事，却完全被外面的场景弄糊涂了，你发觉自己在想：它是 UFO 吗？

就在不知不觉中，在 UFO 场景里，你已经进行了完整的贝叶斯推断，因为你完成了以下过程。

（1）观测数据。

（2）形成假设。

（3）根据数据更新你的信念。

贝叶斯推断涉及当你面对一种情况时，通过思维过程来识别你做出的概率假设，然后使用这些假设来更新你的信念。这种推理往往发生得太快，以至于你没有时间分析自己的想法。在毫不知情的情况下，你恰好利用贝叶斯推断，凭空地创造了一个新的信念：你以前不相信 UFO 的存在，但在该事件发生后，你更新了自己的信念，现在你相信 UFO 的存在了。不要小看这个信念更新的过程，实际上，它正是达尔文物种演化理论的核心，也是实时机器学习理论的核心思想，这一思想的现代算法产物包括卡尔曼滤波器及其各种推广，如隐马尔可夫模型。

贰

贝叶斯估计 & 检验

贝叶斯方法作为统计推断的一大主线，自然也涉及估计和检验的问题。

极大似然估计是继承频率派衣钵的迷人的方法，用作点估计。与此对应，贝叶斯派中的点估计也不会缺席，它就是最大后验估计（MAP）。

之所以产生最大后验估计这种方法，是因为对于贝叶斯方法来说，后验分布的计算通常比较棘手，往往诉诸一种折中的方法以简化问题：找到使得后验概率最大的值，对参数 θ 进行估计。用来求解最大后验概率的似然函数已经存在了，正是贝叶斯公式。

与极大似然估计类似，最大后验估计的目标是找到这个后验概率取到最大值时所对应的 θ。由于贝叶斯方法比频率方法多考虑了先验信息，因此在数学表达上，最大后验估计与极大似然估计相比也多出了一项与 θ 的先验概率有关的惩罚项，这一点至关重要。如果最大后验估计的先验信息是均匀分布的，那么最大后验估计在形式上将与极大似然估计等价。从这个角度来看，最大后验估计只是极大似然估计的一个特例。

还有另一个角度，即不将最大后验估计看作极大似然估计的一个特例，而把最大后验估计与极大似然估计看作同一家族的成员——广义上的极大似然估计。广义上的极大似然估计结合了贝叶斯方法的特点，可以只考察 θ 的先验信息并将其作为一个极端，也可以只考察样本 x 的信息并将其作为另一个极端。当 θ 的先验信息和样本 x 的信息都具备时，所采用的贝叶斯估计就是这两个极端的加权平均。

不论如何，极大似然估计和最大后验估计在形式上只差一个惩罚项，这代表：

- 如果样本量足够大，那么最大后验概率和极大似然估计的结果将趋于一致。
- 如果样本量为零，那么最大后验概率就只由先验概率决定。

就像购物网站的新注册用户，在没有历史购买记录可遵循的情况下，系统只能单纯基于全网热门内容为其推荐产品。而对于一个经常购物的用户来说，其海量的消费记录已经刻画出了用户的购买倾向性，系统在为其推荐产品时是否参考全网热门内容的意义已经不大了。

至此，可以给出这样的结论：
- 极大似然估计免除了经验带来的风险，是经验风险最小化的选择。
- 最大后验估计兼顾历史经验和动态的信息，是结构风险最小化的选择。

最大后验估计虽然包含源自贝叶斯方法的先验概念，但却并不像贝叶斯方法一样关注 θ 的分布，而像频率派一样探求 θ 的最佳点估计值，这就又回到了频率观点。由此可见，频率观点和贝叶斯观点在最大后验估计中可谓你中有我我中有你。

这带来了一个逻辑上的矛盾。在贝叶斯世界里，先验分布在调整后变成了后验分布，它们都是分布。但引入频率观点，最大后验估计的 θ 是一个确定的、未知的点估计值，而不是一个分布，一个点估计值（而不是分布）的后验分布该如何理解呢？

为了化解概念危机，统计学家不得不跳出频率观点给出解释。考虑工厂里的废品率 p，我们可以这样想，根据以前对 p 的了解（先验分布），以及现在观察的结果（样本 x），我们推断未知的 p 有 90% 的可能性小于或等于 0.01，有 5% 的可能性在 0.01 到 0.03 之间，有 5% 的可能性大于或等于 0.03。本质上 p 还是一个分布，但却不得不用类似区间估计的方法来表达（有关贝叶斯区间估计的内容，详见第 4 章贰节）。

这不是一个令人信服的答案，在频率派看来，以"一个确定的未知值小于或等于 1 的可能性是 90%"这样的句式呈现的观点，就算是爱因斯坦在世也没办法将其设计成一个重复实验下可以验证的命题。

估计的问题悬而未决，另有一个有趣的问题是关于检验的：检验在贝叶斯世界里是如何进行的呢？

支持频率观点，尤其是 N-P 理论的人，可能会在贝叶斯世界里感到不适。他们会提出这样的疑问：如何直接使用整个后验分布进行假设检验呢？换句话说，如何在综合 θ 的先验信息和样本 x 的信息的情况下，找到 θ 落在原假设 H0 内的可能性和落在对立假设 H1 内的可能性呢？

在贝叶斯派看来，这个问题似乎有点可笑。为什么不直接干脆一点呢：
- 如果 θ 落在 H0 内的可能性大于落在 H1 内的可能性，则接受原假设。
- 如果 θ 落在 H0 内的可能性小于落在 H1 内的可能性，则否定原假设。
- 如果 θ 落在 H0 内的可能性近似等于落在 H1 内的可能性，则不适合给出结论。

频率派对这个答案可能会觉得无比震惊：第一类错误和第二类错误的差异去哪了？N-P 理论中用于检验的显著性水平又去哪了？

贝叶斯派略显不屑。

后验分布的意义已经非常明确：通过贝叶斯公式，可以很容易地回答 θ 在当前位置取值的概率是多少或落在某个区间之外的概率是多少这类的问题。后验分布的意义比弯弯绕绕的所谓的 p 值的意义要直观得多。既然这样，为什么要照搬一个频率世界里本来就不好用的东西呢？

蒙特卡罗方法是指利用随机抽样来解决问题的任何技术方法。从不同的分布中随机抽样，每个样本都是根据其在分布中的概率来选择的，这样高概率区域中的样本将更频繁地出现。对于不同的假设，只要运行蒙特卡罗模拟，并通过比较确认哪个假设的表现更好，大部分工作就完成了。

表达不同假设似然比的贝叶斯因子是一个公式，通过将一个假设与另一个假设进行比较来检验其合理性。检验结果告诉我们，一个假设成立的可能性是另一个假设的几倍。

的确，相较经典统计，贝叶斯假设检验不需要去寻求统计量，也不需要确定抽样分布，为什么要效仿频率派的思考方式舍近求远呢？依靠贝叶斯方法的强大力量，我们不仅可以利用概率来比较两个不同的想法，如果知道我们先前对一种假设与另一种假设的概率的信念，那么我们还可以准确地计算出需要多少证据来说服我们改变自己的信念。更神奇的是，我们通过观察说服每个人所需证据的数量，还能利用后验概率为他们先前的信念赋值。

这意味着什么呢？意味着下次你与亲戚在餐桌上争论时，你应该问他们："提出什么新证据才能改变你的想法？"如果他们对此没有答案，那么你最好不要试图用更多的证据来捍卫你的观点，因为这只会增加你的亲戚对他们的信念的确定性。当两个假设同样能很好地解释证据时，每个假设的先验优势比较重要。因此，提出更多的证据对说服对方改变信念的作用并不大，新的证据不会使任何一种假设比另一种假设更有优势。与其争论证据本身，不如思考如何改变对方先前的信念。

由此可见，后验概率远不止是检验想法的一种方法，它为我们提供了一个在不确定性下思考的推理框架。甚至能够帮助你赢得餐桌上的家庭争论。

写到这里，我想你已经理解了，不论是贝叶斯估计问题还是其检验问题,都是"拿来主义"拾取"后验"的成果，点估计如此，假设检验亦如此。想必区间估计也是如此吧，这就是有关 θ 的后验置信度的区间估计的内容了（见第 4 章贰节）。

叁

探秘先验：经验贝叶斯 & 客观贝叶斯 & 共轭先验

在频率世界里，我们关注样本分布、抽样分布。在贝叶斯世界里，如果非要找一个对仗的概念，那么非先验分布莫属。贝叶斯方法处理统计推断问题的前提是给出 θ 的先验分布，丹尼尔·卡尼曼在《思考，快与慢》中就特地强调了初始概率，即先验分布对贝叶斯方法的重要性。但在贝叶斯派和频率派的论战中，贝叶斯先验的主观性却一直让贝叶斯方法被诟病缺失理性的力量。

为此，1955 年 H. Robbins 发展了经验贝叶斯（Empirical Bayes）。

经验贝叶斯是指在没有先验信息的情况下，通过对大量数据本身的研究，就能够获得先验分布期望值的信息。所谓经验，是指从历史数据中获取参数的先验信息，并以此进行贝叶斯估计。显然，"从大量历史数据中获取参数估计"的这一做法，必然又从贝叶斯派回到了频率派，我们好像又看到了最大后验估计思想的影子。

实际也是如此，经验贝叶斯的确从频率派学到了很多，广泛吸收了矩估计法和极大似然估计法的精髓。此外，它还引申出了一些新方法，如边缘分布法等。

这个频率 + 贝叶斯的思想绝非 1+1=2 般简单的相加，其重要意义在于，恰好适应了 21 世纪科学研究的新方向，大规模并行数据集本身就包含自己的贝叶斯信息。借助经验贝叶斯方法，科学研究开始变得自给自足。

经验贝叶斯成功的一个标志性案例就是它能够回答有关"物种遗漏"的问题。在第二次世界大战期间，一位著名的博物学家 Alexander Corbet 在马来西亚捕捉了两年蝴蝶，有 118 个稀有物种只被捕获过一次，74 个物种被捕获过两次，44 个物种被捕获过三次，以此类推，一些最常见的物种被捕获过数百次。Corbet 提出的问题是，如果他再捕捉一年蝴蝶，他会期望再捕获多少个新的物种？

这一问题难倒了无数统计学家。然而幸运的是，Fisher 对这一棘手的问题给出了完美的解答。Fisher 的解答的强大之处就在于他采用了经验贝叶斯方法。这一解答堪称经典，这一方法还在后来被用在鉴定一首来自 Bodleian 图书馆名为"Shall I Die?"的短诗是否归属莎士比亚的著作权判定上。这同样是"物种遗漏"问题的解决思路。

第 3 章　贝叶斯统计与最大熵

经验贝叶斯方法除去了贝叶斯方法的限制，将先验信息看作大数据集中隐含的信息，并利用这些信息来解决当前的问题。如今，经验贝叶斯方法已经被广泛应用在高维统计推断问题上，包括估计、检验及预测，并被看作一系列方法的统称（详见第 4 章伍、陆节）。可以说，经验贝叶斯方法在解决客观性的棘手问题上很实用。

这时有人问：贝叶斯家族中不是还有一个客观贝叶斯（有时也被称作无信息先验分布）吗，它跟经验贝叶斯比起来谁更"客观"呢？

这个问题很难回答，客观贝叶斯真的如其名字一般"客观"吗？在比较两者之前，我们要先弄清楚什么是客观贝叶斯。所谓客观贝叶斯，通常是指无信息先验的贝叶斯推断。与其说客观贝叶斯更加"客观"，倒不如说客观贝叶斯更加"坚定"，坚定地支持无信息先验。

拉普拉斯是历史上第一个提出无信息先验的人，他是通过不充分理由原则（Principle of Insufficient Reason）来阐述的，即如果没有足够的理由认为多个事件有显著不同，那么所有事件发生的概率应该是相同的。

客观贝叶斯往往认为，先验分布不应该受到位置参数（如位置参数的无信息先验分布）、尺度参数（如尺度参数的无信息先验分布）、分布形式（如 Jeffreys 先验分布）变化的影响。这种坚定不移的特点从直观上就让人觉得是一个比较稳妥的选择，因此进行推断可能带来较好的效果。

从另一个角度来看，客观贝叶斯又不是很"坚定"。与经验贝叶斯一样，它同样引入了频率派的工具，如果深入了解客观贝叶斯 Jeffreys 先验你就会发现，这个客观贝叶斯的概念用到了 Fisher 的经典思想——Fisher 信息量（见第 4 章肆节）。

从直觉出发，Fisher 信息量本身就表现出一种样本分布所具备的信息。如果先验是 Fisher 信息量的一个函数，就相当于我们被告知了一件已经知道的事情，这里没有新的信息，一切都是客观的。Jeffreys 先验的思想本质上是提出了一套处理无信息先验分布的"全自动"方法。自然，给出这样美好的说辞只是一厢情愿的理想主义。

客观贝叶斯是一个大家族，还包括基于 Jeffreys 先验但更具想象力的参照先验（Reference Prior）和最大熵先验（见第 3 章陆节）。参照先验的思路是把参数分为感兴趣（Interest）的和厌恶（Nuisance）的两类，在推导后验分布的时候，把讨厌的参数的信息全部去掉，这并不难实现，"Jeffreys 先验"和"条件概率"两大工具轮番出场，让这一实现成为可能。

无论如何，隐含先验的经验贝叶斯和无信息先验的客观贝叶斯都令人迷惑，贝叶斯派简直是发明概念的永动机。但真正令人头疼的却是另一个难懂的"有信息先验"概念——共轭先验。

先验的意思很容易理解，什么是共轭呢？看完下图你可能就明白了。

轭是牛拉车用的木头，同时拉一辆车的两头牛之间就是共轭关系。

引申到数学领域，可以说只要是成对的东西，又找不到更合适的叫法，就常常称其"共轭"。共轭先验在统计类书上定义一般是，对于在分布族 F 里任取的某个分布及样本 x，后验分布也总是属于这个分布族 F，则称 F 为共轭先验分布族。

换句话说，先验分布和后验分布都被约束在一个轭中。后验分布（一头牛）不仅依赖于样本 x 和取自分布族 F 的先验分布（另一头牛），还依赖于样本分布族 F（轭）。

共轭先验基于这样一种保守的观点：在某些场合下，不管怎么选择先验，都得不到适当的结果，与其这样不如选择一个数学上好处理的先验。共轭先验的提出，是一种人为制造的枷锁（当然，真实的轭也是），它并不考虑给定的先验分布是否符合实际，更多是为了简化数学计算。

正态分布的优秀性质：当 a 的先验分布为正态分布时，不论样本 x 如何，a 的后验分布总是正态的。这里的正态分布族就是一个共轭先验分布族，因为先验分布和后验分布总是属于正态分布族。

如何简化数学计算？大多数时候，这只是一个纯数学处理过程，就像欧拉公式可以变戏法一样改变数学结构，如把实数的三角运算变成复数的旋转运算，把指数运算变成乘积运算，把纯微分方程运算变成指数方程的求解。这就是简化数学计算的方法，共轭的依据同样是从数学结构出发的。

例如，泊松分布似然函数通常很难求解，但由于其形式与伽马分布的数学形式接近，因此可以借助这一点将先验分布定义成伽马分布的形式，这样在进行对数似然估计计算的时候，就可利用伽马分布的数学形式进行化简合并类项。

这样配对的方式还有很多。

- 二项分布或伯努利分布，如贝塔分布。
- 多项式分布，如狄利克雷分布。
- 指数族分布，如伽马分布。

计算的复杂性通常是由贝叶斯公式似然函数的计算带来的，因此谈论共轭先验不能脱离似然函数，共轭先验的选择一定要结合具体的问题。

- 如果你跟别人打赌明天是否会下雨，那么因为赌局的数据结果通常是二项分布的，非此即彼，所以这时对应的理想共轭先验分布选择是贝塔分布。贝塔先验 + 二项分布数据 = 贝塔后验。
- 如果你研究的问题是在给定年份里有多少人会被鲨鱼袭击，那么因为观察到的数据通常是泊松分布的，所以对应的理想共轭先验分布选择是伽马分布。伽马先验 + 泊松分布数据 = 伽马后验。
- 如果你研究的问题是成年人的平均身高是多少，那么因为观察到的数据是正态分布的，所以对应的理想共轭先验分布选择也是正态分布。正态先验 + 正态分布数据 = 正态后验。

在理论家看来，仅以计算性看待共轭先验似乎过于狭隘。

回到后验概率 = 先验概率 × 似然比这个表达式，如果先验信息将高概率放在低可能性的值上，将低概率放在高可能性的值上，那么得到的后验可能非常糟糕：把高概率放在先验信息或似然函数都不支持的值上。这样的问题极有可能是由错误指定的先验信息造成的，该先验信息可能是由科学家根据过去的陈旧数据和推理建立的。

在这种情况下，当先验信息和似然函数相冲突时，我们应该改变策略。这个策略就是采用共轭先验，不受过去提取的错误经验的影响，从而让我们的后验信念更多依赖似然函数。毕竟似然函数是基于数据而非经验的，不容易受到错误经验的影响。

肆
贝叶斯现代方法

贝叶斯方法虽然易于理解，但在应用时其最大的难度往往来源于计算性质。在第 4 章叁节共轭先验的例子里，为了研究在给定年份里有多少人会被鲨鱼袭击这个问题，我们收集了一些数据（每年鲨鱼攻击人类的数据，数据的特点是呈泊松分布），并建立了一个有信息先验分布（伽马分布，对应泊松分布的数据类型），先利用伽马分布反映我们对对立假设的先验信念，然后用共轭解更新到后验分布，从而避免了贝叶斯公式分母上烦琐的积分计算。这个后验分布也是伽马分布，它代表了我们关于参数估计的最新知识。

然而并不是所有的问题都能够通过这种简化数学计算的方式解决的。根据似然函数选定贝叶斯共轭先验，只可以解析求解的特殊情况，我们不能什么时候都将简化数学计算当作解决问题的第一考量，从而狭隘地限定我们的先验信息。幸运的是，在理论上还有另一种方法可以绕过贝叶斯公式分母上烦琐的积分计算，这种方法非常有创造性和通用性，可以用来解决几乎任何类型的参数估计问题。这种方法的思路简单粗暴：绕开先验，直接从零开始构建后验分布。

这个思路听起来就很神奇，但理解它通常并不困难，你也许听说过它的名字，即马尔可夫链蒙特卡罗模拟（MCMC）。MCMC 就是为谷歌带来巨额财富的算法，它是谷歌搜索引擎最早基本版本的核心技术。MCMC 之所以能够成功，是因为它通过一种全新的方式来使用贝叶斯推断。

想象一位刚上任的政治家，负责统治和管理一片链状的群岛。他经常从一个岛到另一个岛旅行，从而增加自己的曝光率。在一天紧张的拍照和筹款活动结束后，他必须在以下活动中选择一个。

（1）留在目前的岛上。

（2）去西面相邻的岛。

（3）去东面相邻的岛。

他的目标是按相对人口比例访问所有的岛，以便他在人口最多的岛上花费最多的时间，在人口较少的岛上花费较少的时间。

不幸的是，他既不知道岛链的总人口是多少，也不知道到底有多少个岛。幸运的是，他的随行顾问具备最低限度的信息收集能力。当不忙着筹款时，他们就可以问各岛的市长他们的岛上具体有多少人。而且，当政客提议访问邻近岛时，他们可以向该岛的市长打听其邻岛上有多少人。

慢慢地，这位善于思考的政治家采用了一个简单的决策方法用于每日决策：投掷一枚（公平的）硬币来决定是去东面相邻的岛还是去西面相邻的岛。如果硬币指示去的岛上的人口比当前所在的岛多，他就动身前往。

如果硬币指示去的岛上的人口比当前所在的岛少，他就根据岛上的人口比例决定去该岛的概率。如果硬币指示去的岛上的人口只有当前所在岛的一半，那么他前往该岛的概率只有50%，动身概率＝邻岛人口／当前所在岛人口。

这位聪明的政治家还做了一个随机数生成器，能够在每次投掷硬币的时候随机生成0~100%的任一概率数，如果每次随机数生成器给出的值在0和刚刚计算出的动身概率数值之间，则该政治家选择动身；反之，则该政治家留在该岛上。

这位政治家按照这一策略执行了一年，最终人们发现他做得不错，他的支持率不断升高。按照这位政治家的访问策略，从长远来看，他访问任何一个岛的概率与该岛的相对人口几乎是完全匹配的。

这个故事讲述的就是一个著名计算程序：Metropolis算法。一些科学家认为，Metropolis算法可以位列20世纪对科学和工程的发展和实践影响最大的十大算法之一。在这个故事里，岛代表估计参数值，相对人口代表相对后验概率，每个岛的人口可看作后验概率密度。

Metropolis算法的简洁之处在于，要想让政治家了解人口的分布，实现高效访问，需要决定的只有是否要接受一个建议的分布参数。这个分布参数是从复杂的后验分布里随机抽取的，而决定这个分布参数只用考虑离散参数值的有限空间（孤岛）、最简单的建议分布（向东还是向西）和直接评估的目标分布（孤岛的相对人口），完全不用思考似然函数或先验分布，于是贝叶斯公式里难计算的积分项就省去了。

当这一切就位后，我们还缺少政治家手里的随机数生成器，这在计算机世界里早已经存在了。借助计算机，我们只需要让政治家的旅行决策运行成千上万次，这是 MCMC 所擅长的工作。

尽管 Metropolis 算法做得很好，但它也有一个问题，即如果想获得比较好的结果，则建议的分布参数必须先调试好（向东还是向西，是否可以跳过中间岛去往更远的岛），再匹配后验分布。如果建议的分布太窄或太宽，那么大部分的跳跃将被拒绝（拒绝政治家前往），跳跃的轨迹将陷入参数空间的局部区域（政治家只能在有限的几个岛间穿梭）。

因此，如果有另一种更有效的样本生成方法就更好了，吉布斯抽样就是这样一种方法。吉布斯抽样是以研究统计力学和热力学的物理学家约西亚·威拉德·吉布斯（1839—1903）的名字命名的，但吉布斯本人并不是吉布斯抽样算法的发明人，该算法在吉布斯去世 80 年后才出现，其真正的发明人是 Stuart Geman 和 Donald Geman 兄弟两人。直到 1990 年 Gelfand Smith 的一篇有影响力的文章发布，吉布斯抽样才被引入统计界。

吉布斯抽样过程是一种通过参数空间的随机行走过程，与 Metropolis 算法过程类似，不同之处在于，行走可以从任意点开始，在行走的每个点上，下一步仅取决于当前位置，而不取决于之前的位置，即选择一个参数，并从其条件后验分布中为该参数选择一个新值并不断重复下去。因此，吉布斯抽样算法可以看作 Metropolis 算法的一个特例。

更一般地，Metropolis 算法过程和吉布斯抽样过程都可以看作蒙特卡罗模拟过程的特定类型。它们生成随机行走，使行走中的每个步骤完全独立于当前位置之前的步骤。如果其中每个步骤在当前步骤之前都没有状态记忆，则称为（一阶）马尔可夫过程，连续的这些步骤称为马尔可夫链［以数学家安德烈·马尔可夫（Andrey Markov, 1856—1922）的名字命名］，链通常无记忆性。最终两者的组合，就是"马尔可夫链蒙特卡罗模拟"一词的由来。

MCMC 辅以为复杂模型自动创建采样器的软件以及计算机，最终使我们能够在物理、生物、工程和金融等众多领域对复杂的现实数据进行贝叶斯分析，这必定是贝叶斯派鼻祖——托马斯·贝叶斯本人生前永远都无法想象得到的图景。更重要的是，MCMC 非常接近人类的思考方式，赋予人们脑海里出现的第一个想法更高的重要性，因为不经过长期的思考，人们的思维很容易受到思考起点的影响。人们的思考受身处场景的高度影响，从而带来认知偏差。在心理学家丹尼尔·卡曼尼笔下，这种偏差被称作可得性偏差（Availability Bias）。

认知科学家们发现，人们的贝叶斯大脑往往难以处理概率问题，于是更倾向于 MCMC 的顺次思考，优先思考最可信的模型，如果有时间再思考其他模型。主动花费更长的时间去认真思考或许是对抗可得性偏差的最佳方法。

伍

贝叶斯观点批判

在人工智能领域，贝叶斯方法无处不在。

例如，语音识别早期都是通过语法分析（分析句子的主、谓、宾）来实现的，其正确率惨不忍睹，于是贝叶斯方法出现了，通过匹配概率最大的文字序列取得了很好的效果。Google 自然语言处理专家贾尼克斯甚至不无讽刺地说道："我每开除一位语言学家，我的语音识别系统的错误率就下降一个百分点。"

在贝叶斯网络的应用里，贝叶斯公式中的先验概率和条件概率分别用来表达无父节点的节点信息和节点关系强度，把某种现象的相关参数连接起来，并通过贝叶斯公式结成网络。这样一来，海量的节点就代表海量的概率，有效的知识越多，贝叶斯网络展示的能量就越令人震撼。

贝叶斯方法的特点是求解过程简单，即使求解有困难，也是计算性质的。不像在经典频率统计中，问题的解决往往取决于抽样分布的选取，学习模型的成本高，费时费力。贝叶斯方法的这个特点受到理论训练较少的应用者的欢迎，但也常被古典的频率派抨击：贝叶斯把问题人为地简化了，简化导致滥用。

贝叶斯派并不认可这样的批评，而认为贝叶斯方法抓住了问题的本质，不考虑抽样分布，就可以不碰那些有关频率的无用细节。至于它可能被滥用，则是使用者的问题，与方法本身无关，何况古典的频率统计方法也有被滥用的情况。

于是频率派转移话题，开始指责贝叶斯观点最大的硬伤：人为地引入了主观概率，并将其理解为认知主体对事件发生的相信程度。由于主观概率及与之相关的先验分布不仅难以捕捉，而且与认知主体有关系，因此既没有客观性，也没有科学性。频率观点则不存在这样的问题，一个事件的概率可以用大量重复实验下事件的频率来解释，这种解释不取决于认知主体。

贝叶斯派据理力争进行反击，虽然牺牲一些客观性，但贝叶斯方法不包含频率解释，反而比频率观点更普世。例如，"后天下雪的可能性是 1/6"这个命题，用频率观点是无法解释的，但每个人都能够无歧义地理解并传达它的含义，而不必去思考是否真的存在"6 个后天"。谁会傻到真的去研究"6 个后天"呢。

贝叶斯派继续反驳，在涉及采取行动且必须为此承担后果的问题（所谓的统计决策问题）中，人们了解的情况不同，对问题所具有的知识不同（先验分布的不同），他们的最佳行动方案也应该不同。在这种情况下，不同的人有不同的先验分布是正常的，要求所谓的客观性反倒没有意义。

的确，在有些决策场合下，提出主观概率的主体是要承担道德、经济损失甚至法律后果的，这种后果无法依附于客观真理或无主物。在这些问题中，主观性反而成为优势。因此，主观的贝叶斯观点更适合用于个人决策。例如，企业高管在面对不确定信息时给出的投资决策就算错了，他个人也能够承担决策错误的后果。主观决策在许多场合和专业中都很有用，如医生、法官、风险投资者都需要对个体决策的后果负责。

例如，无人车道德就是一个极具争议的话题。在无人车道德困境中，人类必须面对道德审判，并尝试在杰里米·边沁的"最小伤害原则"（功利主义道德，让伤害最小，即便会牺牲一个无辜者）和伊曼努尔·康德的"义不容辞原则"（你不应该"有意识"地杀人，即便是为了不伤害更多的人）中做出选择。

无人车没有自主意识，不管做出哪种选择，都是无法独立承担道德风险的，让无人车单纯追求客观性并无意义。虽然人类做出判断是部分诉诸直觉的，但这种非理性并不一定意味着低级。恰恰相反，在资源有限的情况下，人类能从很少的信息中迅速挖掘规律，开始决策并承担后果，这正是人类主观思维能力和勇气的集中体现。

但是，贝叶斯派这个颇具说服力的答案在频率派看来，似乎仍在顾左右而言他，再次回避了"主观概率实质"的问题。

于是，贝叶斯派抛出了第三个观点：虽然频率派没有光明正大地使用先验分布，但事实上，在频率观点下导出的统计推断方法，也是某种潜在先验分布下的贝叶斯解。意思是说，频率观点并不跟贝叶斯观点对立，只是贝叶斯观点下无信息先验分布（客观贝叶斯）的特例。

客观贝叶斯的无信息先验在这里有一个积极的含义：在某些场景下，贝叶斯准则中采用这样的无信息先验，既保证了客观性，也不会使结果有较大的偏差。例如，拉普拉斯基于"不充分理由原则"给出了 Flat Prior（平坦）先验。平坦先验意味着先验概率没有任何偏袒，对所有的可能性一视同仁，这很客观。

拉普拉斯提出的这一客观先验，使贝叶斯派在反驳频率派的论战中占据了极大的主动权。在现实应用中，客观贝叶斯也攻城略地。例如，2014 年 12 月发行的应用统计年鉴的 24 篇文章里，就有 8 篇贝叶斯分析使用了客观先验。客观先验的立场是，与其不顾事实而否定先验分布，不如明确承认它的存在，哪怕它是无信息的，至少不会得到更差的结果。在这个基础上，只要给出一个稍令人信服的先验分布，往往就能够得到一个更令人满意的结果。拉普拉斯的这个观点在一个多世纪以来都没有遭遇真正的挑战。

从 20 世纪 80 年代开始，尤其是进入电子计算机时代后，贝叶斯推断接连破除了禁锢自身发展的两大障碍：一是利用客观的先验拓展了适用范围，如以指数形式"进化"先验置信度的 Adaboost 算法，在面对足够多的数据时，其主观性其实并不随意；二是发明了现代的通用后验计算算法——MCMC，解决了后验分布通常要做的高维积分计算问题。客观先验和 MCMC 为面临复杂数据分析情况的统计人员提供了一个极具吸引力的方案。与频率派严格的分析相比，贝叶斯推断几乎可实现自动化。

贝叶斯方法凭借这个"组合拳"，打了一个漂亮的翻身仗。但挑剔的频率派仍不打算放弃对抗，并提出了有史以来针对贝叶斯派最尖锐的批评：贝叶斯方法也要以样本分布作为理论的出发点，这种分布通常都是在频率意义下解释的，贝叶斯派既然彻底否定频率派，为什么又要使用频率派的工具呢！

是啊，经验贝叶斯里面有 Fisher 的矩估计、极大似然估计思想的影子，客观贝叶斯里面也有 Fisher 信息量的影子，这些都是频率派的工具。

多轮交锋之后，这个问题才真正戳中了贝叶斯派的软肋。

如果要做一个彻底的贝叶斯论者，就必须把样本分布看作刻画样本取各种值在主观上的相信程度，而不应在无穷多可能样本的背景下去考察，因为这将带来频率的解释。但是，贝叶斯方法必须以样本分布作为理论的出发点。这一矛盾是无法调和的。贝叶斯派只能把样本分布当作隐含的方法，却不能显性地解释这种方法。样本分布只有一种频率的解释，对于这个概念所做的任何探讨都将有利于频率派占据主动地位。

最终，贝叶斯派陷入两难的境地，看来纯粹的贝叶斯论者是做不成了，两大派别你中有我我中有你才是有效理论最终的归宿。

回望这场史诗级的论战，频率派和贝叶斯派观点的碰撞令人着迷。

- 聪明而勤奋的频率派的观点是具化分拆，各个击破。
- 智慧而灵活的贝叶斯派对世界的看法同样是复杂的，但却以不变应万变。
- 频率派是理性主义者，酷爱抽象思考，习惯对世界建模。
- 贝叶斯是经验主义者，无限地好奇、惊讶和敬畏自然。
- 频率派是古希腊人，擅长形而上学的思辨。
- 贝叶斯派是古巴比伦人，是"黑箱预测"的高手。
- 频率派是大陆法系，公义是立法者，是大法典，利用成文法明辨是非。
- 贝叶斯派是普通法系，公义是大法官，是陪审团，通过案例指导裁决。
- 频率派像刺猬，知道一件大事情，即纷繁的表象之下亘古不变的规律。
- 贝叶斯派像狐狸，知道很多小事情，天性多谋，总是随时修正自己的看法。
- 频率派审视自己，是柏拉图叩问灵魂的回响：我谁是，从哪来，到哪去。
- 贝叶斯派关注众生，是安兰德读懂自由：无物可求，无望可待，无所依傍。

高估或贬低任何一派都毫无意义，思想就像周期性运动的钟摆，偏离一方越远，回归另一方就越快，此起彼伏，周期性振荡。不同的哲学和方法论都有其自身存在的道理，它们各有各的法则、研究对象和哲学思考。

两派所代表的方法论或许将继续贯穿整个人类的认知进步史。

陆

最大熵原理

在最终的分析中,一切知识都是历史。

在抽象的意义下,一切科学都是数学。

在理性的世界里,一切判断都是统计。

或许你熟悉上面这段文字,这是印度统计学传奇人物 C. R. Rao 的总结。

1945—1946 年,Rao 和瑞典统计学家 Cramer 分别证明了一个重要的不等式,这个不等式就像量子理论中的海森伯不确定性原理一样炸裂,它就是 Cramer-Rao 不等式(简称 C-R 不等式)。实际上,海森伯不确定性原理的数学证明过程和 C-R 不等式一样,都用到了 Cauchy-Schwarz 定理。所以它们之间远不是普通的类比关系,而有着更深层次的理论联系。

C-R 不等式的最大意义是给出了无偏估计方差的下界,即不确定性的度量。C-R 不等式就好像在说,统计学对真实概率分布参数的估计能力是有限的。不管你用的是极大似然估计、贝叶斯估计,还是矩估计,这个不确定性的边界都是无法逾越的。

这一论断似乎很令人绝望:人类历经万难,从数学到物理,从哲学到统计,不管如何努力,却总是一次又一次地被锁死在不确定性的世界中:

- 数学中的哥德尔不完全性定理。
- 物理学中的海森伯不确定性原理。
- 哲学中的康德二元论、维特根斯坦语言哲学和波普尔批判理性主义。
- 统计学中的 C-R 不等式。

更具体地说,统计学中的 C-R 不等式意味着,无论我们的抽样如何充分,无论统计方法如何严谨,参数的估计值永远都是测不准的,无法得到理论上的真实值,就连研究不确定性的统计学也遭遇了一个普遍存在的理论限制。人们不得不努力接受这一观点:纯粹理性是不存在的,理性有一定作用但非万能。

C-R 不等式代表了确定性的缺失。这种具有普遍哲学意味的观点很容易让人联想到热力学中的"熵"这个同样表达系统混乱程度或不确定性的概念。熵似乎可以在统计学中作为一种独立的思想,用来审视随机性和不确定性。

熵最早是由玻尔兹曼引入到热力学中的，并在克劳修斯的手中升华为知名度非常高的热力学第二定律，当然玻尔兹曼也独立于克劳修斯定义了熵，因为克劳修斯的描述太过晦涩了。

此后，香农出现了，他通过与图灵进行讨论切磋，破译了纳粹密码并发展了自己的理论，在《通信的数学原理》中，他用到了先验概率分布并指出，消息中的信息量等同于在贝叶斯置信度视角下这一消息的稀有性。"稀有性"意味着信息量的多少。在冯·诺伊曼的建议下，香农熵的概念被引入到信息论中。

冯·诺伊曼建议香农将信息论中的这个概念取名为熵，理由有两个：一是这个不确定性表达在统计物理中也会用到，就是熵，因此不用再费心想名字了；二是根本就没人知道什么是熵，因此在辩论中可以先发制人。

随后，熵又被引入到概率统计中，用来度量随机变量的不确定性；在生命科学中，熵也有一席之地，薛定谔称生命依赖于"负熵"，生命似乎可从无序中构建出有序。

一路下来，熵被赋予了很多定义。

- 微观状态数定义的玻尔兹曼熵——B 熵。
- 可逆过程热温商定义的克劳休斯熵——C 熵。
- 系综概率密度定义的吉布斯熵——G 熵。
- 按照密度矩阵定义的冯·诺依曼熵——V 熵。
- 信息论中定义的香农熵——S 熵。
- 用于其他信息度量的 Tsallis 熵、Renyi 熵——T 熵、R 熵。

熵的概念串联起了统计物理学、信息学、统计学、生命科学，展现了跨学科的特征。在跨学科的同时，熵的概念也一度引起了巨大的混乱。因为冯·诺伊曼略"不负责任"的两个建议，热力学中的熵和信息论中的熵定义的方式完全偏离了。

- 热力学中的玻尔兹曼熵通常用来描述系统的无序程度。
- 信息论中的香农熵通常被看作排除了"冗余"后的平均信息量。

但事后证明，冯·诺伊曼不愧是大师。尽管两者的定义几乎没有相似之处，但在某些问题上，信息熵与热力熵却密不可分。

关于麦克斯韦妖的思想实验，科学家们争论了几十年。其中涉及不可逆的"信息销毁"问题。争论多年之后科学家们才发现，信息熵的减少其实很容易解释：它变成了增加的热力熵。原来两者是可以互相转化的，这就解释了为什么信息熵的符号与热力熵相反。同样的争论还发生在黑洞研究领域，并且同样涉及信息熵和热力熵的隐秘联系。从麦克斯韦妖到黑洞，熵的概念解释了摩尔定律的繁荣，也解释了贝肯斯坦界限和霍金辐射。在争论带来新知的同时，热力学第二定律始终没被打破。

熵除可用来描述不确定性以外，其观点中似乎也暗自契合了这样一种平衡的价值观：多或少并不应该改变价值判断。我们可能喜欢秩序，但为了避免太过乏味，需要添加随机性以带来活力，但活力又不能太多以免带来混乱。这种平衡价值观在很多思想中都能够看到。

在金融领域，Taleb 认为，在条件风险价值（CVaR）约束下，如果依据熵最大化来理解资产分布的不确定性，可以得到完全一般性的"杠铃式投资组合"作为最优解。

在设计领域，建筑师 Christopher Alexander 认为，利用一些简单的几何属性，如强中心、厚边界、非独立，能够构造出复杂的生活建筑、社区和城市。

在经济领域，经济学家 Adam Smith 认为，将一个国家从荒蛮带到富足，只需要和平、简易的税收和过得去的司法。

熵的概念是如此多样而又单一，以至于计算机科学家、数学家、Mathematica 首席设计师 Stephen Wolfram 认为，对熵的理解应该泛化，来描述四种不同的模型：均衡、周期性、复杂性和随机性。

均衡：立在桌子上的铅笔。结果没有不确定性，熵等于零。

周期性：绕太阳运转的行星。结果具有不随时间变化的低熵。

复杂性：证券交易所股票价格。中等程度的熵，介于均衡和随机性之间。

随机性：抛硬币结果的序列。具有完全随机的特点，拥有最大熵。

Wolfram 的泛化是否普适仍有待商榷，但统计学作为一门跨多学科的学科，怎能拒绝熵概念的加持呢！这便是统计熵出场的前奏。

理论空白是由 E. T. Jaynes 填补的，他指出，我们通常指定概率来表达存在的信息，但在没有任何信息的情况下，我们什么都做不了。因此，更自然的做法应该是最大限度地使用我们所掌握的信息，并避免使用并不存在的信息，对未知的情况不要做任何主观假设，从而降低预测的风险。这就是统计学领域里的最大熵（The Maximum Entropy）原理。

几乎所有的科学问题都会经历一个初始的探索阶段，然后形成观点。对于一个统计问题，必须敲定模型、样本空间、假设空间、先验概率、抽样分布等，发展出足够的结构，以支撑确定的方法。在对原始数据知之甚少的情况下，频率派预设的分布模型和贝叶斯派给出的先验分布引入了主观假设，都是不合理的。

最大熵观点认为，频率派引入分布的做法非常"务虚"。

- 如果使用一个假设误差远小于实际误差的分布，就相当于把虚假的信息带到问题中，虽然其结果是不会太差的参数估计，但是这些噪声会被误解为真实效果。这就像通过望远镜观察月亮，把影像摇摇晃晃全部归因于月球在其轨道上的运动一样。
- 如果使用一个假设误差远大于实际误差的分布，那么结果不一定是错误的估计，通常更严重的后果是无法识别真实的影响，并将真实的影响视为噪声的一部分。这就像把月球偏离轨道的观察现象理解为望远镜的摇晃一样。

为了最大限度地防止这两种极端性的误解，避免得出错误和误导性的结论，应该尽量使用反映真实平均误差和真实均方误差的分布。最大熵作为最安全的工具，就能够做到这一点。它只需定义一个样本空间，而不需要预设参数给出任何模型或分布。它只关注可观察到的事实并形成观点，而不会激进地建模，急匆匆地敲定参数（在缺乏证据时，这些参数很可能只是我们臆想出来的噪声）。

最大熵的构建往往只取决于已知的信息，即各种约束条件。把条件约束好，答案自然就会浮现出来。

- 如果假设了最小值和最大值，那么最大熵分布是均匀分布。
- 如果假设了均值，那么最大熵分布是指数分布。
- 如果假设了均值和方差，那么最大熵分布是高斯分布。

从某个角度来看，最大熵与贝叶斯观点有点类似，它们都是由已有的观察信息给出最佳推论。

在最大熵理论的提出者 E. T. Jaynes 看来，贝叶斯观点可以看作在最大熵观点中加入了主观假设的推测：由最大熵分配任何分布类型之后，都会得到贝叶斯推断，而贝叶斯推断只依赖于我们在最大熵过程中加入的约束信息。

在这个意义上，最大熵可以看作贝叶斯推断更原始的退化形式。如果先验信息是真的，那么贝叶斯推断的结果可能会比最大熵要好；如果假设是错的，那么贝叶斯推断的结果可能会比最大熵更糟糕。目前的最大熵谱分析和图像重建算法都算是最大熵的成功应用。

频率派在实践中采用的先验信息往往都是标准的理论模型（如高斯模型、二项式模型等），这样的做法太套路化了。虽然频率派口口声声坚持频率观点，但频率派却从来没有一个真实的案例是将采样的频率当作先验信息来处理的，因为频率派只关注各种各样的分布模型。

先验信息的加入为精确的问题求解提供了更多的自由度，在未来，最大熵的方法必将发展到贝叶斯阶段，因为纳入更多、更可靠的先验信息通常能够带来更好的结果。尽管贝叶斯方法也要给定主观的信息作为先验信息，但这是符合逻辑的概率应用，即在没有充分的信息时，给定一个模糊或不完整的信息，并返回一个模糊的估计值。就算返回了一个非常宽泛的后验分布，它也可以警告我们信息不充分这一事实，尽管这个后验分布非常粗糙，但仍然包含参数的真实值。

贝叶斯观点不像频率观点一样会误导我们，除非我们给出了错误的信息。贝叶斯观点不论是理论基础、直觉基础，还是实际结果，都沿袭了最大熵原理的保守逻辑。至此，我们终于能够理解为什么 E. T. Jaynes 以最大熵观点为出发点，一生都坚定地站在贝叶斯阵营，否定频率主义。

第 4 章

Fisher 统计

壹

统计推断三叉戟

正统的频率派将概率视为一种物理现象,他们只承认抽样概率的存在,而不承认先验概率的存在,因此他们乐于解答诸如"在将一枚正反面完全对称的硬币投掷 10 次的情况下,10 次都是正面向上的概率有多大"这类投掷硬币的问题。

在介绍极大似然估计时(见第 2 章贰节),我们给出了一个投掷图钉的例子。本章我们感兴趣的问题是,根据投掷图钉的实验观察,投掷图钉之后针尖朝上的概率是多少,即这枚图钉正反面对称的似然程度是多少。

如果把参数 θ 定义为硬币或图钉正反面的对称程度,将样本 x 定义为投掷硬币或图钉观察到的结果,就可以给出如下的表达。

- 参数 θ = 原因。
- 样本 x = 结果。

从原因到结果，是概率的观点。如果定义了参数 θ，就确定了样本的分布，也就确定了得到种种结果 x 的概率大小。用条件概率的数学形式表达就是 $P(x|\theta)$，意为利用估计参数 θ，计算变量 x 的概率。P 表示 Probability，这是一个数值问题。

从结果到原因，是似然的观点。如果有样本 x 作为结果，那么参数 θ 最可能的取值是什么？用条件概率的数学形式表达就是 $L(\theta|x)$，意为利用变量 x，估计参数 θ 的取值。L 表示 Likelihood，这是一个极值问题。

似然观点正好是传统概率观点的逆过程。概率观点是从参数 θ 指向事件 x 发生的概率的，而似然观点正相反，是从已知发生的事件 x 指向我们希望知道的参数 θ 的。

等等，这里好像有什么不对！

似然求解的真正思路好像是这样的：如果定义了样本 x，那么当参数 θ 取各种不同的值（原因）时，得到这个结果 x 的可能性有多大？也就是求利用参数 θ，计算变量 x 的概率。按照这样的逻辑，用条件概率的数学形式表达应该写成 $L(x|\theta)$，而不是 $L(\theta|x)$。

到底是哪里出了问题呢？哪个表达式才是正确的呢？

$L(\theta|x)$ 这个表达式成功地引起了我们的兴趣，它似曾相识。没错，这种条件概率表达式源自贝叶斯公式。在贝叶斯派看来，在讨论一个统计问题时，必须考虑参数 θ 的先验分布，获得样本 x 的目的就是对参数 θ 的先验分布进行调整。

极大似然估计 $L(\theta|x)$ 和贝叶斯估计 $P(\theta|x)$ 有着同样的条件概率表达式，但在这里它们的意思却并不一样。贝叶斯的观点是，观察到样本 x 之后，对参数 θ 的情况有了新的了解，并给出新的估计。渐渐地，谜团散去，似乎一切都开始清晰了起来。

- 极大似然和频率思想的计算观点是一致的，即通过 θ 来计算 x。
- 极大似然和贝叶斯派的解题目标是一致的，即通过 x 来估计 θ。

由此可见，极大似然是 $\theta \Rightarrow x \Rightarrow \theta$ 的过程，其本质是根据很多不同的 θ 计算不同的 x，并找到与观察到的 x 最接近的情况，从而反过来锁定 θ。但是数学上的处理却不用如此烦琐，仅需求解连续的似然函数（以 θ 作为参数）来取代离散的多次求解和筛选。极大似然成为一座桥梁，吸取了频率派和贝叶斯派的优秀观点和方法。

由此可见，频率派和贝叶斯派对世界的本质认知不同。

- 频率派认为世界是确定的，有一个源头的本体，这个本体的真值 θ 是不变的，我们的目标就是找到这个真值（点估计）或真值所在的范围（区间估计）。

- 贝叶斯派认为世界是不确定的，人们对世界先有一个预判，即 θ 的分布，然后通过观测数据对这个预判进行调整，目标是找到最优的描述这个世界的概率分布。

两派在分析的观点上存在巨大的分歧。

- 频率派关注的是 θ 自身，因此 θ 被看作一个常数。
- 贝叶斯派关注的是 θ 的分布，因此 θ 被看作一个随机变量。

频率派会说，完成某项日常工作，平均需要一个星期，平均完成工作的时间是一个常数；贝叶斯派会说，根据以前的工作经验和目前掌握的工作材料，我断定完成这项工作有 90% 的可能性需要一个星期，有 10% 的可能性会超过一个星期，完成工作的时间是一个分布，而不是某个固定的值。因此，频率派无法理解"牛顿在 1679 年 4 月 7 日被一颗苹果砸中的概率是 0.34"这样的命题，因为牛顿似乎只被苹果砸中过一次，而不是反复被砸中，这只代表说话人对命题真伪的一种信心程度。

如果将参数 θ 和样本 x 放到直角坐标系中，就可以通过几何直觉观测到两派推断方法之间的差异。

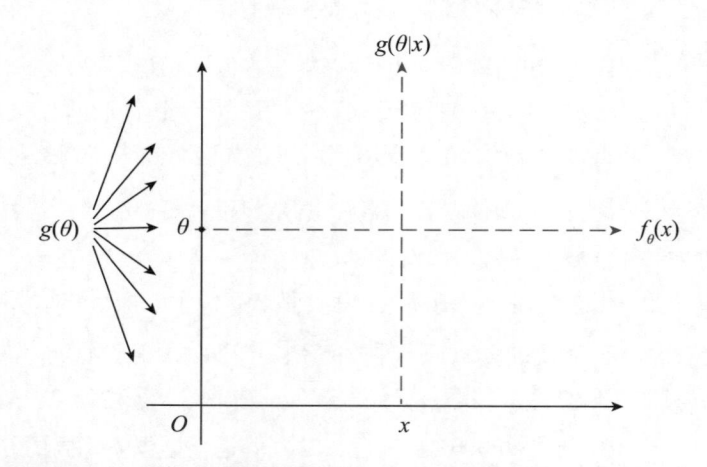

- 频率派按水平方向推断：优先确定方法，固定 θ，变化 x。
- 贝叶斯派按垂直方向推断：优先确定先验，固定 x，变化 θ。

极大似然估计兼具两个派别的灵活性，$\theta \Rightarrow x \Rightarrow \theta$ 意味着它可以在水平和垂直两个方向上同时做出推断。

的确，极大似然估计的掌门人 Fisher 一生视贝叶斯派为敌人，极大似然估计作为遵循频率观点（研究 θ 本身而非 θ 的分布）的经典点估计方法，能在不改变频率观点的前提下达到贝叶斯派的目标。著名的贝叶斯派理论家 L. J. Savage 评价 Fisher：他在不打破"贝叶斯蛋"的情况下享受了"贝叶斯煎蛋"。

然而，进入 21 世纪来到计算机时代，我们又遇到了全新的挑战：在大量的问题中，θ 和 x 通常都是高维度的，甚至是超高维度的，计算机时代的统计推断必须兼容并包，结合多种不同的科学哲学观点才能生存下去。正是如此，当代统计学家 Efron 和 Hastie 评论道，"哲学箭袋中有两支强有力的弓箭，当统计学家去狩猎时，如果要面对 1000 个参数和 100 万个数据点，那么他没有必要只带其中一支弓箭去。"

贰
置信区间 / 信任区间 / 信念区间

对置信区间 / 信念区间的误解可能是统计学学习中最令人深恶痛绝的问题了，很多著名统计学教授也会犯低级错误。用英国作家 Authur Koestler 的话来说就是，思想史充满了荒谬的真相和肥沃的错误。

如果你深入地理解了第 4 章壹节中频率派和贝叶斯派之间观点的分歧，便会理解，在区间估计的问题上，两个派别的观点也是截然不同的。

- 对于频率派来说，区间是变动的，而参数是固定的。这个估计区间被称作置信区间（Confidence Interval）。
- 对于贝叶斯派来说，区间是固定的，而参数是变动的。这个估计区间被称作信念区间（Credible Interval）。

对于频繁使用的置信区间概念而言，既然参数是固定的，真正变动的是区间，那么我们绝对不能说固定的参数落在一个随机区间的概率是多少，因为固定变量是不能用概率描述的（第 2 章陆节对此已经进行了详尽的阐述）。

因此，以下的说法必定是错误的。

- 总体参数有 95% 的可能性落在该区间内。
- 有 95% 的参数在该区间内，有 5% 的参数不在该区间内。

正确的理解应该是重复抽样包含固定参数的频率。

- 如果我们计算置信区间,那么在 100 次计算中应该有 95 个置信区间会把参数包括进去。

可以看到,频率派无时无刻都摆脱不了重复抽样的魔咒,一旦离开了频率解释的庇护,大多数概念都将土崩瓦解。《医学统计学》中对置信区间的定义更加严谨:如果重复 100 次样本含量相同的抽样,每个样本均按同一方法构建 95% 的置信区间,则理论上有 95 个可信区间包含总体均数,还有 5 个可信区间未包含总体均数。

当然,如果你非要依照"错误理解"来解释置信区间,也不是不允许的,只不过这是另外一个概念,被称作捕获百分比(Capture Percentage,CP),即 95% 的置信区间"捕获"真实值的百分比。实际上,95% 的置信区间对应的捕获百分比大约为 84.3%,远远低于 95%。

实际上,你所坚持的"错误理解"本质上应该属于贝叶斯派的信念区间。信念区间的观点比频率派的观点直接多了:随机的参数落在一个固定区间的概率是多少。这恰好是置信区间最常被误解的方式。

例如,在医学检查或化验单上,通常就给定了一个固定的参考范围,你可以依据医学检测数值结果对号入座来了解自己的身体情况是否出现了异常。尽管贝叶斯观点因其主观先验和计算难度深受诟病,但它却易于理解,更加接近人类思考的方式,毕竟很多东西不能重复实验,而且世界上又没有什么事情是完全客观的。

历史上,Neyman 主导的频率主义的置信区间毫无争议地占据了统治地位。但也因为人们常常忽视重复抽样的前提条件,所以置信区间被广泛地误用。虽然贝叶斯派对区间估计的解读更加正确和直观,但却在 20 世纪上半叶遭遇了两方面势力的打压:一方面是 Neyman 主导的频率主义;另一方面是来自 Fisher 的无情批判。Fisher 如此敌视贝叶斯派,以至于称其为"谬误的垃圾"。

Fisher 是一个富有争议的人物,他在批判贝叶斯思想的同时,也与经典频率派的 Neyman 不睦。尽管经典统计的主要理论,如抽样理论、假设检验、估计、实验设计等主要是由这两个人互相补充和完善的,但 Fisher 却表现出了更加强烈的独立性,尤其是在后期,这两个人之间存在强烈的对立,不光针对科学问题,在生活中两个人也彼此厌恶。

实际上,差不多在 Neyman 发表置信区间理论的同时,Fisher 也提出了另一种求区间估计的方法,该方法在原则上可用于任何统计推断问题。这个方法就是 Fisher 提出的信任区间(Trust Interval)。信任区间不仅是一个方法,而且代表了对

待统计问题的一种根本不同的观点,带有一些极大似然估计的味道。对任何实数 t 有

$$P(\theta > X - t) = \varphi(t)$$

Fisher 赋予上面的公式这样一个意义：把样本 X 看作一个已知的数,把参数 θ 看作随机变量,按照这个公式给出的 θ 的分布就是 θ 的信任分布。按照 Fisher 的意思,在抽样得到样本 X 之前, θ 是一个未知数。我们对 θ 一无所知,就我们对它的了解而言,它什么值都可以取,取什么值的可能性有多大也没人知道。但通过抽样得到 X 后,通过样本 X 所提供的信息,我们就对 θ 取值的可能性有了新的看法。

通过样本 X 所提供的信息改变我们对 θ 一无所知的状态这个思路非常接近似然性的理解方式：借助 X 的信息,以一个概率分布（而不是 θ 本身）的形式总结对 θ 的新认识。这里明确地将 θ 的分布（而不是 θ 本身）当作研究对象。

在 Neyman 的理论中, θ 虽然是一个未知但非随机的常数,但却谈不上什么分布。Nayman 针对置信区间所做的计算和推理,都被传统的概率框架限制死了。

Fisher 对 Neyman 观点进行的去频率化（剔除频率解释）及似然化（从 x 对 θ 进行认知）改造,使得 Fisher 的信任推断变得与众不同。Fisher 采用"信任"一词是经过深思熟虑的,因为信任推断剔除了频率解释,还增加了对某个事物主观信任程度的表达。这似乎是 Fisher 再一次享用"贝叶斯煎蛋"。

早期人们认为 Fisher 的信任区间和 Neyman 的置信区间是一样的,但后来的发展证明了,两者是不同的方法,不仅方法的解释不同,就连具体的计算结果也不同。

实际上,在置信区间中纳入了极大似然的思想并引入了主观性,正如我们在第 4 章壹节中讨论的,Fisher 吸取了频率派和贝叶斯派的灵活性,在水平和垂直两个方向上同时做出推断。

当频率派和贝叶斯派交锋时,我们也不要忘记,特立独行的 Fisher 在早期与两派都有过激烈对抗。因此,怎么能缺少第三种区间估计的观点呢？尽管 Neyman 主导的频率主义的置信区间在物理学、工程学、生物学、医学、社会科学、心理学等研究文献中毫无争议地占据了主导地位,但我们也看到,贝叶斯和 Fisher 的思想也发展壮大起来。至此,我们有了三种不同的观点。

- 频率观点下的置信区间。置信区间是经典区间估计的概念,它的应用进一步引申出了效应量、Meta 分析等概念。

- 贝叶斯观点下的信念区间。信念区间用于锁定最有可能的参数，它的逻辑非常接近人类思考问题的方式，也是置信区间通常被误解的方式。
- Fisher 观点下的信任区间。信任区间是 Fisher 的去频率化改造，并增加了主观信任程度的表达，它的应用还有待进一步探索。

叁
第三派

很多人将 Fisher 看作频率派最优化理论的创始人，但其实他并不是一个纯粹的频率论者。因此，将 Fisher 从两大派别中独立出来似乎是一个更好的选择，以此来评价 Fisher 的历史贡献。

Fisher 在贝叶斯观点和频率观点之间进行了一系列巧妙的妥协，并辅以一些独有的特征，这些特征在应用问题中特别有用，从极大似然估计这项伟大发明中，我们已经受益良多。Fisher 的迷人之处在于，他总能找到折中的办法，甚至将理论中的矛盾搁置一旁，只考虑解决实际问题的最佳方式，而不拘泥于理论本身的完美。

例如，在 Fisher 数量惊人的重要想法中，随机化推断和条件性就是相互矛盾的。这有点像在经济学中说马克思、亚当·斯密和凯恩斯是同一个人。因此，谈论 Fisher 往往很难达成哲学上的和解，但这似乎并不影响 Fisher 思想的实用性。

1910 年，在 20 岁的 Fisher 发表第一篇论文的两年前，统计学界就诞生了一系列令人印象深刻的理论成果：贝叶斯推断、最小二乘法、正态分布、中心极限定理、计数数据的二项式和泊松方法、高尔顿的相关性和回归、多元分布、皮尔逊的 x-test 和 t 分布等。虽然硕果累累，但这些理论成果还是一堆松散的概念，仍然缺少凝聚这些理论成果的核心理论。用博克斯的话来说就是，整个田野就像一个未经勘探的考古遗址，它的结构在碎石堆中几乎看不见，它的宝藏散落在文献中。

为了凝聚这些理论成果从而建立理论体系，大体有两个核心理论可选。

贝叶斯派：以拉普拉斯为代表人物的客观贝叶斯。

频率派：以皮尔逊为代表人物的频率论。

但这两项单看每一项，都无法让统计学摆脱一揽子技术集合的现实，真正变成一门系统性的学科。

是 Fisher 的努力最终实现了这些理论成果的凝聚。在 1925 年的标志性大论文中，Fisher 估计理论已经包含众多核心元素：一致性、条件性、充分性、似然性、Fisher 信息量、有效性和极大似然估计的渐近最优性。利用这些"黏合剂"，统计学终于变成了一门系统性的学科。其中，Fisher 真正的杰作是为统计估计提供了一个最优性标准，一个在任何给定的估计问题中可能做到的最好的标准——极大似然估计。

极大似然估计能够将贝叶斯世界和频率世界双向关联起来，并且有优越的频率特性：在大样本情况下，极大似然估计几乎是无偏的，并且有着最小的可能方差；在小样本情况下，极大似然估计与其他最佳方法的结果相差几个百分点。

尽管 Fisher 并不是第一个提出参数估计的极大似然方法的人，但他颠覆性地理解了极大似然估计良好的推断性质，特别是借助了 Fisher 信息量的概念（见第 4 章肆节）。Fisher 极大似然估计理论和 Fisher 信息量都关乎给定分布模型下的最佳参数估计。Fisher 的成果让频率派得以快速发展。

此外，在拟合优度的基础上，Fisher 提出了显著性检验的思想。在这一思想的启发下，N-P 理论被提出，它提供了一个最优假设检验的算法，这也许是后世最优雅的频率派改造成果。估计理论和检验理论的成熟，使得统计推断更加结构化和系统，对此 Fisher 功不可没。

但令人惊讶的是，Fisher 很早就否定了贝叶斯主义。例如，Fisher 非常排斥任何对参数做先验的假定，为了规避贝叶斯统计中的后验分布，他曾原创性地提出了信任分布的概念。同时，Fisher 也曾一度被看作呆板的 Neyman-Wald 决策理论学派的强硬频率主义者。我们在梳理了频率派、贝叶斯派及 Fisher 的贡献之后发现，在从贝叶斯到频率的线性尺度上，Fisher 在哪里都没有驻足。

Fisher 的独立思考和坚持让统计推断的基础三大派别形成鼎力之势，频率派、贝叶斯派和 Fisher 派在 20 世纪上半叶就逐步确立了。在贝叶斯派和频率派两个主流派别之间，Fisher 插入了深刻的第三种哲学，并深刻地影响了科学哲学乃至决策心理学。接下来，我们从三个维度来审视三种哲学。

(1)个人决策与科学推理。

对于贝叶斯派,从 Savage de Finetti 的贝叶斯主义到 Jeffreys 的客观贝叶斯,都强调个体决策,这一特质最契合商业思维,因而商业是贝叶斯应用最为成功的领域。

作为对立方,频率派的目的是使他们的客观推理得到普遍接受。因此,必须利用频率观点下重复实验给出的严格的结论说服所有或大部分科学界人士。

Fisher 的站位更接近频率派,因为 Fisher 些许偏执地认为,统计学应用的正确领域就是科学推断领域。

(2)综合与分析。

贝叶斯派强调收集所有不同来源的信息,并将这些信息整合成最终的推论。

频率派倾向于把问题分解成单独的小部分,这样就可以对问题的各个部分进行单独的分析,从而达到最佳的效果。

Fisher 强调使用所有可用信息进行正确推理,因此自然更赞同贝叶斯观点。Fisher 无论在理论上还是方法论上都倾向于贝叶斯观点,尽管他口头上并不承认。实际上,基于 Fisher 信息量的极大似然估计及其信任区间理论非常适用于组合不同来源的信息。

(3)乐观与悲观。

贝叶斯派在数据分析中往往更具侵略性和冒险性,他们是天性乐观的,认为如果什么事情能成功,那么它一定会成功。

频率派是保守和悲观的,认为如果有什么地方出了问题,那么它一定会出问题。

Fisher 在这里占据中间立场。他不赞同决策理论家们处理精细的数学问题,实际上,Fisher 哲学中最吸引人的一点就是合理妥协,即谨慎但不过度关注极端的情况,这通常是面对大多数现实问题的正确态度。

Fisher 努力尝试建立一个连贯统一的哲学系统,但从结果上看,他并没有达成这一宏愿,反而更像是在贝叶斯派与频率派之间进行了巧妙的妥协,只有一点除外,即易用性。从极大似然估计到方差分析,从显著性检验到信任区间,Fisher 哲学总是用非常实际的计算术语来表达,并深入日常实践。

肆

Fisher 信息量

Fisher 关于估计问题的开创性工作，更多集中在似然函数上。更确切地说，是集中在似然函数的对数形式 Lx(θ) 上。极大似然估计要做的就是找到让 Lx(θ) 最大化的 θ 值。尽管这样的 θ 值可能不存在，或者不止一个，但是在这里我们假定这样的 θ 值只有一个。

求解极大似然估计的第一步通常是对对数似然函数做微分运算，得到得分函数（Score Function）。得分函数被看作带有期望值和方差的正态分布，它的期望值，即一阶矩通常等于 0；它的方差，即二阶矩 $I(\theta)$ 通常被命名为 Fisher 信息量。

从这里开始，得分函数就被看作均值为 0、方差为 Fisher 信息量的正态分布。随着信息越来越多，得分函数的方差会越来越大。

第二步是利用数学工具对得分函数进行一系列处理。先在真实值处做泰勒展开（古典派的应用统计学家往往也是泰勒级数专家，他们需要利用泰勒级数费力地追求精确度），然后依次应用中心极限定理（大样本性质）、依概率收敛的弱大数定律（大样本性质）、Slutsky 定理，最终得到一个优美的结论：θ 的极大似然估计值的渐近分布是均值为 θ、方差为 n 个观测值的 Fisher 信息量倒数（$1/nI(\theta)$）的正态分布。

这意味着，Fisher 信息量 $I(\theta)$ 越大，极大似然估计的方差就越小，即信息越多，估计值就越确定。由此可见，Fisher 信息量与无偏估计量的方差下界有关。

至此，将 Fisher 信息量定义为得分函数的方差，进行数学上的一系列处理，使 Fisher 信息量和 θ 的极大似然估计值产生了奇妙的关联。这就是 Fisher 信息量的重要意义所在。然而，这并非 Fisher 信息量最出彩的地方，下面还有一处神来之笔。

观察正态分布久了，我们便会发现它的一个几何特点：分布中心顶点周围的曲线，有一处弯折（曲率）。弯折越大，分布的形状就越窄和高；弯折越小，分布的形状就越宽和矮。

这意味着，顶点不同的曲率代表不同的信息量。

- 分布的形状越窄和高，数据越呈现集中的趋势，分布带来的信息就越丰富和明确。

- 分布的形状越宽和矮，数据越呈现发散的趋势，分布带来的信息就越贫瘠和模糊。

信息的多少可以用 Fisher 信息量表达，那顶点的曲率又表示什么呢？**数学家告诉我们，计算曲率很简单，其实就是求解分布函数的负二阶导数，这里所指的就是对数似然函数的负二阶导数。Fisher 信息量等价于对数似然函数在真实 θ 值处的负二阶导数的期望值。**

之前还有一个结论：θ 的极大似然估计值的渐近分布是均值为 θ、方差为 n 个观测值的 Fisher 信息量倒数（$1/nI(\theta)$）的正态分布。

合成这两个关键结论，就可得到最终的表达：θ 的极大似然估计值的渐近分布是均值为 θ、方差为负二阶导数期望值的正态分布。

如果你觉得这个结论还不够直观，则可将其写成如下形式：θ 的极大似然估计值在真实 θ 值周围呈方差（方差 σ 由负二阶导数求得）为 σ^2/n 的正态分布。在 Fisher 看来，二阶微分表达式更好地衡量了 θ 的极大似然估计值的准确性。因此，我们可以信心十足地给出这样的论断：θ 的极大似然估计值是真实 θ 值最好的估计。

这一伟大发现甚至可以被看作 Fisher 一生的最高成就，它首次真正地为统计学估计提供了一个最优性标准，一个在任何给定的估计问题中可能做到的最好的标准——极大似然估计。

伍
有偏估计

从 20 世纪 90 年代后期开始，统计实践中开始出现海量规模的数据集。

- 在基因组学中，有高通量试验，可在短时间内自动生成测量样本中成千上万个基因的表达。
- 在基因测序中，测序设备使我们能够便宜、快速地分析数以百万计的单核苷酸多态性。
- 在文档检索中，用海量单词的存在和计数量来表示一个文档。

科学家们在大数据时代的科学努力目标往往是寻找隐藏在无趣的数据海洋中的一些有趣的相关性信息。但由于自变量众多，因此会遇到一个被称作共线性的棘手问题。所谓共线性，是指多个自变量之间是完全的线性关系。共线性带来的最大灾难被称作过拟合。这意味着回归模型具有很高的方差，即估计值的离散程度非常大，但偏差却很低，就像射击时子弹都在靶子上，但是 10 环的成绩很少。

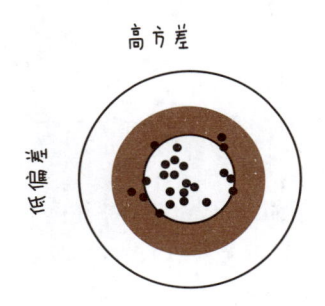

当方差高于偏差，即发生过拟合时，回归模型的函数曲线往往会发生剧烈的弯折，这意味着模型函数局部的切线斜率非常高。在大数据应用中，随着自变量数量的增加，模型变得越来越大。例如，使用了太高阶的多项式，使得由于模型抓取了太多的噪声和异常值，因此样本的一个很小的扰动都会导致较大的估计参数波动。这里共线性的问题变得越来越突出，尽管样本内的拟合看起来非常精准，但样本外的表现却一塌糊涂。

可以说，共线性的问题是模型带来的偏差－方差不均衡。如果走向另一个极端，即方差很低，偏差很高，模型就会欠拟合。欠拟合的问题往往是采用了太过简化的模型造成的，因此模型只抓取了宏观的信息，不容易受到噪声、异常值甚至个别样本的影响，尽管样本内的误差比较大，但是估计参数的误差比较小。

走向这两个极端都不是很好，只有样本内的误差和估计参数的误差匹配才能得到比较好的结果，因此应该努力促成偏差－方差的均衡。

在面对高维数据时，现代科学的主要敌人往往是过拟合，复杂模型的共线性影响往往使得方差变得非常大。尽管对于传统问题来说，无偏估计往往是最优的选择，但为了减小方差，自然需要人为地引入偏差项，使估计更加倾向于有偏（差）估计，来提高整体的性能。这就是有偏估计。

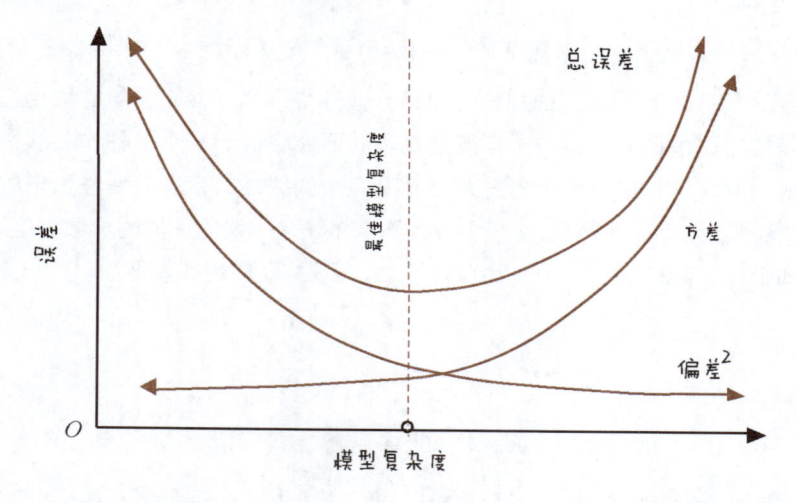

Willard James 和 Charles Stein（James 是 Stein 的一个非全职弟子）就带来了一个有偏估计的例子：如果把所有的样本做一定程度的系数收缩，就意味着在参数估计的公式中人为加入一个能够抵消共线性影响的变量，来与共线性制衡。这就相当于引入了偏差项来减小方差。

收缩估计在数学上叫作岭回归，即 Ridge Regression，它是一种正则化的方法。正则化是指为解决过拟合的问题而加入额外信息的过程。在贝叶斯派看来，正则项引入了某种模型参数的先验信息。岭回归是指在目标函数中添加一个大系数的惩罚项，从而避免数据的过拟合，该惩罚项就是为了制约大方差而引入的。令人意外的是，在这一操作下，James 和 Stein 的做法得到了更好的样本外预测表现，比无偏估计的最强者——极大似然估计都要好。

该操作虽然取得了阶段性成功，但却埋下了一个隐患：把成百上千个自变量一股脑地放入回归模型作为预测变量非常夸张。这将纳入众多没有任何统计学意义的自变量，岭回归对此却无能为力，只能尽力减小其影响，却无法一劳永逸地消除其影响。

如果有更好的办法，那么一定是通过优选降低自变量的数量，来提高模型的适应性。这就是 1996 年由 Tibshirani 提出的 Lasso（索套）回归，Lasso 回归的策略是，选择性地把岭回归中某些系数的估计值变为 0，从而剔除一部分自变量。这意味着，它同时具备变量筛选和系数收缩的能力（而岭回归只能进行系数收缩）。

从结果上来看，它做得还不错。但批评者却不同意这种做法，他们认为，Lasso 回归对估计量的压缩是有倾向性的，即更多压缩了那些极端的情况。1977 年，Efron 和 Morris 在一篇有关收缩方法的悖论的文章中指出，收缩估计将整体的表现都"压缩"了，因此那些有着极端表现的样本在收缩的时候，更能受到整体表现的影响。

这就像说 NBA 明星勒布朗·詹姆斯的得分表现，相比替补球员，更会受到全联盟所有球员得分表现的影响。教练和观众必然会狠批这样的说法。在关注极端的情境下，压缩估计并不是一种自然的理解方式。这个无法理解之处被正统的频率派称为 Stein 悖论。

但是，频率观点下的悖论在敌对势力的阵营，即经验贝叶斯观点下，却很容易理解。贝叶斯观点认为，我们所关心的样本信息之间往往是具有某种联系的。更具体地，在 Bradley Efron 和 Carl Morris 所写的文章"Stein's Paradox in Statistics"中，给出了一个具体的例子。

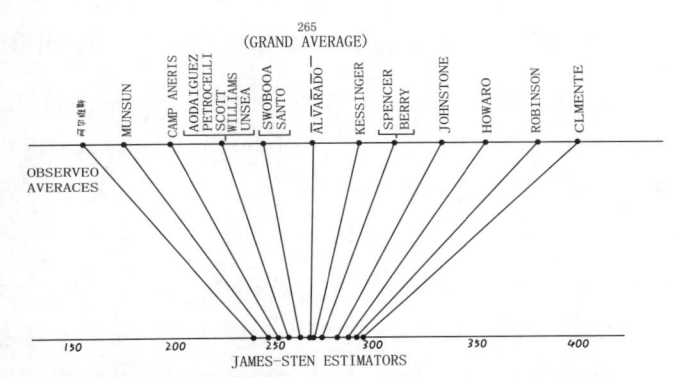

JAMES-STEIN ESTIMATORS for the 18 baseball players were calculated by "shrinking" the individual batting averages toward the overall "average of the averages." In this case the grand average is .265 and each of the averages is shrunk about 80 percent of the distance to this value. Thus the theorem on which Stein's method is based asserts that the true batting abilities are more tightly clustered than the preliminary batting averages would seem to suggest they are.

有 18 个棒球击球员，在收缩估计的情况下，这 18 个人的安打率（安打率直接影响得分，一个好击球员的安打率大概为 0.3）表现被压缩到总体平均水平——0.265。假设这 18 个人中有一个特殊击球员，他整个赛季只击打过两次球，巧合两次都击中了，那么至少有三种估计方法来评估这个特殊击球员的安打率。

- 两次击打两次击中，命中率为 100%，因此他的安打率就是 1。（如果有人接受这个结论，那他的脑子一定是进水了。）
- 采用极大似然估计的方法，由于这个特殊击球员的安打统计数据非常少，因此按照平均表现，他的安打率可能会给到 0.4，但是这样的数据足够让他跻身史上最好的选手之列并进入名人堂。问题是，你会授予这个特殊击球员这项殊荣吗？
- 采用收缩估计的方法，通过其他击球员的安打率数据（0.24~0.29）对这个特殊击球员的表现进行校准。首先向平均总体水平进行收缩，其次考虑到两次全部击中，还要进行适当修正调高，最终这个数据可能是 0.27。

收缩估计认为，真正的安打率应该向初始平均水平收缩，并让数据更紧密地聚集在一起。显然，在这个例子里，第三种估计方法是更加合理的选择。

在考察一个运动员的表现时，他往往不是特立独行的，我们必须考虑其他运动员的表现，这就是所谓的间接证据——Leaning from the Experience of Others。在 *Large-Scale Inference* 中，Efron 指出，间接证据的提法可以看作 Stein 估计的经验贝叶斯解释。同时，这也契合了当代统计学家 John Tukey 所说的"借力"的观点。

在当今的大数据时代，"借力"是常态，相近水平的类似样本估计很普遍，如同时估计上万个基因样本，这些样本之间往往具有某种内在联系，因此可以利用其他样本对当前样本的估计进行修正。这就为有偏估计的应用预留了足够的发展空间。

收缩估计不断发展，最终演变为后来广为人知的 James-Stein 有偏估计，它最早出现在 1956 年发表的 "Inadmissibility of the usual estimator for the mean of a multivariate distribution" 中。这是有偏估计的成功，是统计学中的一个大事件，陈希孺院士对此评论道：

"毕竟统计学是一门实用学科，一个问题从模型提法、优良性准则到数学论证，不论看上去多么合理，最后还得落实到应用上的合理性这一条。James 和 Stein 这个结果，从实用层面来看，不会动摇人们对习以为常的估计的信赖，而会反过来对平方误差损失，对用风险函数衡量一个估计的优良性这些基本出发点的合理性提出质疑。"

的确，当有数百或数千个参数要同时估算时，估计的无偏性将是无法承受的。这意味着，在使用了 100 多年、被 Fisher 奉为"绝对准则"的极大似然估计方法之外，竟然存在更好的估计方法，而且该方法更具一般性。统计学家们甚至发现，对于超过二维的高斯模型，极大似然估计在有偏估计这个强劲对手面前，几乎完全败下阵来。

长久以来，方差一致最小估计的"无偏观点"竟然被后世的"有偏理论"全盘否定，这一翻盘性的论断震惊了整个统计界。这无疑是新势力对经典统计学最引以为傲的领域发起的一记猛击。

陆

大规模假设检验

基因芯片技术的发展，提供了大规模数据分析的可能性。以此为代表的大数据集不仅对估计问题提出了新的挑战（见第 4 章伍节），也对假设检验提出了新的要求。回忆一下 p 值的概念。想象一下，当你人为地将显著性水平标准设置为 0.05，并做 100 个单独的假设检验的时候，必然会挖出 5 个结果"显著"的基因；如果做 10000 个单独的假设检验，则会有 500 个"显著"的基因。这一比例和你要解决的问题无关，完全来自显著性水平标准本身。

最不可接受的是，假如我们每做一次假设检验就有 5% 的概率犯第一类错误，那么进行 N 次假设检验后，犯第一类错误的概率 α 会随着检验次数的增加变大。犯第一类错误的概率的计算公式是 $1-95\%^N$，如果 $N=100$，那么这个概率甚至会高达 99.4%。

例如，你有 100 个袋子，每个袋子里都有 95 个蓝球（代表正确的鉴定结果）和 5 个红球（代表错误的鉴定结果）。

1 袋彩球，都抽到蓝球的概率是 0.95。

2 袋彩球，都抽到蓝球的概率是 0.90。

3 袋彩球，都抽到蓝球的概率是 0.86。

……

100 袋彩球，都抽到蓝球的概率只有 0.006。

由此可见，大规模假设检验很容易被操控从而变得难以接受。当我们将假设检验推广到大规模的尺度时，在多重检验的问题里为了规避 p 值操控，我们必须改变策略。

这个改变就是不同于常规假设检验倾向于拒绝原假设的情况，大规模假设检验需要让多数检验倾向于接受原假设，只关注少部分原假设被拒绝的情况。在新策略下，大规模假设检验的目标就变成了从众多情况中筛选出少数原假设被拒绝的情况，而不是利用证据来拒绝某个命题的原假设。这一改变至关重要。

在众多应用里，Bonferroni 矫正就是具体实施方法之一。Bonferroni 矫正将显著性水平标准 α 矫正为 α/N，其中 N 为假设检验次数。如果做 10000 次检验，那么 α 值将不再是 0.05，而是 0.05/10000=0.000005，这样一来，所有 p 值超过显著性水平标准 α/N 的检验结果都可认为是不可靠的。这个方法简单、粗暴、有效，但显而易见，检验次数越多，检验标准就越严苛，因此这并不是一个值得夸赞的解决方法。

现实往往是，如果只用 p 值筛选结果，那么检验的规模越大，约束就越宽松；如果采用 Bonferroni 矫正，那么检验的规模越大，约束就越严苛。这里没有温和的方案，Bonferroni 矫正法有些矫枉过正。

于是，更加稳健的方法，即错误发现率（False Discovery Rate, FDR）矫正法被提出。其原理也是对 p 值进行矫正，但与 Bonferroni 矫正不同，它对每个假设检验的 p 值都给予不同程度的矫正，而不像 Bonferroni 矫正一样千篇一律地采用同一个除法规则。

作为 FDR 控制的一种，Benjamini Hochberg FDR（BH FDR）控制采用的规则是，对 N 次检验的 p 值按照大小排序索引 i 进行矫正，即多次检验按照 p 值大小排序，从小到大第 i 次检验的 p 值被乘以一个放大系数 N/i。这意味着，p 值越小，放大的比例越大，排在最后的 p 值不放大，等于原来的 p 值本身。这里，被放大的 p 值也被称作 q 值或 PDR-p 值。

BH FDR 作为经典频率主义假设检验的拓展，是现代大规模假设检验的常用准则。第一次接触 BH FDR 这样的放大运算的人，常常不知其所以然，这是很令人崩溃的。这里最大的疑惑是，为什么要凭空引入 q 值。这种放大矫正后的 p 值到底有什么实际意义呢？

令人惊奇的是，答案并不存在于频率观点中，而隐藏在它的对立阵营，即经验贝叶斯观点中。在贝叶斯解释中，q 值虽然可以像频率观点一样，被看作矫正后的 p 值，但却被赋予真正的物理意义，变得与 p 值不同了。

FDR 想要表达的是，所有的 Discover（发现）中，False（假发现）所占的比例，即假阳性/(真阳性+假阳性)。这个构造方式虽然看起来不起眼，但却带来一个理论的飞跃：频率观点中的 FDR 拒绝阈值，其实就是经验贝叶斯观点中的接受原假设的后验概率。

- p 值，用于单次假设检验，用来汇总所有拒绝原假设的证据，即当原假设为真时，检验统计量出现某（些）不应该出现的值的概率。
- q 值，用于大规模假设检验，用来衡量多次统计推断后所有被判定为显著（阳性）的结果中被误判的比例。

这一点隐藏得很深，以至于只有通过仔细的数学推演才能获得充分理解。或许正是由于这种隐秘性，经验贝叶斯大规模假设检验方法迅速实现了实用，并没有引起频率派的过度争议。

细心的你也许会问，既然这里提到了经验贝叶斯及后验，那么经验先验从何而来呢？

答案是，如果所有假设检验都符合原假设，那么当所有的假设检验被汇总后就会表现出一种"正态性"的集体行为。这就是经验先验的来源。由于我们感兴趣的是从众多情况中筛选出原假设被拒绝的情况，这就意味着在所有的假设检验中必然存在偏离原假设（原假设被拒绝）的情况，因此总体的表现一定会偏离"正态性"。换句话说，基于经验先验"正态性"所带来的信息，我们能够识别出那些偏离原假设的特殊情况。

这里再次提出了间接证据的观点。这意味着从别人的经验里学习，不同检验之间不是孤立的，而是互相影响的。这种暗含的经验贝叶斯思想是令频率派始料不及的，经验贝叶斯推断一直在默默地为合并间接证据做着自己的努力。

在第 4 章伍节介绍的有偏估计中，同样上演过间接证据的戏码。大规模假设检验与有偏估计有着惊人的相似性：都从频率领域出发构建，并在经验贝叶斯领域中推断；都依赖于间接证据，借鉴他人的经验。

  从有偏估计，到大规模假设检验的实际应用，这两个高维度下深深扎根于计算机时代的计算密集型算法，都沿袭了更加倚重间接证据的思路，即经验贝叶斯的思想。这预示着，统计学家在处理感兴趣情况数据的同时，在频率世界之外，越来越多地融入经验贝叶斯观点，并且越来越相信数据集中的数据之间存在着不为人知的信息隐秘关联。就像百年前发端的 Fisher 核心思想——关注问题并合理妥协一样，现代统计学实践也要求我们批判地看待两种不同的哲学，从中汲取营养为自己所用。

第 5 章

肥尾统计

壹

指数分布族 & 幂律分布族 & 稳定分布族

几乎无处不在的高斯分布。

对分类建模的伯努利分布和多项式分布。

计数过程的泊松分布。

对时间间隔建模的指数分布和伽马分布。

……

这些分布虽然形态各异,但它们同属于一个庞大的分布族——指数分布族。

这个现实很令人迷惑,因为指数分布族成员杂乱的数学形式掩盖了它们的共性,从表面上看起来它们没有任何相似之处。不过,正是这一点再次印证了统计学的强大生命力——从杂乱无章的数据,甚至分布中,挖掘确定的规律。将它们放在一起考量,是经过深思熟虑的。

这样做的原因在于，许多统计推断方法的优良性质都可以直接套用在指数分布族的分布（简称指数族分布）中，并且可以取得比较满意的效果。例如，充分统计量就是优良性质之一。

1935—1936年，三位不同国家的作者Pitman、Darmois、Koopmans分别独自指出，在重复独立抽样下，指数分布族是唯一能够获得固定维数的充分统计量的分布族。在指数族分布的数学形式中显性表达的充分统计量这一概念，似乎是信息论术语第一次出现在数理统计的框架中。本质上，充分统计量是在问这样一个问题：能否用尽量少的统计量，最大限度地包含样本X中我们所感兴趣的所有信息？

从这个问题出发，指数族分布从数学形式上给出了答案。

指数代表的是常数的函数次幂，如果一个分布属于指数分布族，那么这个分布表达的指数项可以拆分成X的函数和未知参数的内积。在这里，拆分指数项后，与X相关的那个函数就包含关于样本X的全部信息，它被称作充分统计量。重申这个结论：通过充分统计量可以得到所有关于样本X的信息。

通常来说，指数族分布中包含充分完备统计量，如果对其构造无偏估计，将会是一致最小方差无偏估计（UMVUE）。所谓UMVUE，是指从无偏估计中找出的一个均方误差对所有θ一致达到最小的估计量。

细心一点你可能会发现，这里增加了"完备"的表达。完备是什么意思呢？

- 充分统计量：包含θ的全部信息。
- 充分完备统计量：在充分统计量的基础上，不含与θ无关的信息。

由充分完备统计量得到UMVUE的这一深刻结论，正是指数分布族被广泛应用的原因。利用样本表达的信息，完全被浓缩在了有限的几个统计量中。

与指数族分布有着对换数学形式的表达为幂律分布。所谓幂律，是指函数的常数次幂。

如果说指数族分布是人们静态构造的数学形式，更多考虑事物的数学抽象，并容纳充分统计量，用数学模型表达样本，那么幂律分布可以说是更多表达社会和自然宏观动态的一面。

19世纪，意大利经济学家Pareto首次研究了个人收入的统计分布规律。他发现，少数人的收入要远多于大多数人的收入，即20%的人口掌控了80%的社会财富。这就是著名的80/20法则。1932年，哈佛大学的语言学专家Zipf发现，如果对单词出现的频率进行排序，则频率与排名的常数次幂呈反比关系。这意味着，在语言中，常用词汇只占词汇总量的很少一部分。

　　Pareto 和 Zipf 的发现本质上可以归属为同一个分布族——幂律分布族。如果你善于观察，就会发现幂律分布无处不在：

- 地震规模大小的分布。
- 战争规模的分布。
- 流行病死亡人数的分布。
- 媒体文章点击量的分布。
- 人类语言中单词频率的分布。
- 大多数国家姓氏的分布。
- 计算机文件大小的分布。
- 网络服务响应时间的分布。
- 行星间碎片大小的分布。
- 撰写的论文数及其被引用的次数的分布。
- 一条微博从发布到被分享的间隔时间的分布。
- 地理 – 人口密度分布。
- 太阳耀斑强度的分布。
- 网页点击量的分布。
- 微博上所有用户粉丝数量的分布。
- 月球表面上月坑直径的分布。
- 书籍及唱片的销售数量的分布。
- 每类生物中物种数量的分布。

　　大量与人有关的随机变量也呈现幂律分布。是什么原因导致幂律分布如此普遍呢？

　　有研究认为，人类行为在时间和规模上具有"强阵发弱记忆"的特性，这种阵发性就是幂律性质的。例如，我们可能会在较短的一段时间里集中处理同一类事件，如突然密集地回邮件、看视频、与他人聊天……观察大量的实例之后人们得出结论，服从幂律分布的现象大都有动力学驱动的特征。

- 缺乏抑制几何级增长的自然边界约束。
- 短时间的显著增长导致扩散的范围非常大。
- 事物之间相互连接，具有依赖关系（通常描述为网络效应）。

- 与高度动态、复杂的系统有关。

美国《连线》杂志的总编辑 Chris Aderson 将幂律分布表达为长尾理论；统计物理学家习惯把服从幂律分布的现象称为无标度现象。不管幂律分布被如何阐述，人们都观察到了同样的数学现象：假设 X 是一个随机变量，对于足够大的 X，超过 $2X$ 的概率与超过 X 的概率的比值和超过 $4X$ 的概率与超过 $2X$ 的概率的比值可以没有任何区别。系统中个体的尺度相差悬殊，缺乏一个优选的规模。

这也非常接近"分形"的几何直觉。"分形"的英文是 Fractal，是"分形几何之父"Mandelbrot 创造出来的，他在 The Fractal Geometry of Nature 中写道：浮云不呈球形，山峰不是锥体，海岸不是圆圈，树皮并不光滑，闪电从不沿直线前进。在 Mandelbrot 看来，带有分形性质的事物在自然界中是相当普遍的。这种无标度现象频繁地出现在有生命、有进化、有竞争的地方。

由于历史的原因，经典统计学长期吸引了人们的兴趣和目光，这个领域中发展出来的理论和幂律分布很少有交集。幂律分布长期游离在统计学主流观点的视野之外，不被重视。

问题在于，幂律分布似乎有点"先天残疾"。不同于指数族分布，可以很容易地提取充分统计量来描述分布自身，幂律分布没有这种优良的性质，很难提取出有价值的信息。幂律分布也许存在均值，但在极端情况下没有均值的情况更加常见，更普遍的是，其方差也是发散的，甚至没有方差。

幂律分布就像一个被主流世界边缘化的叛逆者，它天生就缺少优良性质的光环加持，于是不得不另辟蹊径：为了更精确地解释现实世界，不需要诉诸传统的方法。在幂律分布看来，传统的统计学已经成为一种新近的、最有挑战性的、最独断的宗教制度。幂律分布尽管与指数族分布在数学形式上是对调的，但从本质上讲，两者完全不同。从应用的角度来看，尤其在群体行为的宏观尺度下，幂律分布的解释性往往更好。

另一个有趣的分布族叫作稳定分布族。有趣之处在于，它是少数能够跨越指数分布族和幂律分布族的分布族之一。稳定分布是 1920 年由法国数学家 Paul Levy 提出的，Levy 确定了稳态分布的所有类。他与日本的伊藤清、苏联的科尔莫哥洛夫并称为现代概率三大奠基者。

所谓稳定（Stable），是指某分布在求和时是稳定的。例如，两个或多个满足某分布的独立分布的线性组合依然是该分布。

以下图为例，左侧从上至下展示了四种分布的概率密度函数：德尔塔分布、均匀分布、高斯分布、柯西分布。当分布求和后，右侧展示了 $n=2$ 的情形，不难发现，德尔塔分布和均匀分布的概率密度函数随着 n 的增加，尺度和形状都发生了变化；高斯分布和柯西分布的概率密度函数随着 n 的增加，形状没有变化，仅尺度有变化。

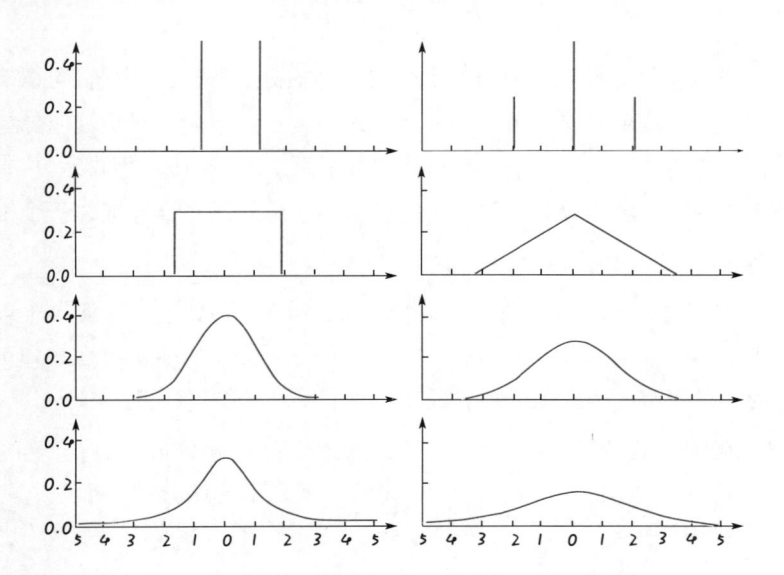

高斯分布和柯西分布被称作稳定分布。通过观察分布求和后概率密度函数的形状是否发生变化，可识别是否为稳定分布。

显然，稳定分布这个定义可以包容中心极限定理的渐近行为，在中心极限定理中，高斯分布就像一个带有记忆性的"吸引子"（Basin of Attraction），让分布求和的渐近行为回到原点。更重要的是，稳定分布告诉我们，在高斯分布吸引子之外，还存在着其他类型的非高斯分布吸引子。

这个性质对金融建模有着明确的现实意义：如果一个股票价格、利率或任何其他金融变量的变化是由许多独立发生的小冲击驱动的，那么对于这些变化，唯一合适套用的分布模型就是稳定分布模型，它允许将基于正态分布的金融理论泛化为非高斯的情况。

按照稳定分布的数学表达，稳定性参数 α 在 $(0, 2]$ 的理论区间内都是有意义的。当模型稳定性参数 α 选取特定值时，可得到不同的分布：高斯分布，$\alpha=2$；柯西分布，$\alpha=1$；莱维分布，$\alpha=1/2$；等等。

在金融领域，常常利用稳定分布的资产收益进行建模，稳定性参数 α 提供重要的财务洞察力。如果 α 小于 2，则表明极端事件发生的频率比高斯分布预测的频率更高。如果 α 小于或等于 1，则表明随机变量不具有有限均值，这意味着无限的预期收益，它将不是一个有意义的投资组合特征，这种投资组合不可能分散风险。在处理金融数据时，α 的估计值通常都大于 1。

稳定分布族中不是仅包含有限的几个成员，根据 α 取值的不同，可以构建出无穷多的吸引子，构成所有稳定分布的集合。人们进一步猜想，对于难以像指数分布族成员那样提取充分统计量的幂律分布族成员来说，是否可以利用稳定分布的特点，在非线性系统中发现和重建某些吸引子，使吸引子像黑洞一样，成为一个抽象化的不变量呢？

这就是在莱维分布和柯西分布中可以看到的情形：我们定义了概率密度函数空间中的一个吸引子，当 n 趋于无穷大时，一组独立同分布的随机过程之和可以由一个幂律行为的概率密度函数来刻画。最终，我们得到了如下观点：

- 如果随机变量具有有限的方差，我们就得到了高斯分布吸引子。
- 如果随机变量具有无限的方差，我们就得到了幂律分布吸引子（如莱维分布和柯西分布）。

贰

统计之旅：从退化到无序

在第 5 章壹节三大分布族的启发下，我们似乎获得了一种几何直觉，即可以按照某种原则将具备不同特点的分布类型进行归类和排序，来一次全景式的统计之旅，挖掘更深刻的统计思想。

基于这一目标，在众多排序标准中，有一组对立指标突出重围，它们就是退化和无序。

你也许想象过乌托邦一般完全退化的世界：没有机遇，没有挑战，没有随机性，只有确定性。这是一个没有改变，没有不适，停滞不前的世界。这里也不会诞生统计学，因为这里只有确定论一种世界观。

接下来是如圣经所描述的创世纪，微弱的随机性伴随新的事物开始出现，统计学就此发端，并诞生了非退化的伯努利分布、二项分布（正如真实历史上的法国科学家们在赌场里开创了统计学一样）。在这里，我们可以利用频率派的矩工具——均值、方差、偏度、峰度等不同的指标来描绘分布的特点，如下图所示。

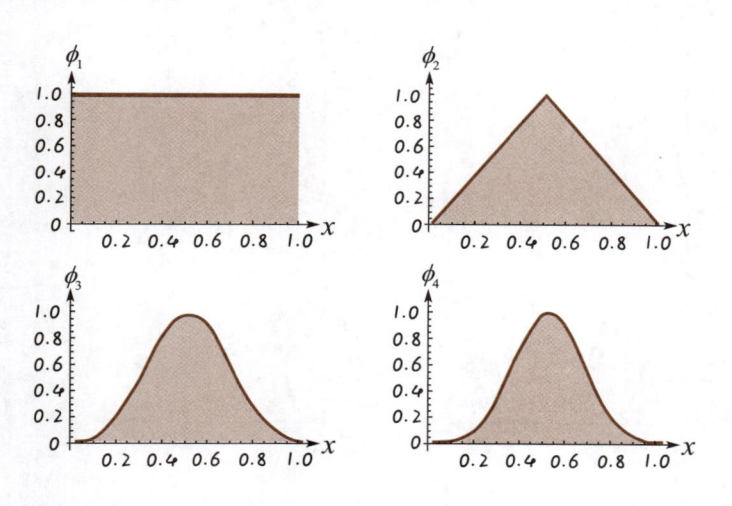

这里也是高斯分布吸引子统治的领地，如对均匀分布而言，只需要进行三次相加求和，就能够显现高斯分布的形态，这是速度最快的中心极限情形。

接着是**类高斯分布**。这里出现了自然的高斯分布，以及增加了"随机漫步"的广义高斯分布。后者借助人为的肥尾改造，尾部的分布范围可以展开得很广。高斯世界是经典统计方法的主场，这里有精确的估计、推断和预测工具。

随着随机性影响的增加，我们将告别高斯分布，进入一个充满迷雾的灰色地带。这个灰色地带是一个理论的边界，用来划分"薄尾"和"肥尾"。它如此模糊，以至于我们很难找到一个精确的准则。这里是"部分确切"的领地，在二项分布、泊松分布、伽马分布、贝塔分布等指数分布族成员的努力下，它们共同占据了"部分确切"的过渡领域。在这里指数分布族成员在固定维数下的充分统计量，也让统计渐近性仍然有效。

如下图所示，偏态的**指数分布族**求和的中心极限情况比均匀分布要慢很多，但仍然可以逼近正态分布图形。高斯分布吸引子还是成立的。

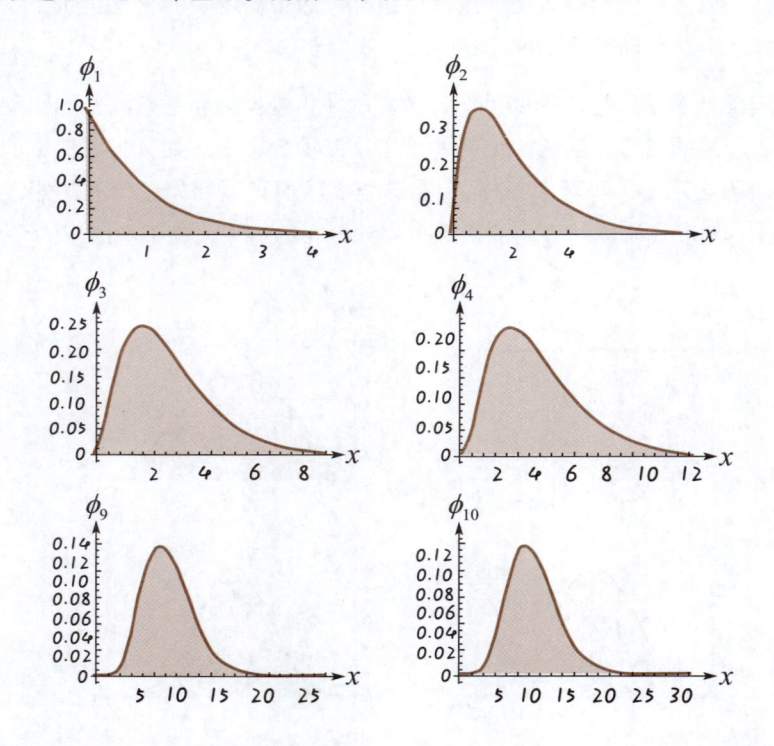

为了在迷雾中找到确切的边界，有必要深入评估指数分布族成员的第四矩——**峰度**。**峰度**通常是用来衡量分布尾部长度的一个指标，但却被广泛地错误理解成对分布中心峰态（Peakedness）的描述。正本清源，按照峰度真实表达的几何含义，

第 5 章 肥尾统计

峰度被命名为尾态（Tailedness）似乎更加合适。作为常用的最高矩，用来描述尾部形态的峰度似乎很适合用来鉴别"细尾"（指数分布族）和"肥尾"（幂律分布族）的纯粹理论边界。

由于高斯分布的峰度 k 是一个常数（$k=3$），因此可以以高斯分布为基准进行划分。

- $k=3$，称为常峰态。这是正态分布。
- $k<3$，称为低峰态。这里有标准均匀分布（$k=1.8$）等。相比正态分布，这些分布有更薄的尾部。
- $k>3$，称为尖峰态。这里有 t 分布、对数正态分布等。相比正态分布，这些分布有更肥的尾部，是典型的肥尾分布。

显然，尖峰态是我们感兴趣的通往肥尾的情况。在这里，t 分布和对数正态分布是两个有趣的跨界分子。

- 对数正态分布在低方差时呈现高斯分布特点，在高方差时呈现幂律分布特点。
- t 分布在低自由度下表现为柯西分布，在高自由度下表现为正态分布。

尽管找到了峰度大于正态分布峰度（$k>3$）的例子，但这些例子并不能证明我们进入了肥尾领地。因为肥尾通常对应的是极度肥尾分布，其峰度 k 通常并不存在（而肥尾分布通常有明确的 k），此外其"和的分布"也不再通过中心极限定理收敛于正态分布。

以上启发式的方法并不能帮助我们获得精确的数学边界。你一定认同，找出概率分布边界的最好方法不是发明判据，而是直接解析地构造一个函数。于是，肥尾理论的开拓者、全能的 Nassim Nicolas Taleb 从生存函数（用来表达一些基于时间的系统失效或死亡概率）出发，并借用了特征标度的想法，即 Lindy 效应，帮我们找到了一个可靠的备选。

什么是 Lindy 效应？

在日常生活中，我们遇到的大多数事物都会随着时间的推移而老化。但有些事物却恰恰相反，它们"反衰老"，即随着时间的推移，它们剩余的预期寿命增加而不减少。这里的"反衰老"就代表着 Lindy 效应：某些不易腐烂的事物，如技术或思想，其未来存续时间及预期寿命与当前的寿命成正比，这就像 50 岁中年人的预期寿命是 100 岁，而 100 岁老人的预期寿命可以是 200 岁。

显然，这是一个超稳健的模型，不易受到黑天鹅事件的影响。如果越过这一想法设定稳健边界条件，我们就有机会避开高斯分布吸引子的影响，来到极端的情形，因此这可能是一个很好构造肥尾分布边界的突破口。这就是 Taleb 找到的那个最简化形式的最接近肥尾分布边界的概率密度函数和特征方程：

$$f(x) = -\frac{\partial F(x)}{\partial(x)} = \frac{1}{2}k\text{sech}^2(kx)$$

$$\phi(x) = \frac{\pi t \, \text{csch}\left(\frac{\pi t}{2k}\right)}{2k}$$

这是一个次指数临界分布，它的峰度非常惊艳：$k=4.2$。

接下来将正式进入真正的肥尾——幂律的世界。从这里开始，抽样分布、点估计、区间估计、显著性检验、假设检验等一系列传统的统计推断理论将式微。当然，次指数分布的那两个不安分分子，即对数正态分布和 t 分布也会经常蒙混过关，给辨认的工作带来一点小麻烦。

之所以被称作幂律分布，是因为这类分布的尾部会渐近地像幂律一样衰减，正如 $P_L x \sim x^{-(1+\alpha)}$ 所描述的，授予 α 不同的值，幂律就具备不同的性质。在幂律分布族中，我们常常讨论矩，并依据各阶矩的存在来对肥尾程度进行排序。总体来说，对大于 α 的 k，其第 k 阶矩通常是无限的。

例如，$2<\alpha<3$ 的超三次幂律分布只存在一阶矩（如均值）和二阶矩（如方差），此外的高阶矩都将无法计算，在这个区间里，大数定律的作用也开始受到影响。

当 $\alpha \leqslant 2$ 时，莱维分布是这个区间中的重要成员。在这里，中心极限定理也必须借助稳定分布的广义中心极限定理（GCLT），保住自己的名誉。

在经济学领域，Mandelbrot 就曾用莱维分布研究波士顿期货市场的棉花价格（$\alpha=1.7$），波士顿大学的 Stanely 也用莱维分布研究过标准普尔指数，他们都得到了一个重要的结论：价格变化遵守莱维分布。莱维分布作为随机过程中一种广义中心极限定理，引起了研究人员的极大关注。这是一个典型的幂律分布吸引子。

莱维分布最有趣的例子是被看作一种随机行走的莱维飞行（Levy Flight）。在优化问题上，Levy Flight 可以用于做启发式优化，因为 Levy Flight 的幂律特点，在搜索最优值时允许有一些大的跳跃。这可以帮助我们找到全局最优解，避免陷入局部最优解。

当 $1<\alpha<2$ 时，二阶矩（如方差）已经不可计算，但仍存在一阶矩，如平均绝对偏差（MAD）。

这里有尾部呈现幂律的 Pareto 分布，它几乎永远都保持着"偏态"的特点，不太能看得出它是否可以进入某个吸引子。在这里它求和逼近吸引子的速度变得更缓慢了。

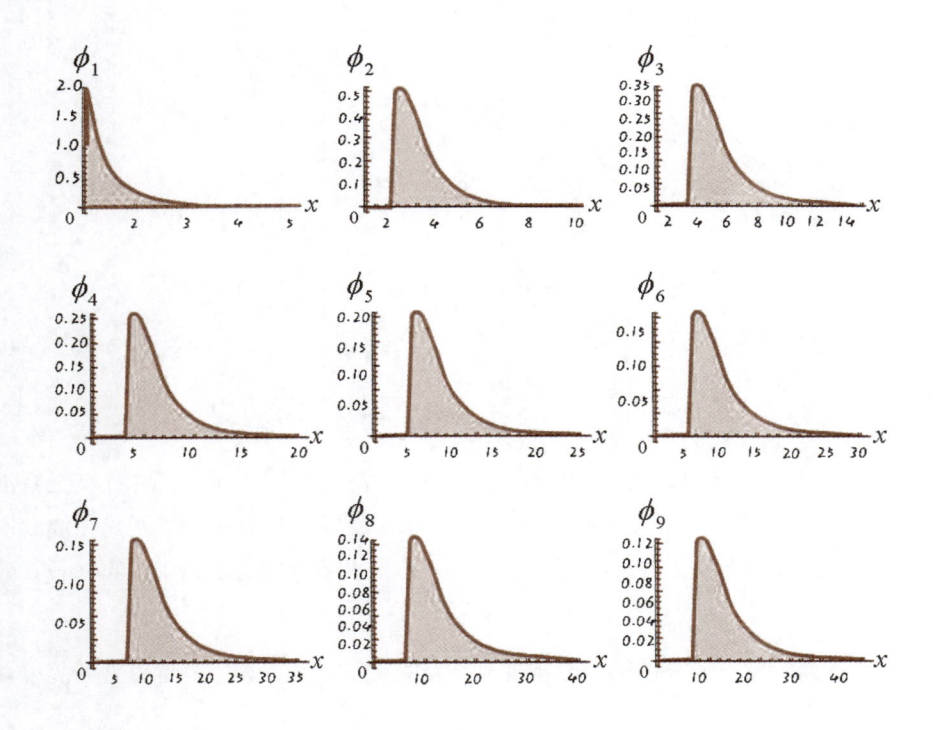

对于顽固的 Pareto 分布来说，即便经历了 100 次求和，甚至 1000 次求和，也似乎没有向高斯分布图形靠拢的趋势。但在幂律的世界里，你永远不能说不可能。至少，对于 $\alpha=2$ 的 Pareto 分布，理论上它是可以逼近高斯分布图形的，只不过或许只有当你拥有永恒的生命时，才能看到真正的高斯分布图形。

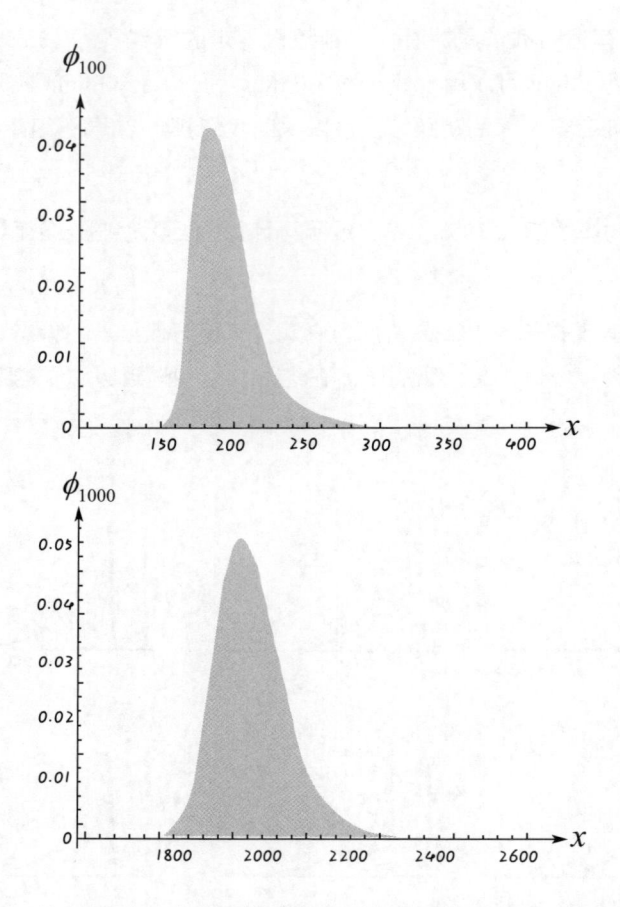

对于 $\alpha=1.5$ 的 Pareto 分布，求和的结果将确凿无疑是肥尾的，高斯已经销声匿迹了。实际上，$\alpha=1.5$ 的 Pareto 分布永远都无法变成对称分布，下图是 10000 次求和后的结果。这还只是 $\alpha=1.5$ 的情形，更不要提更极端的 $\alpha=1.14$ 的 Pareto 分布了。

与此同时，略显异类的柯西分布现身，其吸引子是游离在经典世界之外的小众才会光顾的吸引子。

柯西分布在物理学家口中也被叫作洛伦兹分布，或者 Breit-Wigner 分布，柯西分布用来描述受迫共振微分方程的解，在光谱学中也被用来描述受迫共振或其他机制加宽的谱线形状。

柯西分布也可以由单自由度的 t 分布得到，但通过将 t 分布推演到一维的情况研究柯西分布似乎没有太大的实用意义。说起来，柯西分布的尾部实在是太肥了，肥到除用在物理学之外，几乎无用的程度，就像狄利克雷函数那样的数学产物一样不可理喻。

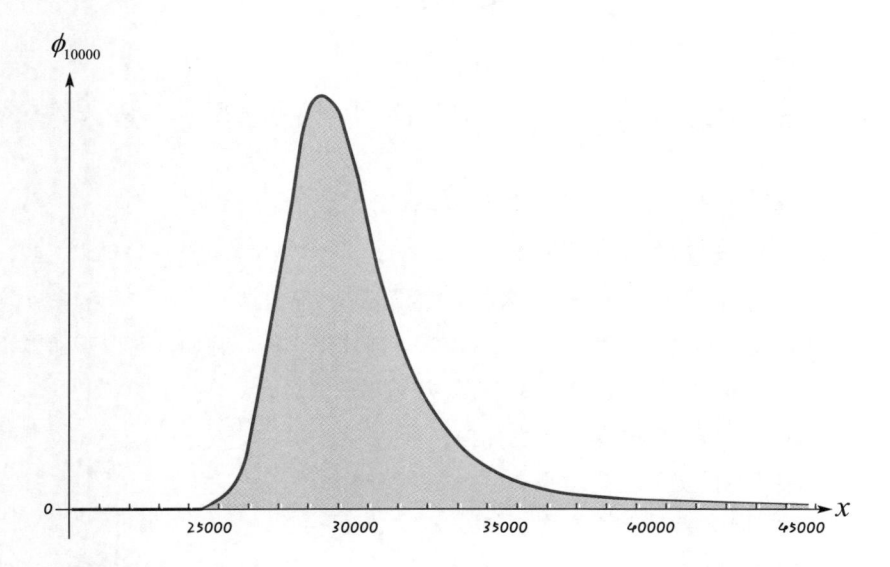

ϕ_{10000} 对 x 的图，横轴范围约 25000 到 45000，峰值约在 30000 附近。

$\alpha<1$，从这里开始，就进入 Fuhgetaboudit（这个单词其实是 Forget About It 的新泽西州方言写法，我们不需要知道它的含义）的领地，从这里开始，一阶矩（如均值）也不可计算了。

$\alpha=0$，这里居然还住着一位能够叫上名字的终极大 Boss：对数 Pareto 分布。至此，恭喜你来到真正极端的无序世界。

叁
中值定理

在第 5 章贰节中，对于幂律分布，我们已经介绍了两大鉴别工具：尾参数 α 和峰度 k。

- 尾参数 α：要求研究的对象必须呈幂律分布。
- 峰度 k：要求所有的矩都是有限的。

棘手的问题出现了，幂律分布大都具备峰度 k，而且两种工具应用的条件往往没有交集，综合两种工具，我们无法跨类进行参数化比较。例如，对以下命题，不论是应用尾参数 α，还是应用峰度 k，都无法做出有效区分。

- 3 自由度的 t 分布与莱维分布如何区分？
- 3 自由度的 t 分布与对数正态分布如何区分？
- 3 自由度的 t 分布与 2 自由度的 t 分布如何区分？

现在，它们都是无法区分的。

是否可以借鉴已有的方法区分呢？例如，在经典频率观点里，通过大样本性质（如大数定律、中心极限定理）可以很容易地获得收敛速度信息，这样的信息在幂律的世界中也许是存在的。尾参数 α 完全一样的无穷方差的 Pareto 分布和莱维分布都有一个有限的平均值，是否可以利用幂律世界中的广义中心极限定理求和，在小样本情况下，根据幂律分布吸引子的渐近性进行区分呢？

这件事已经有人做了。如下图所示，针对不同分布的一阶矩，借助 $S_n = X_1 + X_2 + \cdots + X_n$ 这种形式对 n 个独立项计算 MAD，我们真的发现了渐近性的差异。这里包含柯西分布、Pareto 分布、3 自由度的 t 分布和高斯分布的情况。

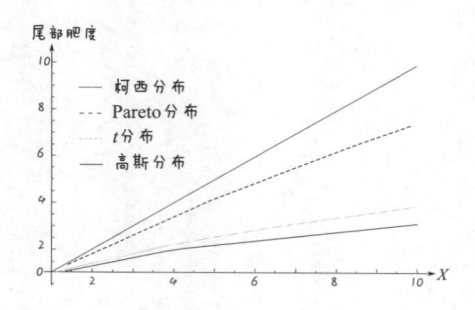

需要注意的是，这里选用的是 MAD 评价。选用 MAD 的理由是幂律分布大都是没有有限的方差的，但是大部分的幂律分布通常有一阶矩。在幂律分布中，可以用一阶矩的 MAD 作为二阶矩，即方差类评价的替代，来衡量样本的离散程度。因此，MAD 的差异必定是与分布的肥尾程度相关的。

在分析问题时，很少是大样本情形的，这对幂律分布来说很不友好，于是我们不得不关注样本数量有限的情形，即中值定理，通过渐近性 k（与峰度一样用字母 k 表示）来揭示分布的肥尾程度。例如，高斯分布的渐近性 $k=0$，柯西分布的渐近性 $k=1$。很明显，渐近性 k 越大，分布的尾部就越肥。

现在，我们似乎能够解决更多肥尾世界中的问题。

例如，对于 $\alpha=2.2$ 的 Pareto 分布（具有有限方差）与高斯分布，在缺乏渐近性评价标准时，两者是无法直接比较的，借助峰度 k 比较没有意义，因为 Pareto 分布没有峰度。由于高斯分布不属于幂律分布类，因此也无法通过尾参数 α 来比较。两种方法都失效了。但可借助渐近性 k 比较，对于具有有限方差的 Pareto 分布而言，求和操作会让分布的形态向高斯分布吸引子靠拢，这样就可以直接区分两者了。

同样的道理，也可以直接比较一个 3 自由度的 t 分布与同样是肥尾无确定方差的 $\alpha=1.9$ 的莱维分布（可以自行尝试比较）。

在应用时，还有一个重要的经验法则：只要渐近性 k 超过了 0.15，就可以认为它过度偏离了正态分布，以至于经典统计方法，如估计，将不再可靠。牢记这一点，你就会发现，大量肥尾领域的研究论文的结论都是存疑的。例如，伽马分布，在渐近性 k 为 0.21 时就已经偏离了 0.15 的检验标准。

在金融市场里，标普 500 指数的渐进性 k 是 0.2 左右，虽然看起来很低，但这是由于它本身就是一揽子证券。单只股票的渐进性 k 在 0.3 和 0.7 之间，这意味着，在金融领域里，"过度多元化"的策略是必要的。渐近性标准可以自然地应用于投资组合的构建。在投资组合中添加新的证券，以及以统计显著性为目的添加额外的样本数据，两者都具有稳定分布吸引子的效果。

几乎每种金融证券都比高斯分布的尾部更肥，因此现代金融中的 Markowitz 投资组合配置（Markowitz Portfolio Allocation）理论直接就被判了"死刑"：Markowitz 投资组合配置只适用于渐进性 k 接近 0，即高斯分布的情形，这非常容易低估尾部风险。

许多文献在讨论金融问题时，都把 α=2 作为肥尾分类的依据。因为一般认为尾指数 α>2 的幂律分布具有有限方差，会渐近趋于高斯分布吸引子。但下图告诉我们这样做是不稳健的，只有求和数 n（用于考察渐近性）和尾参数 α 都足够大，t 分布才会趋于高斯分布吸引子。

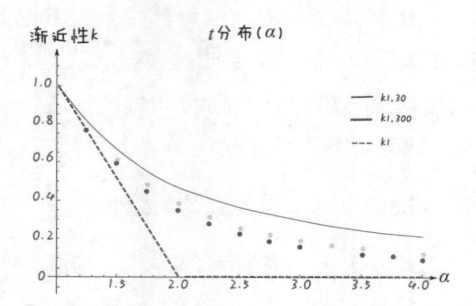

对于 Pareto 分布，通过绘图我们发现，即便求和数 n 增加到 1000（充分渐近），对任意尾参数 α，收敛的速度都非常慢。这个证据直接否定了 Mandelbrot 提出的无穷方差的 Pareto 分布可以纳入稳定分布的观点。投资组合理论的创始人之一 Jack L. Treynor 认为肥尾是数据的"短期"特性，在所谓的"长期"数据中，数据会收敛，变成高斯分布。显然，在数学推演面前，这个观点也是大错特错的。

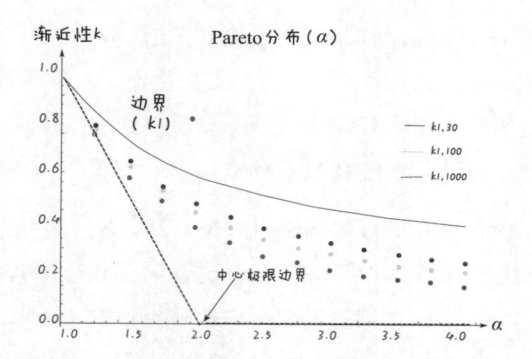

总之，渐近性 k 一方面适用于评估幂律世界里趋于幂律分布吸引子的速度；另一方面当它趋于 0 时（高斯分布的渐进性 k 为 0），能看出通过中心极限定理收敛到高斯分布（高斯分布吸引子）的速度。如果非要说渐近性 k 有什么缺点的话，可以认为它偏离了人类的直觉，求和比较是一种不易察觉的方法。

幸运的是，研究幂律分布，除尾参数 α、峰度 k、渐近性 k 之外，还有第四种重要的工具：极值理论（EVT）。

肆

极值理论

如下图所示，这面墙上标记了 1910 年大洪水时巴黎的最高水位。这一历史记录也许会在将来的某一天被打破，也许不会。你觉得该记录被打破的可能性有多大呢？

似乎只有傻瓜才相信，他亲眼见过的最长的河流和最高的山就是世界上最长的河流和最高的山。这种用过去的极值（最大值或最小值）预测未来的极值的做法，被称为卢克莱修（Lucretius）谬论。

海堤的设计者并不关心平均波高，他们关心的是百年一遇的风暴可能会有多强。为了计算流动资金的数目，保险公司需要知道保险期间可能发生的最大索赔额。对极端问题思考的痴迷，使得我们的视线继续收紧，更加专注于极端行为。

继尾参数 α、峰度 k、渐近性 k 之后，用来表达和量化极值行为的字母 ξ 被提出。由于分布尾部的极值通常是总体尾部的一部分，因此研究总体最大值的指数 ξ 应该与总体自身的尾参数 α 相关。也就是说，ξ 应该是尾参数 α 的函数。

这个全新的观点就是极值理论的基础——一个被称作极值第一定理的 Fisher-Tippett-Gnedenko 定理。这个定理指出，Mn 是样本极值，其标准化后的分布将收敛于一个广义极限分布 $G(x)$，这个分布和参数 ξ 有关。ξ 作为极值指数，决定了分布的尾部行为。广义极限分布 $G(x)$ 可以写作：

$$G(x) \propto e^{-(1+\xi x)^{-1/\xi}}$$

极值理论要解决的问题就是对样本极值 Mn 的分布建模。有了 Mn 的分布，就可以回答上述有关巴黎洪水最高水位的问题。Fisher-Tippett-Gnedenko 定理按照目标分布尾部的特点，可以将其极限分布渐近归于三种类型，不同类型分别体现了 ξ 和 α 之间不同的函数关系。

- Gumbel 分布：$\xi = 0$。
- Fréchet 分布：$\xi = 1/\alpha$。
- Weibull 分布：$\xi = -1/\alpha$。

由于 α 值要么是 0，要么是正数，以上表达可继续简化为如下形式。

- I 型分布，$\xi = 0$，Gumbel 分布——尾部呈指数快速衰减。
- II 型分布，$\xi > 0$，Fréchet 分布——尾部呈幂律型的肥尾。
- III 型分布：$\xi < 0$，Weibull 分布——尾部呈薄尾并且是有界的。

以幂律分布为例，其对应的尾部形态是 Fréchet 分布。如果列出 Pareto 分布和 Fréchet 分布的概率密度方程，就会发现两者之比的极值（x 趋于 ∞ 时）是一个常数。这是一种数学上的处理，通过解析计算就能够由 Pareto 分布得到 Fréchet 分布。

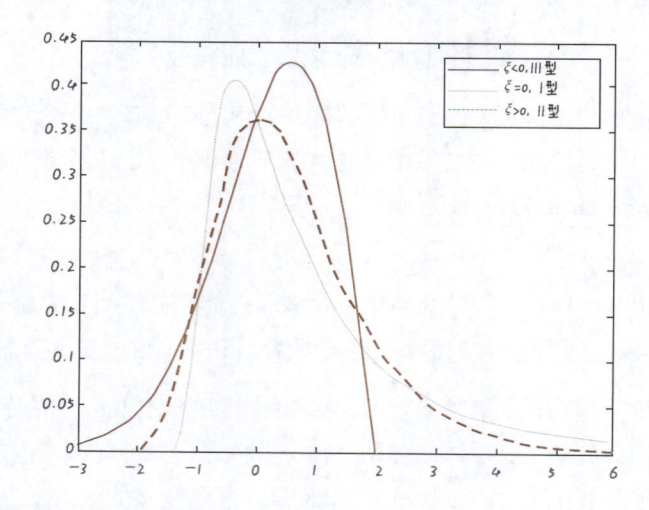

如此处理有两个重要的意义。

- 独立同分布随机变量最大值的尾参数 α 与随机变量本身的尾参数 α 相同，极限分布继承了原分布的尾部特点。
- Fréchet 分布是幂律分布极值的精确渐近拟合，这是利用精心构造的数学形式保证的。

很多分布的尾部都可以通过渐近拟合归于三种类型。
- Gumbel 分布：指数分布、伽马分布、Logistic 分布、对数正态分布等。
- Fréchet 分布：逆伽马分布、对数伽马分布、Burr 分布、Pareto 分布、广义 Pareto 分布等。
- Weibull 分布：均匀分布、贝塔分布、逆 Burr 分布等。

试问，如果你是《复仇者联盟》里的灭霸，打一次响指随机杀死一半的人，那么打响指的次数在世界人口数量趋于无穷大时的极限分布是什么？对某个人来说，灭霸每次打响指时他被杀死的概率为 1/2，由于每次打响指都是独立的，因此杀死这个人打响指的次数满足参数为 1/2 的几何分布。我们想知道，当世界人口数量 n 趋于极值时，打响指次数最大值的分布情况。

由于几何分布的尾部是指数形式的，对指数分布极值的渐近拟合，按照极值定理应该是 Gumbel 分布。因此，灭霸杀光全世界的人所需要打响指的次数的分布符合 Gumbel 分布。

再思考一个工业系统，当其组件趋于无穷多时，其失效时间的极限分布是什么？例如，汽车轮胎的 50000 英里（1 英里=1609.344 米）有效寿命期间预计有多少次保修索赔？应将维护定期安排在何时以防止发动机进入磨损阶段？

对于工业系统来说，各种组件的寿命可以合理地假设为独立同分布的随机变量，随机变量的最小值决定了系统失效时间。对存在最小值左侧有界分布的渐近拟合，按照极值定理应该是 Weibull 分布（如果左右互换就是反 Weibull 分布）。这就是 Weibull 分布通常用于工业可靠性研究的原因。

值得关注的是，高斯分布极值虽然理论上可以渐近拟合为 Gumbel 分布，但在现实中却很难得到尾部的良好估计。1928 年，Fisher 和 Tippet 在其开创性论文 "Limiting forms of the frequency distribution of the largest or smallest member of a sample" 中已经警告我们：正态分布趋于极限分布的速度极其缓慢。

这一点根据由极值第一定理，即 Fisher-Tippett-Gnedenko 定理发展而来的方法很容易理解。但这种方法却有一个明显的缺点：需要先判断和决定（极值）子样本的大小，然后通过似然估计或线性回归估计模型中的 ξ、μ_n 和 σ_n 三个参数，这在实际应用中并不方便。极值出现的概率很低，但为了利用极值样本进行精确的参数估计，必然要求有足够的极端样本，这显然是非常矛盾的。

因此，实际常用的方法是它的一种变体，被称作过阈值峰值法（Peak Over

Threshold，POT），如Picklands-Balkema-de Haan定理，其也被称作极值理论第二定理。与极值理论第一定理的不同之处在于，它的关注点是高于某个阈值的值。

在应用POT模型时，要解决两个关键的问题：一是阈值选取，二是参数估计。前者通常采用广义Pareto分布的超额均值函数来计算，由于广义Pareto分布的一个特殊情况是幂律分布，因此极值理论第二定理常被用来证明使用幂律分布对极端事件进行建模是合理的，我们可以利用这一点进行推断。

伍

平均绝对偏差 & 标准差

如果有人让你测量过去5天你所在城市不同时间的温度（−23℃、7℃、−3℃、20℃、−1℃）的"平均每日变化"，你该怎么做？是取方差的算式平方根，还是去掉正负号并计算平均数？采用这两种方法得到的结果是不同的，采用前者得到的结果是15.7℃，采用后者得到的结果是10.8℃。你觉得哪个数字更有意义？

前者在技术上称为标准差（Standard Deviation，STD），后者是平均绝对偏差（Mean Absolute Deviation，MAD），它们都是数据离散程度的度量指标，只不过前者是二阶矩指标，后者是一阶矩指标。

1914年，天体物理学家亚瑟·爱丁顿声称MAD优于常规样本的STD，Fisher在1919年对此表示强烈反对。Fisher认为，在明确的数学意义上，STD是最好的估计值。对于完全正态的观测，STD的效率比MAD高12.5%。从历史上看，这一命题也是Fisher最优估计理论发端的基础。

12.5%这个值是如何得来的呢？实际上，Fisher所说的效率其实指的是渐近相对效率（Asymptotic Relative Efficiency，ARE），用以下公式表达：

$$\text{ARE} = \lim_{x \to \infty} \left(\frac{\mathbb{V}(\text{STD})}{\mathbb{E}(\text{STD})^2} \bigg/ \frac{\mathbb{V}(\text{MAD})}{\mathbb{E}(\text{MAD})^2} \right)$$

ARE被看作当样本数n趋于∞时，STD与MAD相对误差的比值。通过这个指标能够考察两种方法效率的高低。更高的效率意味着估计值和真实值之间存在较小的偏差。爱丁顿并没有继续坚持他的观点，根据 Fisher 的理由，爱丁顿认可了 Fisher 的观点。

但是在 Fisher 的结论中，其实有一个通常被忽略的前提条件：完全正态的观测。在今天看来，爱丁顿的见解并不能完全说是错误的，他的观点同样是成立的，只不过要将 Fisher 的前提条件去掉。

下面考虑一个标准正态混合模型（保持平均数中心值为 0）。该模型里定义了一个概率为 p 的偶发跳跃，从而让模型可以在两个高斯分布之间切换，为整体的高斯模型增加一点"肥尾"的趋势：

$$\mathbb{V}(x) = \begin{cases} \sigma^2(1+a) & \text{概率为 } p \\ \sigma^2 & \text{概率为 } (1-p) \end{cases}$$

利用 MCMC，可以计算出尺度系数 a 与相对效率（RE）之间的关系，如果取 $p=0.01$、$n=1000$，就会发现，从 $a=2$ 开始，RE 就偏离了高斯分布的情形开始增长，并且越涨越快。1% 概率下一个很小的肥尾离群值 $\sigma^2(1+a)$ 的存在就使得 MAD 比 STD 更具效率。

这个例子告诉我们，仅一点数据肥尾污染，就能够极度放大 RE。

对于高斯分布，STD 与 MAD 的比值是固定的，大概是 1.253。

在气温测量的例子里，观测值为 $-23°C$、$7°C$、$-3°C$、$20°C$、$-1°C$，STD 与 MAD 的比值 $15.7°C/10.8°C \approx 1.45$。

对于幂律尾的尾参数 $\alpha=3$ 的 t 分布，STD 与 MAD 的比值也是固定的，大概是 1.57（$\pi/2$）。

对于增加了随机波动的混合高斯分布，STD 与 MAD 的比值通常大于 1.6。

在极端统治的世界里，肥尾会制造更大的惊喜。

对于肥尾的 Pareto 分布，MAD 与 STD 的比值并不固定，会随模型参数发生变化：

$$\frac{\text{MAD}}{\text{STD}} = \frac{(2^{1/\alpha}-1)(\alpha-2)(\alpha-1)}{L}$$

Taleb 认为，在金融市场中，由于我们对肥尾的忽视，MAD 往往相比 STD 至少被低估 20%，这个数甚至会高达 90%。

考虑数据更加极端的情况，如有一组观测数据，共有 10^6 个数值，即 X= {−1, −1,−1,−1,⋯,−1,10^6}，在这个集合里，除 10^6 这个观测值之外，所有的观测值均为 −1。不难计算，MAD(X)=2，STD(X)=1000。得到的 STD/MAD 居然高达 1000/2 = 500。

由此可见，随着随机变量 X 的偏离度增加，STD 和 MAD 表现出了不同程度的发散性：X 的偏差越大，STD 就越比 MAD 发散。

在高斯的世界里，混淆了这两个概念通常不是问题，因为 STD 和 MAD 最多只差 1.25 倍；在极端肥尾的世界里，混淆了这两个概念结果可能是灾难性的，因为 STD/MAD 这个比值会被急剧放大到极其夸张的程度。与其说 STD/MAD 在肥尾下波动很大，倒不如说肥尾下的 STD 比 MAD 更加脆弱。显然，MAD 往往是更稳健的选择，但因为 Fisher 的历史影响，我们偏偏选择了 STD。

STD 在肥尾情景下的困境让大量的科学结论走向谬误。现在是时候淘汰它了，取而代之的是更有效的 MAD。至少有三个理由让我们这样做。

（1）MAD 在样本测量中比 STD 更精确，且波动性更小，因为它是一个自然权重，而 STD 使用观测值本身作为其自身权重，如果将大权重赋予大观测值，会使得尾部事件的权重过大。

（2）我们经常在公式中使用 STD，却通过 MAD 来对其进行理解，如金融领域的波动率指数（VIX）。在高斯世界中，STD 大约是 MAD 的 1.25 倍，如果考虑随机性波动的存在，STD 通常是 MAD 的 1.6 倍左右。从 1.25 倍到 1.6 倍，这个波动也很夸张了，与其这样不如计算也全部统一使用 MAD。

（3）许多统计现象和过程具有无限方差的特点（如常见的 Pareto 分布）。对于这些现象而言，通常只能提取均值，这时二阶矩的 STD 是不存在的，但一阶矩的 MAD 却仍然存在。在幂律分布中可以用 MAD 替代方差，来测量平均值周围的离散程度。

令人难过的是，这样一个基本的小问题竟会带来如此多的困惑，统计工具的使用也开始成为科学的一个致命问题。

STD 应该留给数学家、物理学家和统计学家用来推导数学定理。在计算机时代，没有科学理由将其用于统计调查，因为它弊大于利，特别是社会科学中越来越多的人机械地将统计工具用来解决自己的问题。

这一切都源于 1893 年一个历史性的意外。那一年，K. Pearson 为所谓的"均方根误差"引入了"标准差"一词，混乱从那时便开始蔓延，人们认为这个词意味着平均偏差。犯错误的不仅包括金融记者，美国商务部和美国联邦储备系统也参与了这场混战，甚至监管机构在有关市场波动性的声明中也参与了这场混战。更糟糕的是，戈尔茨坦和 Taleb 也发现，大量的数据科学家（很多都是博士）在现实生活中也会犯这个低级错误。

Fisher 所犯下的历史错误，正应了 Fisher 自己的那句话：统计学家必须亲自理解输送给别人的建议，且永远都不能逃避这项责任。这也是 Taleb 一直所说的观点"Skin in the Game"，即参与者才会面对风险。

陆

高斯世界之外的奇异世界

Nassim Nikolas Taleb 几乎以一己之力为我们勾勒出了高斯世界之外的奇异世界，MAD/STD 只是一个缩影，就像当我们离开牛顿定律统治的真实宇宙，开始研究宏观引力和微观量子时，一切从旧世界学来的法则统统失效了一样。

但这并不意味着人们无法接受非高斯世界。高斯世界中同样有着复杂而抽象的概念，如果你能够参透高斯世界深刻的一面，那么为什么不能同样利用你学习高斯世界的理论时建立的理解能力去尝试理解非高斯世界呢？

这就像你理解了经典力学中的概念，但却没有意识到，质点、刚体、惯性参考系、动量、场、波这些抽象的概念并不比非牛顿体系的量子场论中的概念更容易理解。它们都超出了人类感官所能理解的范围，但却能够被普遍接受。同样抽象且反直觉的量子理论本身并不比牛顿力学更加高深，只是我们在其他情境下很少接触量子特有的数学抽象和逻辑结构及其状态和测量的不相关性。同样的，非高斯世界的理论同样不比高斯世界的理论更加高深，只是我们对其分析方法，如尾指数、峰度、渐近性、极值理论等工具的使用比较陌生而已。

肥尾带来的最大影响就是让大部分高斯世界里我们所熟悉的原本有效的工具开

始变得陌生起来。我们需要建立完全不同的理解世界的观点。

（1）大数定律式微。

传统理论认为，中心极限定理几乎让一切都变得"正态"，大数定律随着样本量增加而减少估计的方差。但事情绝非如此简单。对于某些 STD（二阶矩）有限，但更高阶矩却无限的肥尾分布来说，某个边界内的中心区求和可以收敛到高斯分布，但更远的尾部却不会向高斯分布收敛，这里大数定律的效力将大打折扣。

在 Fuhgetaboudit 范围内，尾参数 $\alpha \leqslant 1$ 的肥尾随机变量是不可预测的。它们不服从大数定律，因为这里没有理论平均值，没有一阶矩，样本平均值没有收敛到任何地方，于是连 MAD 也失效了。即使对于 $1 < \alpha \leqslant 2$ 的随机变量，大数定律的收敛也可能非常缓慢，应用朴素的样本估计也将会带来错误的结论，必须通过不切实际数量的观测值来产生某种程度上可靠的预测。如果有人试图对平均值进行预测，那么在极肥的尾部上，即当 $\alpha \leqslant 2$ 时，由于大数定律收敛得非常缓慢或无法工作，这个工作将变得毫无意义。

（2）大偏差理论失效。

所谓的大偏差理论（LDP），最早发源于热力学和统计力学，用来研究平衡多粒子系统、噪声扰动动力学、非平衡系统及多重分形、无序系统和混沌系统等。不久之后，统计力学中的物理语言转化为统计学语言：统计物理概念中的熵和自由能被转化为保险数学、破产理论、信息论、工程学中的速率函数和标度累积量生成函数，它们都是大偏差理论的概念。更一般地，大偏差理论通常被用来专门研究稀有事件，这些事件的出现概率与某些参数呈指数关系。

大数定律、中心极限定理、大偏差理论有着密切的关联。

- 一个系统中最频繁出现的状态——大数定律。
- 与这个最频繁出现的状态偏离比较小的状态——中心极限定理。
- 与这个最频繁出现的状态偏离比较大的状态——大偏差理论。

可以说，大偏差理论包含大数定律，并拓展了中心极限定理，它不仅提供典型值附近小偏差的信息，还提供远离典型值的大偏差的信息。大偏差理论的核心价值在于，描述了随机系统在其最可能状态或轨迹周围大偏差波动的有价值的信息。但是，大偏差理论的这种内在对大数定律和中心极限定理的兼容性意味着，它无法摆脱薄尾束缚并拓展到肥尾的情形。毕竟，大数定律和中心极限定理在肥尾的世界里都将失效。

（3）线性最小二乘回归和矩估计失效，极大似然估计还可用。

最小二乘法背后的逻辑是高斯−马尔可夫定理，明确要求一个薄尾分布；高斯分布的矩是有众多矩可用的，矩估计就是用样本矩代替总体矩进行统计推断的方法。对于高斯分布之外的情况，如果更高阶矩乃至所有的矩没有信息或不存在的话，显然矩估计就不起作用了，不过我们仍然可以利用极大似然估计对尾参数、极限分布参数等进行相对可靠的估计。

（4）主成分分析，因子分析将变得不可靠。

想象三维空间里有很多点，每个点都由 x、y、z 三个维度来表示，你突然发现大部分点落在一个二维平面，或者离这个平面非常近的空间位置上。于是，你可以把所有的点都投影到这个二维平面上，并用两个维度 x 和 y 来表达所有点的位置。当你这样做的时候，你就是在做主成分分析（PCA）。

主成分分析是一种大数据的降维方法，它可以很好地处理细尾的情形。对于一个完全没有结构可言的数据来说，在细尾分布的情况下，随着样本量的增加，所有的"成分"将趋于完全相等。但在肥尾分布的情况下，即便数据毫无结构可言，主成分的差异也非常大。即便样本量不断增加，这种差异性也没有明显的改善，这会严重地误导我们的判断，这意味着主成分分析这个降维工具并不适合在肥尾分布的情况下使用。如今，主成分分析已经广泛地用在人口统计学、量化投资、分子动力学等领域，但我们却往往忽视了这个关键问题。

（5）分布的平均值很少对应于样本平均值，观测值估计往往严重歪曲了分布本身的形态。

极端的事件往往是偶发的，出现的概率很小。人的寿命是有限的，我们关心的是根据现有有限的经验是否可以做出有意义的决策。没有人喜欢无限的观察。计算表明：一个 3 自由度的 t 分布需要 120 个观测值才能匹配 30 个观测值的高斯分布，它们相差 4 倍；具有相同尾指数 $\alpha=3$ 的单尾 Pareto 分布需要 543 个观测值才能匹配 30 个观测值的高斯分布，它们相差 18 倍。

当然，这还只是 $\alpha=3$ 的情况，更极端一点的情况，如 $\alpha=1.13$ 的 Pareto 分布（92% 的观测值都低于真实的平均值）与等效高斯分布的观测值数量的差距甚至高达 14 个数量级。大多数社会科学家仅了解来自薄尾领域的统计知识，在缺少海量数据的前提下就贸然进行肥尾计算，因此很多关键计算的结果都被严重低估了。

（6）"不存在极端的情况"和"存在极端的情况但没有观察到"。

极端的数值贡献了最大的信息量，因此理论上仅凭一次对极端情况的有效观察，就可以大幅修正此前的结论。但要想证明"不存在极端的情况"很难，只能不断获得大量的数据并期望不会出现任何一次预期之外的极端情况。

正是肥尾的这一特点会带来所谓的延迟谬误（Delay Fallacy），即如果我们等待，那么我们将对 X 有更多的了解，因此现在不应该对 X 做出决定。实际上，在潜在的肥尾事件面前，不一定需要更多的证据。额外的（通常是不精确的）观察，尤其是大量来自分布中心区域的观察，通常不能保证获得重要的知识，因此等待是徒劳的。极端情况是罕见的，当它们出现时，干预往往为时已晚。

在系安全带之前等待事故发生，或者在购买保险之前寻找会发生火灾的证据，都会使其被自然地淘汰。我们的祖先早已有很多这方面的智慧了，如下面这两句拉丁箴言：

Cineri nunc medicina datur（一个人不能给死者提供治疗）。

Est cavendi tempus in mediis malis（你不会等到危险发生才开始为自己辩护）。

如果有一场龙卷风正在袭来，则会有这样的说法：我们还没有看到这场龙卷风，也许它不会像其他龙卷风一样具有破坏力。这显然忽视了风险管理。在这种情况下，应该采取预防措施，而不应置之不理，期待奇迹或怨天尤人。

世界的运行往往需要遵循一定的模式来产生极端事件。在极端事件发生之前，我们可以进行充分的准备，其中至关重要的一点就是寻找在减小能够快速传播的乘性效应方面有大量回报的廉价措施，如为了应对流感佩戴口罩，进行检测，并通过隔离措施控制人员的流动性。

正如一代又一代的商人流传下来的箴言：如果你必须恐慌，那么早恐慌是值得的。在极端风险面前，审慎原则的明智运用在于制定既有先见之明又有后见之明的决策。

（7）基尼系数需要修正。

不平等现象经常在经济学中被提及，如 Pareto 分布很早就被提出用来描述家庭收入分配。基尼系数是经济不平等性最著名的衡量指标之一。这一指标被广泛地使用，甚至滥用，被拿来描述世界各地财富分配和集中度。在收入的经验分布中，肥尾是普遍存在的，但奇怪的是，人们很少在肥尾的观点下使用基尼系数。

估计基尼系数的标准方法是非参数的，在肥尾条件下，非参数估计量容易向下偏。当数据具有无限方差的特征时，非参数基尼系数的极限分布缺失了正态性和对称性，变得倾斜并向更肥的尾部移动。为了减小估计的偏差，需要通过推导非参数估计量在肥尾条件下的极限分布来求解，或者采用更少观测值的参数化方法——极大似然估计。

（8）在金融领域中，广泛采用的贝塔系数、夏普比率等概念都将失效。

实际上，几乎每种证券产品的价格波动都是肥尾的。Taleb 通过对 4 万种证券对象的观察发现，没有任何一种证券产品的价格波动是薄尾的。这是金融学乃至经济学研究失败最大的根源。金融理论家声称，如果二阶矩存在，那么即便分布具有肥尾特征，所谓的投资组合理论也是有效的。但问题在于，在肥尾的观点下，即便方差能够计算出来，我们也不知道这样的方差是否可以安心使用。

贝塔系数、夏普比率、最大回撤这些概念都存在显著的问题，因为风险和收益通常是对等的，这些量化风险的 KPI 自然限定了收益的多少，利用这样的 KPI 过滤得到的一定是远离肥尾收益的平庸的策略。KPI 追求效率、纪律性和品质，但也遏制了肥尾的潜在收益。

（9）期权风险不会被动态对冲移除。

虽然期权定价公式的本意是指可以通过一种叫作动态对冲的方法将期权变成一种无风险工具。但事实上，布莱克、斯科尔斯和莫顿三人所做的只是找到一种方法，使一个优美的公式更适合当时的经济学体系。为了"打扮"这个公式并使其堪用，不得不为模型引入一系列奇怪而牵强的假设，其中就包括需要薄尾分布或温和随机性的某种数学结构，它不是基于肥尾认知的。

在大多数情况下，动态对冲制造的风险比它们减少的风险更多。期权定价公式所依赖的偏微分方程和随机过程能够源源不断地将模型优美的数学性质转变成金融产品并带来实打实的现金流，谁会拒绝这样的诱惑呢？只要你能够创造新的技术将风险的不确定性定价，并找到确定任何资产之间相关关系的方法，就一定有人愿意冒险。

（10）遍历性和破产问题变得突出。

如果你不知疲倦地玩俄罗斯轮盘赌，那么你不会随着经验和技巧的提升获得更高的预期收益，并成为俄罗斯轮盘赌世界冠军。事实恰恰相反，你将会面对一件更加确定和可怕的事情：死亡。

这就像人们常常说百年一遇的灾难，但百年一遇的灾难却年年都发生一样。也许这并非人们夸大其词，有可能百年一遇是针对一百个"地点"而定的，平均每年都有一个地方遭遇百年一遇的灾难；也有可能你的运气太差，灾难在不同百年内的发生呈泊松分布，而的确在某个百年里连续发生；也有可能某个灾害，如洪水，由于气候变化发生得越来越频繁；也有可能每年你都遭遇不同的百年一遇的灾害，一百年有一百种。

我们倾向于认为大多数系统是遍历的。然而，几乎每个人类系统都是非遍历的。在非遍历的环境下，"意外惊喜"总会出现，因此"期望收益"在客观上没有任何意义。

经济是异常脆弱的，我们生活在一种过度优化的环境中。在这种环境中，销售额的轻微下降或消费者偏好的改变都可能导致经营者发生连锁性的崩溃。这种非线性类似于"大电影院在发生火灾时只有一个非常小的出口可用"，非线性是脆弱的源泉。在非线性的世界中，了解有关遍历性的知识至关重要，保险公司对于遍历性的风险已经烂熟于心。保险公司懂得不能将幼稚的商学院成本效益分析应用在存在遍历性的类俄罗斯轮盘赌局中，因为你死了就什么都做不了了。这个死亡事件被看作一个吸收壁。吸收壁意味着当你到达一个点时，就不能继续下去了，一切都结束了。但不幸的是，这类误用在决策科学文献中仍然比比皆是。

如果你忽视了遍历性的影响，就会产生毁灭的风险。如果你不想死亡或破产，了解遍历性至关重要。

（11）回报淹没了概率。

概率世界里最优的生存解恰恰是反概率的。生活是关于回报本身的，而不是有关概率和预测的。在肥尾的现实生活中，出于以下原因，概率非常难以理解。

- 我们不会直接观察到概率分布，观察到的是实例。
- 概率分布不能告诉我们某个实例是否属于这个分布。
- 需要用尾部极端的实例来排除不太可能的分布，去伪存真。

在肥尾分布中充满了不对称性的风险和机会。更容易直接观察到的是凹凸性，即风险和回报的关系。如果你拥有有利的不对称性，即凸性，那么从长远来看，你会受益于此，在不确定性环境下的表现将优于平均数。不确定性越强，选择的作用越大。

充分地理解以上这些肥尾观点吧！肥尾不会使世界变得更复杂，也不会使人们产生无谓的担忧。发自内心地真正理解肥尾观点，实际上会降低我们做出反应的成本。

下篇

不要相信标榜科学精神的人说量子力学有多么神奇，像 *Quantum Social Science* 中如"星际穿越"一般，绕过学科依次递进的逻辑，关联起上下两头的量子物理和社会科学的理论，是最该批判的伪科学。一些更玄幻的作品，如《物理学步入蝉境：缘起性空》，无疑是神秘论的泛滥带来的理论沉疴。

不得不承认，统计学的应用庞杂而多样，没有人可以一展其全貌。即便是 Larry Wasserman 所著的 *All of Statistics* 也无法如其书名一样，尽述统计学的全部内容。统计推断中的核心支柱，即估计、检验工具和方法，覆盖了工业、医药、社会科学、金融等领域。以学科为基点，结合应用的新方法不断涌现，大大拓展了现代统计学的边界和解释能力。这带来的结果就是不同学科的自身特点和统计方法相互交织，我们已经很难提炼出一个明确的边界了。

- 回归方法的预测、估计、解释三大准则可以单独使用，也可以组合成机器学习理论中不同的方法，并渗透到迥异的应用学科中。
- 实验设计更偏重的是科学的决策和发现，而不是个人经验，也更倾向于在环境严格受限的非自然条件下挖掘规律，而非利用自然获得的数据进行推理，因此更倾向于进行不带主观因素的基础研究，常用于基础物理、农业、工业、医药等更加注重事物之间因果联系的领域。
- 统计决策是从博弈论发展而来的观点，因为目的论的引入而更加突出个人的主观决策，但这种将个人决策数学化的尝试一直存在争议，这种争议强化了更自然的贝叶斯解释。
- 在金融学中，随机过程的研究是金融学的核心内容，需要利用统计工具进行理解，但这已经超越了传统频率或贝叶斯理论的能力范畴，对于金融衍生品的理解，传统的统计学工具日渐式微，需要参考大量肥尾的观点进行决策。这使得金融学不像一门严肃的科学，而更像一门技艺。

由此可见，在选定的问题上，需要结合不同的学科特点，引入不同类型的统计工具和模型，而不能刻板地将学科和方法一一限定。统计学是一座科学的"动物园"，在这里，问题的背景知识和经验的多少将决定问题解决的好坏程度。这个观点已经足够深刻，我们将寻找不同学科和不同统计模型之间隐秘的关联。

最终，我们得以绘制出这样一副图景：

- 自然科学研究和发现更青睐频率观点，而个人决策的方式更贴近贝叶斯思维，频率派和贝叶斯派都有着完整的世界观，并因此产生对立和争吵。
- 夹在其中的 Fisher 派更加关注的是理论建设，而不是将其转变为信仰或行动准则。在 Fisher 之前，没有人真正理解什么是估计问题。最大熵可以看作退化版本的贝叶斯观点，因为为最大熵分配任何分布类型之后，都会得到贝叶斯推断，因此最大熵比 Fisher 派更加接近贝叶斯观点。
- 在关注人类行为的动力学特征的领域，如金融、灾难、保险、社会公平性等领域，肥尾理论已经超越了传统三大派别的统计推断观点，个人决策都离不开洞察社会运行的基本规律，肥尾统计派从幂律事件中获取了大量的尾部认知，形成一种新的世界观和信仰，因此变得举足轻重。

不管诉诸哪种理论建设，都是要为人类决策服务的。诺贝尔经济学奖获得者 H. A. Simon 博士说："管理就是决策。"在现代社会，决策变得日益重要，我们学习知识，进行理论分析，都是为决策服务的，不管是科学发现还是日常生活，都离不开决策。人生就是要带有目的感，否则人生将失去所有的意义。

经济学家米塞斯认为，赌博、工程设计和投机是处理未来的三种不同方式。

- 赌徒眼里只有他中意的结果，他信赖的是好运和直觉，这是他唯一的信仰。
- 工程师具备解决问题的知识，对于他无法控制的事，他会留下安全的余地，工程师绝无可能消除其人生中所有的赌博因素，但他的原则是只在确定的轨道上行动。
- 投机者是行动的人，时时刻刻都在思考利益，他不喜欢安定，他的每个行动都要权衡利弊。

然而，没有任何一种人能稳赢未来。

虽然我们无法全面解决有关过去和未来的问题，但这并不影响我们做出尝试，针对要解决的问题进行数学抽象，如下面的这组概念，就是人类长期思考的结果。

鞅过程：表达事物当前的信息包含其未来的全部信息，联系现在与未来。这非常适合用来描述金融学领域中核心的贴现思想。据此金融学体系得以建立，在测度论、随机微分方程、鞅论加持下，BSM模型出现了，金融衍生品对冲交易开始繁荣。然而，建立在高斯分布观点之上的金融学的根基并不牢靠，如依赖高斯联结相依函数的金融衍生品就引发了 2007 年的金融危机。

马尔可夫过程：事物当前的信息包含所有历史的信息，联系现在与过去。许多马尔可夫模型都有一个终点状态，即吸收态（也称吸收壁）。吸收态意味着一个事物在达到这个状态之后不再改变状态，如"死亡"就是一个显而易见的吸收态。因此，马尔可夫模型很适合用来描述医学领域中的课题，如疾病传染等。被物理学家们用数学公式精确描述的，我们熟知的布朗运动，即 Wiener 过程，既是鞅过程也是马尔可夫过程。马尔可夫过程简单明了，不需要从复杂的预测因子中寻找各种因素之间的规律，只需要考察状态转移的概率用来预测其行为。这个特点使得在经济学、金融学，乃至医疗卫生服务决策和认知科学领域，都能看到马尔可夫过程的影子。

泊松过程：在泊松过程中，过去与将来都被孤立了。泊松过程打破了过去和未来的关联，作为累计随机事件发生次数的增量过程，泊松过程很适合用来描述工业领域机械系统的失效。

科学太过复杂，人们不可能穷尽一生去理解其全部细节。幸运的是，对于以上三个随机过程概念，借助统计学，我们可以在几乎所有的学科领域内进行高度抽象，专心研究如何使用有效的方法去收集和使用带有随机性影响的数据。

在本书第 6~9 章，我们将关注不同学科中统计学的理论应用，特别将在第 6 章专门阐述统计中的因果性这一迷人的主题。优先解释清楚因果的复杂性，将有效避免我们在后面章节中产生更多的疑虑。

在第 8 章和第 9 章，我们将以认知为核心，理解统计学在商业世界和日常生活中的重要影响。金融学的难点在于，人类是在跟自己较量：人按照自己的想法为资产定价，而这些想法几乎每天都在改变。人的行为是很难理论化的。在科学中，可以进行重复实验，一次又一次地验证同一个理论。但在金融学中，我们看到了人的选择和认知的差异，我们没有平行宇宙用来一次又一次地开展同样的实验，因此很难研究其客观规律。

关注幂律的肥尾统计此前只是小众的理论，线性认知的局限性逐渐让人们对其产生怀疑，在这一背景下，更能深刻揭示金融现象本质的幂律分布开始走向前台，并逐步成为业界共识。用肥尾理论推翻陈旧的计量金融学理论大厦，建立起全新的理论框架，这听起来就激动人心。

金融学分析的对象是货币、证券、资产，这些都是非常抽象的概念。金融学分析最重要的目的就是找到这些抽象概念之间的联系，并关注这些抽象概念与现实世界之间的关联。投机者要想成功，首先要战胜自己，而战胜自己的主要途径就是独立思考和行动。一定要知道哪些东西是事实，哪些东西只是个人经验的产物。

这里的生存之道或许比人类生存本身更加险恶。乔治·索罗斯曾说过，最苦难的事情就是判断风险水平。没有普遍的标准，对每种情况都要根据它本身的利弊来判断。在最后的分析中，你必须依靠你的生存本能。《苏黎世投机定律》中有这样一段话：投机活动不同于解决问题，不要把你的投机纲领建立在经验之上。最危险的东西就是经验，最有趣的事情就是冒险。冒险者绝不回头，他们必须勇往直前。

塔勒布的思想似乎一开始只存在于金融领域，当他一点一点地用通俗的方式来解释社会运行时，我才突然意识到，肥尾可以是一种深刻的信仰，用来描述人类社会的动力学特点。更重要的是，肥尾统计的思想还可以结合贝叶斯思想，让我们拥抱更加务实的"偏见"。

在新的世界观启发下，关于战争、传染病、选举、智商等的全新认知开始变得有趣了起来，它们可以用肥尾统计的思想乃至贝叶斯思想进行诠释。塔勒布对事件的理解方式是独特的，这场隐秘的认知革命正在悄悄进行。可以说，在肥尾理论出现之前，从来没有一个理论能够这么深刻地影响我们对世界运行的理解。

要做出理性的决策，需要提供充分的数据和事实，以减少决策的盲目性。但这很有可能犯错。提取模式很容易，难的是如何利用常识过滤掉数据里的垃圾。老子说：信言不美，善者不辩。在绝大部分情况下，产生争论往往不是因为观点的差异，而是因为认知的不同。在个人决策上，最大的问题在于，它通常受到个人认知的影响，如政治的、经济的、社会的、心理的影响等。因此，这里很难有标准答案。

在某些情境下，理性是受限的，如某个领域的专家、职业经理人在知识、信息、时间有限的情况下，往往不得不依赖经验法和试探法。

个人的决策往往是一个动态的过程，需要不断反馈信息加以补充，并进行调整和修改，从而达到决策的目标。调整之前的状态往往是根据历史资料或主观判断确定的，与实际情况可能存在偏差，有一定风险，这被称作先验概率。如果你了解肥尾观点并将其作为先验主观性，就会具备很大的先发优势。平均斯坦与极端斯坦、遍历性灾难、脆弱与反脆弱共同组成了肥尾哲学下全新的人生算法。

为了提高决策的质量，可以通过科学实验、抽样调查的方式获得更多的信息，并利用概率论中条件概率的方法对先验概率做一个修正，这被称作后验概率，它往往更接近真实的情况。这种自然动态地调整认知的过程，就是贝叶斯的决策过程。

在贝叶斯视角下，面对未知事物，要敢于大胆尝试，这不是不理性，而是借助主观意志达成更好的理性，认识到但不试一试是无法知道对不对的。这个策略使得人们在尝试的过程中可以更好地组织想法，并不断修正自己之前错误的预判和观点，获得新发现、新认知。人类天生就能依据非常有限的信息进行决策，这种决策能力可以被看作直觉、潜意识、第六感。在生存进化的压力下，在面对生存威胁时，这种能力通常能够让我们快速进行决策。

解答人生的谜题并不单纯要探求形而上的理论，这里提出的理论也并不是唯一正确的。但对个人来说，这样做却有一个收获：解答任何一道题目，在思考的过程中都会有点滴的发现。你要解答的题目可能很稀松平常，但如果它激起了你的好奇心，并使你的创造力发挥出来，那么这样的经历可能会培养出你对智力思考的兴趣，并对你的思想和性格留下终生的影响。

与众多统计理论同行，我们将经历令人兴奋的智力冒险。一定不要放弃这个千载难逢的机会，要成为其研究者、当事人或见证者。无论结局如何，人类从现实中学到的东西必将充分地印证 Albert Schweitzer 的那句名言：我忧心忡忡地看待未来，但仍满怀美好的希望。

第 6 章

因果认知

壹

确定性的源头：实验设计初探

揭示因果性的难点在于，要找到因果之间的物理机制。实验研究往往能够比其他类型的研究做出更强的因果推论，这与实验中的操纵与控制的核心是密不可分的。

非实验类型的研究往往诉诸变量的自然变化，但却很难独立改变单一变量而保持其他变量不变。只有在实验室中才能创建出这类自然界中很难出现的特殊条件，从而分析单一变量的影响，揭示更本质的因果规律。

有趣的是，最多应用实验设计理论的往往是基础理论研究工作者，而基础理论研究的目的往往也不是直接将理论应用到现实世界中，专注的科学家们很少关注理论与现实之间的这种映射。这带来的后果就是，在科学之外，我们缺少一种有效的因果推论，关于这一点我们将在第 6 章叁节详细阐述。

辉瑞制药有限公司在寻找治疗心脏病的新药时，并没有大的斩获，但却意外地发现了万艾可（俗称"伟哥"）。这种意料之外的收获也许会在某一天碰巧与其他科学规律结合，用来解决一个特定领域的问题。很多科学家设计实验的初衷并不是解决某个具体的问题，只是单纯地关心事物之间是否存在一些有趣的因果联系。

工业领域中的例子更多，基础规律的发现往往依赖于因果之间物理机制的建立。

锂离子电池的发明历史就很有代表性。科学家们在 1956 年发现了非水电解液，在 1975 年提出了电化学嵌入，在 1980 年发现了钴酸锂正极材料，在 1985 年发现了碳材料负极。四大主因出现后，直到 1995 年，锂离子电池才最终走向大规模商用。

类似的基础因果之间物理机制的发现，例子不胜枚举。

- 在能量传递时，流体流速和压力可以改变（压缩机系统）。
- 碳在高温下和氧气混合时，会释放能量（燃烧系统）。
- 不同器件之间的分子所形成的薄膜使它们能更容易地相互滑过（润滑系统）。
- 流体撞击到移动着的表面可以产生"功"（涡轮系统）。
- 载荷会使材料倾斜（特定的测压装置）。
- 载荷可以由物理结构传递（轴承构件）。
- 流体运动速度增加会引起电压下降（流量测定）。
- 物体以一定速度被射出会产生大小相等、方向相反的作用（风扇和排气）。

它们都是具体产品应用中出现的因果理论基础。具体产品在面市前，大量的基础因果之间的物理机制都需要通过实验设计的方法来挖掘。

例如，设计出全世界 99% 的国家都承担不起研发费用的现代航空涡扇发动机的过程就属于典型的试验性科学过程，其中大量的实验就是"一边大规模投入，一边只取得实验数据"的"烧钱游戏"。

在工业领域，没有长期的积累和传承是很难在创新上有所建树的，所谓的弯道超车，即实验设计的正向观点下的后发优势是一个伪命题。甚至可以说，依赖在非自然严格受限条件下所展开的实验设计理论，比依赖工业技术本身更加重要，实验设计堪称现代工业之母。

什么是实验设计呢？

说起来有点可笑，所谓的实验设计，既不讲怎样做实验，也不讲怎样设计产品。实际上，实验设计应该被看作挖掘确定性因果规律的数学工具。所谓的因果规律，正契合了拉普拉斯的科学决定论的观点：给出宇宙在一个时刻的状态，定律的完备集合就能完全确定其未来和过去。

在一个典型的实验设计中,有以下几个重要的技术术语。

- 响应。响应意味着结果,代表我们在实验完成后测量了什么,以及我们试图优化的对象。
- 因子。因子意味着变量,代表可以影响实验结果的、可以主动改变的东西。
- 目标。目标＝响应＋改变响应的愿望。

对于一个花匠来说,他要精心培育花,就要对花土、水分、肥料等多个因子进行控制,从而保证获得期望的响应,如叶子的长度、花瓣的数量、花朵颜色的艳丽程度等。花匠的目标则是有更多的花瓣数量、更艳丽的花朵颜色等,这些都是改变响应的愿望。

为什么要进行实验设计呢?

假设你经营一家超市,这里有两个因子,即商品价格和照明量,你关注的响应是超市的营业额,于是你通过简单的观察实验,依次改变商品价格和照明量,得到了三个不同的营业额数据,并利用三个数据点绘制出了四边形的两条边。

这个时候,你就可以引入实验设计方法,让其大显身手了。你可以选择再增加一个测试,让商品价格和照明量两个独立的变量可以同时变化,并给出第四个营业额数据。最终,你绘制出了四边形的四条边。

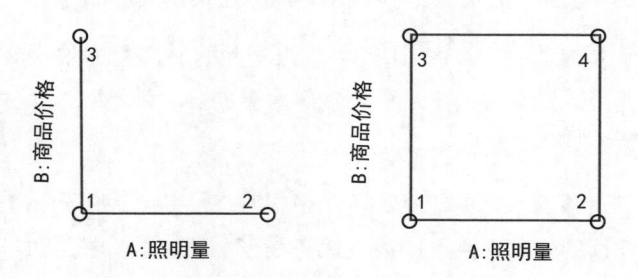

或许你已经发现了,虽然你只增加了一个测试,但从增加的边的数量可以看出,仅通过额外的一次实验就得到了双倍的信息量。

不要小看这个额外的信息。借助维度的提升,我们可以获取更大程度的决策自由。根据四边形四个角上的销售额数据,我们可以更进一步地画出带有箭头的梯度图。简单来理解,四个角上的销售额数字可以看作山峰海拔,通过四个角上的海拔信息,我们就能知道哪里存在优化的最佳目标(最大化销售额)。

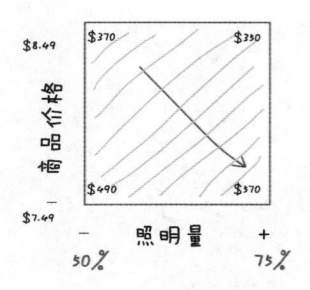

更具体地说，梯度箭头方向能够告诉我们，同时提高照明量并降低商品价格，就可以最大化销售额，找到最优解。这一解题思路在实验设计方法中被称作两因子实验设计。

更进一步地，根据梯度的指示，只要在梯度箭头的方向，即我们期望优化的方向上不断地画出新的四边形，并迭代以上两因子实验设计的过程，我们就能逼近更大范围内的最优解，这种方法被称作响应曲面方法。

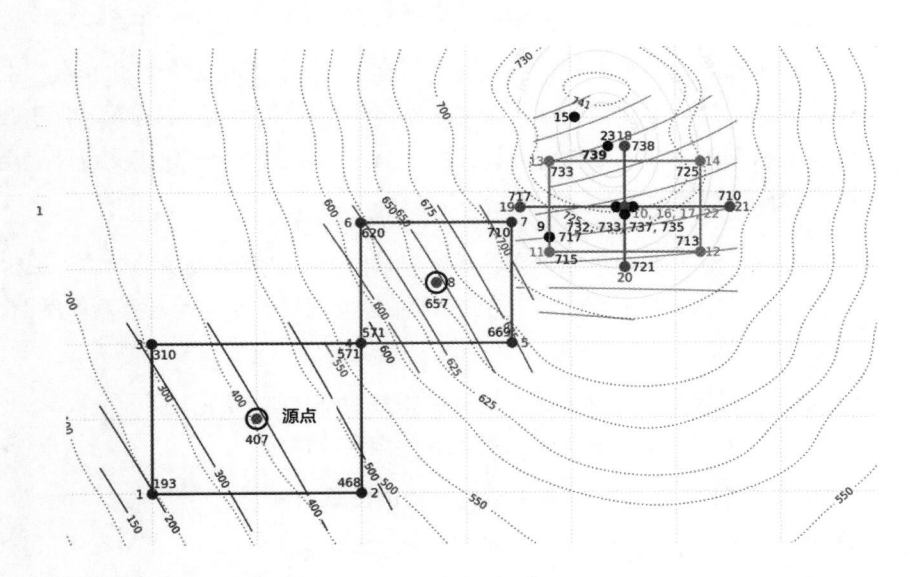

这就像在问：如果有一位盲人去爬富士山，那么什么方法可使他最高效、最快达到山顶？

按照响应曲面方法，富士山的地形图就是一个"曲面"，他需要在各个不同的方向上试探，并获得响应，即海拔，利用响应的信息，他就可以找到上山的方向，并最终到达山顶。

基于以上一系列几何直觉，实验设计的思想变得非常易于理解。

在两因子实验设计、响应曲面方法之外，为了应对新的问题，做好实验设计，我们还需要引入更多更好用的工具，学习更多有关实验设计的知识，如交互作用、部分因子设计、干扰因子和协变量、多响应系统优化等。实验设计已经逐渐演化为一门系统性的学问。

如今的实验设计理论方法花样繁多，从应用的角度来看可谓门类齐全。

这里有医学和心理学中的随机区组设计，农业试验中的裂区设计，化学反应中的嵌套设计，临床实验中的交叉设计，无交互作用化简实验中的拉丁方设计，兼顾多因素多水平的析因设计，高效化析因设计的正交设计，进一步泛化正交设计的均匀设计，考虑时间因素的重复测量设计……

值得一提的是，在有关随机性的实验设计中，有一对经常被混淆的概念：随机取样和随机分配。它们都包含"随机"这个前提，因此两者非常容易被混淆。然而，它们却是完全不同的。

- 随机取样：总体中每个对象都有均等的机会被选作样本。
- 随机分配：被试对象被随机地分配到实验组和控制组。

在这对概念的对比中，有一个事关实验设计的隐藏的秘密。

- 随机取样，仅是相关性研究，并非严格的真实实验。
- 随机分配，是真实实验的必需条件，只有应用随机分配，才能称为实验。

这个细微的差别是从相关性过渡到因果性的关键所在。

所谓的相关性和因果性，我们已经在第 1 章叁节中给出了说明。就像手机的使用引发交通事故一样，手机并非引发交通事故的主要原因，手机导致了注意力分散，注意力分散才是引发交通事故的主要原因。手机与交通事故之间显著的是相关性，而不是直接因果性。说得极端一点，如果你高度警觉，也可以边玩手机边开车；引发交通事故也不能全部归咎于手机分散注意力，也可能是因为你在打瞌睡。

这里要强调的是，随机分配是揭示因果性的实验设计的关键一步。例如，在医学领域中，并不严格的观察性研究就没有使用随机分配原则，因此观察性研究方法被认为只关注相关性，无法得出严格的因果性结论。

弗朗西斯·培根曾说过：没有实验，任何新东西都不能深知。

类似地，经济学家 Steven Landsburg 也证明了，一些揭示生产力与技术使用相关的数据，实际上只包含选择偏差的相关性，却被解读为因果关系，这些研究就欠缺严格的实验设计方法。同类科学史上的例子也包括罗威尔"发现"了火星运河的尴尬故事。

历史上，科学家的情绪、喜好、偏见都会造成观测或实验错误，这几乎是科学数据中最大的错误来源。

没有普遍的法则能够用于判断应抛弃还是维护一个理论。进行科学研究，再强硬的逻辑都拗不过实证观点。观察、实验、假设推演、科学要依靠反例和不自洽推动知识的进步，以避免步入逻辑推演下悖论的阴影，而实验设计则是一个强大的工具箱，用于避免让人类的认知误入歧途。

贰

医学实验设计：蛇杖上的舞蹈

1916 年，脊髓灰质炎第一次在美国大流行。此后 40 年中，这种疾病夺去了数十万人的生命，尤其是儿童。直到 20 世纪 50 年代，人们发明了几种预防这种疾病的疫苗。问题是，当一种新药问世时，如何设计一个实验来测试它的有效性呢？

Jonas Salk 开发的疫苗似乎是其中最有前途的一种。在实验室实验中，它被证明是安全的，并产生了脊髓灰质炎抗体。接下来，就是人体实验阶段。在这个阶段出现了一个棘手的问题：如何通过大规模人体实验验证疫苗的有效性呢？这里至少有两个子问题绕不开。

假设给大量儿童接种了疫苗，如果观测到发病率大幅下降，似乎就能证明疫苗的有效性。但这样的结论是不严谨的，因为脊髓灰质炎是一种流行性疾病，其发病率波动非常大。从历史数据上看，同样在未接种疫苗的情况下，1952 年约有 6 万个病例，而 1953 年仅约有 3 万个病例，差了一倍。

因为只有控制良好的实验才能检验疫苗是否有效，所以就需要特意让一些儿童不接种疫苗，并将他们作为对照。这就涉及一个医学伦理问题，因为拒绝治疗一部分人似乎很残忍。

由于这两个原因，即使经过大量的实验室实验，新疫苗的益处是否大于风险也很难判断。于是，美国国家小儿麻痹基金会（NFIP）讨论后，决定进行另一轮实验，主要变化是加入了对照组。在新一轮的实验里，NFIP 选定了全国小儿麻痹症风险很高的几个学区中一、二、三年级的 200 万名儿童作为样本。

- 50 万名儿童接种了疫苗——治疗组，父母同意接种疫苗。
- 100 万名儿童特意不接种疫苗——对照组，显然这一组不需要父母同意接种疫苗。
- 50 万名儿童拒绝接种疫苗——父母反对接种疫苗。

在这里，治疗组和对照组的规模是不同的，但这并不构成困扰，因为在统计上更关注比率而不是绝对数字，利用比率计算可以消除规模带来的影响。此外，这里也消除了医学伦理问题，因为孩子们只有在父母允许的情况下才能接种疫苗，而对照组只是自然的观察，并不需要征求父母的意见。

遗憾的是，这一轮实验仍旧没有达到目的。专家经过深入分析后发现了三个实验失败的潜在原因。

- 高收入父母比低收入父母更可能同意接种疫苗。
- 高收入家庭的孩子更容易患小儿麻痹症。
- 接种疫苗的儿童绝大多数来自二年级。

第一点很容易理解，高收入父母更容易接受新观点并理解疫苗的积极作用。

但第二点却有点反直觉，因为大多数疾病对穷人的影响更大，但是小儿麻痹症作为一种卫生疾病却是一个特例。卫生环境较差的儿童在早期更容易患上轻度小儿麻痹症，这些孩子感染后产生抗体，从而保护他们以后不受更严重的感染。而生活在更卫生的环境中的儿童，早期则不会产生这种抗体。

关于第三点，由于脊髓灰质炎是接触性传染病，很可能不同年级儿童的行为模式不同，因此感染率是不一样的，而接种疫苗的儿童绝大多数来自二年级，这会干扰分析的结果。

事后看来，在不了解疾病传播特点的时候，实验设计不可能规避第二点。

但这里仍然存在诸多致命的错误做法。例如，将志愿者（父母同意接种疫苗的儿童）与非志愿者（不需要父母同意接种疫苗或父母反对接种疫苗的儿童）两组样本直接进行比较是不合理的。如果两组样本在疫苗以外的其他因素上存在不同（如儿童是否来自二年级），则这个因素的影响可能与疫苗的效果混淆。

经验表明，人类的判断往往会导致实质性的偏见，对此最好的办法就是使选择完全实现随机性。

于是，Salk 疫苗实验再次改良，正式引入了一种随机程序，这相当于为每个儿童投掷一枚硬币，将其分配到治疗组或对照组的概率均为 0.5。这样的程序是客观公正的，50-50 的机会法则保证了治疗组和对照组在所有重要变量方面都非常相似，无论这些变量是显性还是隐性的。也就是说，我们不用去考虑不同收入的父母对疫苗接种的偏倚态度及样本是否过多地涵盖二年级学生，只需要放心地把选择权交给随机程序。

当使用公正的随机程序来分配受试者进行治疗或控制时，实验就被称为随机对照试验。

这还不够，疫苗实验设计的技术仍需要改良，需要引入安慰剂对照。

引入安慰剂对照的原因是，主观的想法往往能够影响身体的客观反映。有研究曾对术后疼痛严重的患者给予了一种由完全中性物质制成的"止痛药"，大约三分之一的患者认为疼痛得到了迅速缓解。这就是安慰剂的强大心理和生理作用。因此，几乎所有类型的心理治疗都不得不引入安慰剂对照。实际上，大部分有疗效的治疗法都是有效治疗成分和安慰剂效应的某种未知组合。

由于在近百年医学才发展出大量确实有疗效的治疗方法，因此人们开玩笑地说，"20世纪以前的整个医学史只能说是安慰剂效应的历史罢了。"自然，Salk疫苗实验必须考虑安慰剂因素。

为了应用安慰剂效应，对照组的儿童被注射了生理盐水。在实验过程中，受试者不知道他们是在治疗组还是在对照组。通过这种方法，我们就能够观察儿童对疫苗的客观反映，而不是儿童对治疗的主观想法。

加入了随机对照和安慰剂对照后，实验被严格约束。似乎，这里有三种类型的约束（Control），它们都是对实验设计本身施加的严格约束。

- 对照组：Control Group。
- 对照试验：Control Experiment。
- 控制混淆因素：Controlling the Confounding Factors。

没有人会为了取悦统计数字而吸烟十年。因此，为了研究吸烟对心脏疾病的影响，统计学家将吸烟者（治疗组或接触组）与不吸烟者（对照组）进行比较，统计学家还要做出决定，即谁进入治疗组，谁进入对照组（对照实验），只有严格控制的实验，才能正确反映吸烟对心脏疾病的影响。

此外，可能还有一些隐藏的混淆因素，如喝酒也会导致得心脏疾病。如果喝酒比吸烟更容易导致得心脏疾病，光通过吸烟得出结论就没有意义了。因此，在研究时，还需要对混淆因素（Confounding Factors）加以甄别和控制。

即便做到这一步，Salk疫苗实验仍然不够完美。

还有一个重要的问题：许多形式的脊髓灰质炎很难诊断，如果诊断专家知道儿童是否接种了疫苗，就会对诊断有一定的倾向性，从而干扰实验的结果。对此给出的解决方案是引入双重盲法：受试者不应该知道他们是接受了治疗还是服用了安慰剂，而那些评估疗效的人也不应该知道。

"大规模""随机对照""安慰剂对照""双重盲法"这些前提条件在进行Salk

疫苗实验时都不可或缺。

最终在严格的实验设计方法约束下，Salk 疫苗被证明有效。一系列约束的努力不为别的，就为让我们根据事件之间的联系得出确切的因果关系。然而，在医学领域，这不是一个容易实现的目标。医学研究不同于其他学科研究，其最重要的特点是伦理性和复杂性。

伦理性在于，医学研究，特别是临床研究的对象是人，因此受试者的利益和道德风险是研究的前提，当科学性与道德性产生矛盾时，一定要综合起来考虑。著名的《赫尔辛基宣言》就将"尊重人，有利，公正"作为医务人员应当遵守的三条基本伦理准则。临床研究中的知情同意（Informed Consent）程序也充分体现了对受试者尊严和自主权的尊重。

复杂性在于，生命个体差异极大，除生物因素之外，心理、自然环境、社会因素都会对其产生影响，生命个体无论如何都无法像数学或物理模型那样进行高度的抽象。另外，主观的干扰也很大，既有受试者的因素，也有研究者的因素。

鉴于伦理性和复杂性提出的挑战，1965 年英国流行病学家 Bradford Hill 提出了一套客观标准，对问题分析必要的证据提出了一系列要求，从而严肃地评估因果性。

这套标准共有九条。

- 时序性（Temporality）：因果的时间顺序。
- 强度（Strength）：一个小的关联并不意味着没有因果关系，关联性越大，就越有可能是因果关系。
- 一致性/复现性（Consistency/Reproducibility）：不同的人在不同的地方用不同的样本观察到的一致结果增强了因果影响的可能性。
- 特异性（Specificity）：如果在某个特定地点有一个非常特定的人群和一种疾病，而没有其他可能的解释，则这个特定条件可能是病因。一个因素和一个影响之间的联系越具体，是因果关系的可能性就越大。
- 生物梯度（Biological Gradient）：暴露量越大，一般会导致越高的发病率。然而，在某些情况下，仅这个因素的存在就可以触发这种效应。也可能观察到一个相反的情况，即暴露量越大，发病率越低。
- 合理性（Plausibility）：因果之间的合理物理机制是有帮助的。
- 连贯性（Coherence）：可能结果与流行病学和实验室检查之间具有连贯性。
- 实验证实（Experiment）：偶尔也需要诉诸实验证据。

- 类比性（Analogy）：相似的因素能否引起相似的结果。

医学领域的研究远远比不上物理学、工程学等领域的研究确定。为了得到确切的认知，比较与分类、分析与综合、归纳与演绎、类比与推理等思维方式要兼顾，医学研究的优劣严重依赖于逻辑思维能力、科学工具方法的建设、理解和执行。因此，在临床研究中，严格的对照、随机和双盲标准成为黄金法则。

此外，比临床研究更加严格的、在实验室环境下开展的实验设计也是医学研究的重要部分，它能够更精确地控制实验因素，以动物、标本或其他生物材料为研究对象，开展药理学、微生物学、寄生虫学、遗传学、分子生物学、分子遗传学等方面的研究。

当然，作为重要的补充，不如临床研究方法可靠的观察性研究也很必要。这个领域有描述性的横断面研究、分析性的病例-对照研究和队列研究方法等。在观察性研究领域，我们无法获取100%确认的因果认知。

总之，医学研究要以人为本，实践中的新问题为临床研究提供了新假说，无论问题来自实验室动物、标本研究还是观察性研究，最终都必须通过临床或人群研究加以证实，从而评价这项医学新发现的价值和意义。从这个故事出发，如果把医学看作因果推断的先锋学科，那么大部分人应该不会有异议。

叁

因果推断：从科学范式到认知范式

曾有人说，也许除热力学第二定律之外，其余所有的物理定律都是人类的片面总结。在科学领域，假设永远不会被证明是绝对正确的，即便稳如牛顿定律的物理法则也会陷入自身循环论证的怪圈。

但科学往往在关键时刻选择最简单的假设，除非它被证明是错误的。这条原则是13世纪由奥卡姆详细阐述的，现在被称为奥卡姆剃刀原则，人们潜移默化地遵循这条略具美学意义的原则，并阻止科学发展出奇幻的、过于复杂的理论。这个哲学原则断言，越简单的理论就越可信。

科学方法始终指导我们一步一步地接近一系列改进的模型，一般遵循以下流程。

（1）根据当前的假设提出问题。

（2）收集当前可用的所有相关信息，包括有关参数的知识。

（3）设计一个实验，解决步骤（1）中提出的问题。如果假设为真，那么实验的结果应该是一件事；如果假设为假，那么实验结果应该是另一件事。

（4）从实验中收集数据。

（5）根据实验结果得出结论，修改有关参数的知识。

通过这样的流程，科学的方法可用以寻找事物之间确切的因果关系。

受过严格训练的科学家们始终遵循这一范式，但我们仍然缺乏一门显式的语言，就像我们惯常讨论的经典统计学一样，纳入因果推断的精确数学表达。自从公元前29年，古罗马诗人维吉尔首先宣布"能够理解事物起因的人是幸运的"，直到2000年之后，我们也未能真正发展出完善的因果推断理论。

在因果推断探索性著作 *The Book of Why* 中，"贝叶斯网络之父"Judea Pearl 认为，实现因果推断要满足三个层次的认知。

第一层观察能力：关联——如果我看到……会怎样。

第二层行动能力：干预——如果我做了……会怎样，如何做。

第三层想象能力：反事实（现实世界里并不存在）——假如我做了……会怎样，为什么。

仔细比较就会发现，科学流程能成功，似乎并不是偶然的，其 5 个步骤里同时体现了 Pearl 所说的三个层次。

- 提出假设和问题意味着思考关联。
- 设计并进行实验意味着干预。
- 对照实验里对相反结果的思考纳入了反事实的考量。

至此，我们谈及了两种理解事物之间联系的方式。

（1）我知道当 X 出现的时候，Y 也会出现（关联）。

（2）我知道 X 会导致 Y（因果）。

关键的问题是，为什么要费尽心力来区分两者并理解因果关系呢？此外，因果关系可以通过数据来研究吗？

对于第一个问题，正如我们在第 1 章叁节中提到的，对因果关系的形式化研究至少有两个重要的目的。

（1）如果我们想要机器为人类服务，就要教会它们借助人类的因果思维来思考问题，而不能仅满足于使用大数据训练下的概率机器，因此发明并教授机器一门因果推断语言就是必要的。

（2）有了因果推断学习，我们就可以更好地理解各种思想谬误，如伯克森悖论、辛普森悖论等，并可借助因果推断，远离一系列法律和道德陷阱，如无人车技术的道德风险。

针对第二个问题，同样由第 1 章叁节给出的因果图可窥见因果推断语言的部分威力。

（1）$A \rightarrow B \rightarrow C$，链结合，$B$ 叫作中介物，如果对 B 干预太多，反而会妨碍 A 和 C 之间的信息流动。

（2）$A \leftarrow B \rightarrow C$，叉结合，$B$ 可能是潜变量，也可能是混杂因子，控制 B 可以阻止有关 A 的信息流向 C 或有关 C 的信息流向 A。

（3）$A \rightarrow B \leftarrow C$，对撞结合，$B$ 叫作对撞因子，信息流通规则和前两种是完全相反的。A 和 C 原本是独立的，所以由关于 A 的信息不能得出任何关于 C 的信息，反过来也是如此。但是，如果控制了 B，由于"辩解效应"的存在，信息就会开始在三者间中流通。

现在来看 $A \leftarrow B \leftarrow C \rightarrow D \leftarrow E \rightarrow F \rightarrow G \leftarrow H \rightarrow I \rightarrow J \rightarrow K$ 这个表达，我们应该如何操作才能让信息充分流通？

理论上，只要这条路径中的一个结合被阻断，K 就无法通过这条路径找到 A。答案是，在不去控制任何变量的前提下，该路径本身就是被阻断的。D 和 G 都是对撞因子，对撞因子在不需要外部帮助的情况下就可以阻断路径。只要控制 D 和 G 将此路径连通，就能使关于 K 和 A 的信息流通。

当然，这个例子只是简单的单链情况，在现实中，多维度的推断链条会更加复杂，但都离不开这些最基本的概念。

下面来看一个游戏。

在下图中，$X \rightarrow Y$ 是因果路径，$X \leftarrow A \rightarrow B \leftarrow C \rightarrow Y$ 和 $X \leftarrow B \leftarrow C \rightarrow Y$ 是两条非因果"后门路径"，我们所要做的就是保留 $X \rightarrow Y$，并阻断另外两条"后门路径"。这里的难点在于，B 在 $X \leftarrow A \rightarrow B \leftarrow C \rightarrow Y$ 中是一个对撞因子，B 在 $X \leftarrow B \leftarrow C \rightarrow Y$ 是一个中介物，如果控制 B 阻止"后门路径" $X \leftarrow B \leftarrow C \rightarrow Y$，反而会打开另一个"后门路径" $X \leftarrow A \rightarrow B \leftarrow C \rightarrow Y$，在这两个"后门路径"中，$B$ 的作用是相反的，结果就是两条路径无法同时阻断。因此，最佳解决方案应该是直接控制 C，因为 C 在两条路径里都是潜变量或混杂因子，不存在逻辑上的矛盾。

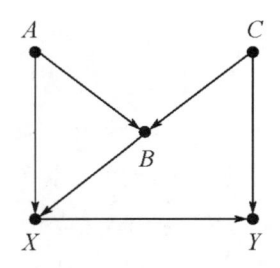

这看起来就是一个游戏，但神奇的是，如果你把每个字母都换成有意义的事件，这就是一项严肃的科学研究了。这道几何题确实是一个真实的例子，源自澳大利亚莫纳什大学的生物统计学家安德鲁·福布斯及其合作者的一篇科学论文，只要做以下替换，一切就都清晰了。

- X 代表某人的吸烟行为。
- Y 代表某人是否会成为哮喘患者。

- A 代表父母的吸烟行为。
- B 代表此人儿童时期是否患有哮喘。
- C 代表潜在的（无法被观测的）哮喘体质。

在因果图的图形解之外，Pearl 还建议增加一门公式语言，用来表达我们想要回答的问题。如果我们对"药物 D 对寿命 L 的影响"感兴趣，那么可以将其表达为 $P(L|do(D))$，即如果让一个典型的病人服用这种药物，病人能存活 1 年的概率 P 是多少？这里的 $P(L|do(D))$ 是我们熟悉的条件概率，而 do 算子表示正在处理的是 Pearl 所说的第二层认知，即干预，如果没有 do 算子，则表示正在处理的是第一层认知，即关联。

因果图表达与因果推断公式表达并不是孤立的，实际上两者之间有着隐秘的联系。例如，do 算子的引入在因果图上的几何意义是清除所有指向自己的箭头，这样就可以防止信息在非因果的方向上流动。而且在 Pearl 看来，引入链结合、叉结合和对撞结合与引入 do 算子的作用是一样的，都是打开因果关系之梯第一层和第二层之间大门的秘密钥匙。

在 Pearl 的不懈努力下，因果推断的问题变成了简单的几何游戏或算法。要知道，人类在因果推断领域的进步，很少有机会能得到如此令人满足的理论成果。该成果终结了一整个混乱的因果推断时代，我们曾在这个时代做出了许多错误的决策。同时，这又是一场悄无声息的革命，激烈的争辩主要发生在实验室中和科学会议上。在掌握了这些新工具、理解了这些新见解之后，科学家可以着手处理一些更困难的问题，无论这些问题是理论上的还是实践中的。

回望历史，我们总是一次又一次地通过需求先行，发明新的语言。

赌徒们发明了复杂的机会游戏，之后帕斯卡、费尔马、惠更斯才发现有必要发展出概率理论，提高赌博的胜率。当保险组织要求估计人寿年金时，哈雷和德莫伊夫等数学家开始设计死亡率表来计算人的预期寿命。当天文学家需要精确预测天体轨迹时，伯努利、拉普拉斯和高斯提出了误差理论，帮助我们从噪声中提取信号，并建立了今天统计学的基础。

长久以来，人类一直对事物的因果推断存在强烈的需求，但理论发展却一直被搁置。高尔顿和皮尔逊在提出有关遗传的因果问题时，就尝试利用跨代数据来解释。但在皮尔逊看来，因果关系过于严格，因此仅被看作相关关系的一个特例，最后他转而发展一个繁荣的、没有因果关系的理论，即如今已经发展到几乎滥用的回归理论。

尽管此后遗传学家苏厄尔·赖特通过路径分析（Path Analysis）理论，对因果推断的发展做出了努力，但因果词汇在长达半个多世纪的科学界都被看作是反科学的。只要一提到"因"或"果"，就会立即招来统计学者的声讨。在禁止言论时，往往会禁锢思想，扼杀原则、方法和工具。尽管每个人都懂得那句俗语"相关性不是因果关系"，但却没有人想要真正地发展这门理论，弄懂什么才是因果推断，这真的让人想不通。

此外令人遗憾的是，主流经典统计学在论战后终于接纳贝叶斯派的主观性时，却并没有接受因果主观性，而将其排斥在外。

大数据时代的快速降临，更加恶化了这一情况，统计学只被要求总结数据，而不需要解读数据，我们还顺带着学习了海量的数据挖掘技巧，到处都是教授这些理论的课程。数据科学家成为数据经济的最大受益者，就连我们引以为傲的机器学习，也成为以追求数据为中心的智能。

直到 21 世纪，描述因果性的通用数学语言才有了体系的雏形。看起来，它做得还不错。长久以来，人类因果推断模式与概率统计逻辑相冲突的地方一直让统计学家们不得要领，这个冲突地带里充满了各种因果悖论。人类的直觉在因果逻辑下运作，而数据遵从的是概率的逻辑，我们的大脑不擅长处理概率问题，但对处理因果问题相当在行。人类和数据的两种世界观冲突是很难调和的。当我们把在一种世界观里学到的规则误用到另一种世界观里的其他领域时，悖论就出现了。

斯坦福大学统计学家佩尔西·戴康尼斯于 1991 年在接受《纽约时报》采访时说："我们的大脑的确不能很好地处理概率问题，所以对于错误的出现我并不感到惊讶。"

我们的大脑没有准备好去接受大数据告诉我们的无缘无故的相关性，但我们只需要学习一个因果推断的子模块，如对撞结合 $A \rightarrow B \leftarrow C$，大部分的悖论就不会让我们感到迷惑了。

肆

机器学习困局：概率的？因果的？

关于无人车安全，大体有三种关切。

（1）本体论关切：什么是无人车安全？

（2）认知论关切：无人车安全是可实现的吗？

（3）道德论关切：无人车安全合乎道德吗？

从工程师的视角来看，回答有关这三种关切的问题远远超越了现有技术的能力范畴。工程师们通常从人类驾驶员开车时会一直关注的四个基本的技术问题为导向展开研究，他们不去思考大问题，而会一个一个地击破每个小问题。

我现在在哪儿？——定位问题。

我周围有什么？——感知问题。

将会发生什么？——预测问题。

我该做些什么？——决策问题。

在高级驾驶阶段，机器被要求能够独立回答这四个问题而不需要人为干预。这四个问题可以被再度归纳成两个大的方向：感知和决策。感知和决策作为无人车的核心能力之二，大量借鉴了机器学习算法中的强化学习和深度学习方法。

强化学习是指通过类似心理学中条件反射式的训练，让机器理解自己的行为所引发的结果。究其历史，最早由巴甫洛夫发现了条件反射，并启发了强化学习。这种算法的范式非常通用，理论上可以应用于任何模型在未知环境里的"决策"任务，但这种普遍性带来的问题就是，这个算法很难利用有限的信息来帮助学习，必须使用多到吓人的训练数据来得出规律。

深度学习是另一种范式，部分受到了生物大脑神经元结构的启发。它很适合用来处理混乱而连续的数据，如用在时间信息的"感知"（如无人车的目标行为预测）和空间信息的"感知"（如无人车摄像头目标识别）上。尽管它的能力非常强大，但也需要采用大量的数据进行训练。

深度学习基于多层神经网络结构。深度学习的网络结构越复杂，对于更大的数据量，预测就会做得越好，而传统模型则很难通过增加更多的训练数据提升性能。通过网络结构本身，深度学习就可以自发地找到数据内在的特点。理论上，多层神经网络可以用来拟合世界上的任何规律（函数）。

在 Pearl 的因果关系之梯上，基于大数据的人工智能所能做到的最好程度也仅到第一层（关联层），大数据分析充其量就是多变量的统计分析，而深度学习只是隐藏层多一些的神经网络而已，理论上没有太多的突破，无法上升到干预层。

或许真正有潜力的是强化学习，它是基于马尔可夫决策过程发展起来的第三类机器学习方法，让智能体通过与环境的互动变得越来越聪明，目前已经达到了第二层，允许推断干预的结果。通过模拟环境，强化学习不需要从现实世界中获取观测数据来训练模型，所以有可能产生反事实，从而最终进入第三层。

特斯拉作为技术企业，一直笃信只要能通过雷达和摄像头采集足够的数据训练汽车，汽车就能学到高超的车技，使驾驶更安全。特斯拉的观点是，大数据 + 机器学习 + 算力 = 自动驾驶。

但是，机器学习算法是一种归纳式的算法，很容易受到黑天鹅事件的影响。一旦算法在实际应用中遇到了没有遇到过的情况，原本不够全面的数据训练经验就会导致计算失败，甚至给出错误的判断。在机器学习的世界里，有一些模型天生就是无法解释的。以对人类最不友好的深度学习为例，其决策所依据的数学公式是什么呢？

有可能是这种形式：

$$\frac{1}{e^{-\left(\frac{2}{e^{-(2x+y)+1}}\right)}} + \frac{1}{e^{-(8x+5y)+1}+1} < 0.5$$

在深度学习的语境里，这还算是比较简单的模型，但已经完全超越了人类大脑的理解范围。深度学习强大之处在于，它可以凭空创造出这类复杂公式，并以极高的准确度来解释现实世界中的现象。

然而，没有人能够真正理解这些公式的意义，关于世界本质的解释被人类创造的机器隐藏在了一堆看似无意义的数学符号中。"无法解释"就意味着"危险"，一些经典的试验说明了机器创造的公式有多么不可靠。

科恩实验室的研究人员动起了"歪脑筋"：让一个简单的图像干扰就能自动启动雨刷；在路边上随便放一张贴纸就能欺骗特斯拉 Model S 进入反向车道。在这些例子中，我们对机器模型一无所知，对异常随机噪声对模型的影响也一无所知，这就是一个盲模型。

在大多数日常应用中，盲模型的可解释性没有那么重要。例如，手机里有那么多应用程序、搜索网站为你服务，你根本就不用关心底层机器学习算法背后的可解释性问题。但在无人车领域，安全是第一准则，我们必须跟踪和定位会导致算法异常的原因，因此可解释性就变得至关重要了。

然而，机器学习技术是拒绝由顶层算法设计者（人类）亲手设计模型的，机器通过训练数据来自动归纳模型。我们无法判断训练数据是否充分，也无法判断机器模型是否足够稳健。因此，在无人车领域，机器学习算法的安全性几乎完全依赖于训练数据的质量。是否在训练中考虑了极端情景，并尽可能覆盖了大部分情景变得至关重要。

传统汽车行业遵循的系统模型被放进了机器学习的"黑箱"，"功能安全"被不可解释的训练数据替代了。传统实践认为，模型代表了知识。但在机器学习的"黑箱"中，机器学习所需的训练数据代表了知识。

在选取训练数据时，我们必然要建立一系列的数据筛选标准，这样才能得到清洗后的可用数据。但是，也许有些关键信息会由于数据筛选标准不够完美而被错误地过滤掉，从而造成训练数据的不完备，带来"幸存者偏差"（见第9章叁节）。

当晦涩的训练数据代替了明确模型给出的功能安全需求时，就破坏了原有的因果性安全追溯链条。一旦训练数据不够充分（这是必然发生的），就只能通过编写合理的测试用例来最大限度地补救，以保证安全性。于是编写充分且合理的测试用例也成为一项安全挑战。

对于集成了机器学习算法的无人车来说，安全的核心不在于道路里程测试，而在于功能安全需求是否落到实处，安全体现在算法的可解释性上，体现在制定完备的测试用例的能力上。显然机器学习技术在安全方面存在先天不足，它无法将功能安全需求可解释地落实到最终产品中。

为了解决这个问题，业界也探索性地提出了一些解决思路。

第一个思路是引入更具解释性的非机器学习算法来"监督"机器学习算法，让两者协同工作。这就是说，监视程序会监控机器学习过程，一旦计算结果出现了不可解释的错误，具有更高优先级的监视程序将强制机器学习算法"宕机"。这个思路避开了可解释性的陷阱,把"黑箱"的能力限制在传统算法的监督范围之内,一旦"黑箱"的行为越界,就会被强制关闭。

第二个思路是在"黑箱"上打开一个缺口,在机器学习算法运行的中间过程中插入一个可观察测试点,在这个可观察测试点考察"黑箱"算法给出的中间计算结果是否可解释,以此来确保机器学习算法按照符合功能安全需求的方式运行。以深度学习为例,如识别汽车的任务,神经网络在中间层会先学到边角的概念,然后学到局部特征(如车轮),最后学到整个车的特征(如车身外形)。如果我们能用一些方法在中间的可观察测试点理解算法从低级概念向高级概念生成的过程,就能对机器的决策多一分理解,让我们的模型更加可解释,更加安全。

然而,这两种思路是过度理想化的,在应用的道路上还存在很多技术挑战。没有人确切地知道,我们何时以及如何做才能最终驯服机器学习可解释性这头猛兽,并真正实现无人车安全。

罗素说:"每个人的一生中都会在某个时刻仰望星辰,思考最大的问题。"关于无人车安全,我们往往倾向于低估它实现的难度。直到提出那些最基本的问题,我们才逐步意识到它究竟有多难,以及难在哪里。

以软件为例,无人车软件逻辑中隐含了无数的因果条件,在时机成熟时,因果条件就有机会触发软件故障。这些因果性必须得到有效关注并在开发全过程中确保追溯(贯穿需求分析、设计、实现、测试等环节),这样才能将安全落到实处。因果推断不单要体现为无人车自主决策的核心机制,也要成为开发过程的核心思想。

无人车的感知和决策过程,大多采用机器学习的概率推断,如果从安全的角度出发,则必须设计更加严格的因果推断。更大的挑战是,在可解释的因果推断中还要兼顾极端事件的影响。对于无人车这种软件密集型的产品来说,现有的软件工程方法在安全方面的考量并不完善,软件工程和安全工程之间还存在安全真空。无人车作为关键安全系统的具体应用,软硬件复杂程度相当高,进行详尽的测试几乎不可能,依赖传统汽车行业通行的最佳安全实践也显得捉襟见肘。这些都需要通过建立新的安全理论和实践方法论来弥合。

无人车只是机器学习应用的一个缩影,我们已经看到了概率观点和因果观点的激烈冲突。在黑天鹅事件出没的世界里,安全课题依旧充满挑战。

伍

人的行为：维纳斯的赌注

首先，人类社会不像物理学那样，由明确而基本的定律主宰。恰恰相反，人类行为不仅无法预测，而且常常是非理性的。

其次，就像洛伦兹蝴蝶效应所指出的，即便我们发现了某些主宰人类活动的铁律，也无法获得预测所需的精确数据。

最后，即便我们掌控了精确的数据，是否能完成必要和正确的预测计算也是不确定的。

基于以上原因，决定论对人类社会来说是一个糟糕得不能更糟糕的模型。人类的行为印证了诺贝尔奖得主马克思·波恩的观点：相比因果性，偶然性是一个更加基本的概念。

在抛弃了主观性的科学世界里，我们做得还不错，基于概率的统计学见证了天文学、物理学的成功。同样的，统计学的概率化实践也将一些玄妙的、有关人的主观行为的、貌似科学的理论打入冷宫，一个最为典型的例子就是葡萄酒评分体制。

1978 年，律师出身的罗伯特·帕克摇身一变成了酒评师，他决定在文字评价之外，对葡萄酒进行 0～100 的打分。这个打分体系立即使得 20 世纪 70 年代原本死气沉沉的葡萄酒行业焕发了青春。

自从有了打分制，品酒专家的能力得到了认可，早在 1890 年威廉·詹姆斯就在《心理学原理》中写道，"他们甚至可以判断出某杯马德拉白葡萄酒是来自上半瓶还是来自下半瓶。"求证下来，这样的表述过于玄幻，始终无法通过现代统计学统计显著性的检验。

从科学原理上来讲，我们对味道的感知依赖于味觉和嗅觉之间复杂的相互作用。味觉源自舌头上的感知细胞，它使我们能够感知到酸、甜、苦、辣等味道。然而，单纯凭借这些还不够，嗅觉同样重要。例如，有两杯浓度完全一样的糖水，如果在其中一杯中加入一些无糖的草莓香精，那么你会觉得这一杯更甜，这就是嗅觉的作用。

我们所知的葡萄酒味道，是由 600～800 种可挥发性的有机化合物构成的，它们同时在舌头上和鼻子里产生混合的效果。数百种味道混合的效果如此复杂，以至于即便是受过专业训练的专业人士，也很少能分辨出 4 种以上的组成成分。

有趣的是，我们对于味道的预期同样能够影响我们对味道的感知。有人做过实验，哪怕只是通过色素改变酒的颜色，也能骗过专业人士，让专业人士授予白葡萄酒只会授予红葡萄酒的甜度分值。更有趣的是，透露酒的价格也能改变人们对同一款酒的味道印象。

气味似乎成了一门玄学。曾有研究者让专业人士随机判断 16 种气味，结果是，每 4 种气味里专业人士就会认错 1 种。就连品酒界的宗师，也会在品酒挑战中败下阵来，无法有效区分"野草莓、甜黑莓和覆盆子气味的馥郁醇香"的黑皮诺和"干李子、黄樱桃、丝滑黑醋栗独特气味"的黑皮诺。就连《葡萄酒爱好者》前资深编辑都曾说过，"你对一个东西了解越深，就越能了解这个东西有多么被人误导，又在误导别人。"

尽管人类在因果推断上占据了绝对的智力上风，但却经常被现实世界运行的概率本质打败。

股票经纪服务领域也是这一认知错位的重灾区。

20 世纪 90 年代末，《巴伦周刊》邀请 8~12 名薪金很高的"华尔街超级明星"基金经理在圆桌会议上推荐股票，参与围观的群众对他们的预测充满了期待。最终战绩如何呢？很遗憾，结果看起来似乎不是很理想，这些股票的收益仅和市场的平均回报相当。

《华尔街一周》在 1987 年和 1997 年也做过类似的事情，让金融"预言家"们在电视上推荐股票，结果更不理想，这些股票的收益远远低于市场的平均回报。

一名哈佛大学的经济学研究人员也曾对 153 条时事报道进行了分析。分析发现，并没有显著证据证明基金经理们确实具有挑选绩优股的能力。

当然也有反例。1978 年，专栏作家伦纳德·科佩特公开了一个股市涨跌的预测体系。他的方法如此有效，以至于能够在每年 1 月底确定当年股市的涨跌，而这个体系能够成功地"预测"过去 11 年的结果。这看起来并不是什么了不起的事情，毕竟拿着数据生造解释模型是很容易的，难的是正确预测股市未来的发展趋势。

堪称奇迹的是，在接下来的 11 年里，这个体系的运转还不错，从 1979 年到 1989 年，科佩特的模型对道琼斯指数都给出了正确的预测。直到 1998 年，该体系一直延续着成功,除了 1990 年。

但这个故事却是一个莫大的讽刺,因为科佩特所谓的模型,仅是把"超级碗"的比赛结果套用在了股指上(如果获胜的是 NFC 的球队,则预测股市上涨;如果获胜的是 AFC 的球队,则预测股市下跌)。这不就是纯粹靠运气吗?如果科佩特不公开他的预测体系,那么恐怕人们要信奉他为另一个巴菲特了。这似乎意味着,哪怕纯粹靠运气,也会有一些分析师能表现出令人印象深刻的成功模式。

尽管大多数人愿意为股票经济服务或基金运营专家支付报酬,但现实却是这些代理人的成功在很大程度上是因为走运。那些足够聪明的投资者都曾购买过管理费过高的基金。实际上,如果我们观察足够长的时间,就总能碰到某个代理人仅靠好运也能做出令人称奇的成功预测。

这就像对 100 种无效药物进行有效性测试,哪怕数据的显著性达到 2% 的水平,也意味着总有那么几种药物表现为确实有效。这就是为什么医学领域的研究结果往往与之前的结果相左。我们的内在本能总能放大或凭空捏造一个事件的因果意义,并希望某种有效性确实存在。

人们投入大量的精力研究随机成功案例,寻找模式并赋予其意义,这是人类的天性。那些似乎具有确定原因的事件模式,其实有可能纯粹是偶然因素的产物。如果某个科学家打开一本记录随机数表的书,却发现所有的数字都是 0,那么他会认为自己买了一本假书吗?很有可能这种情况完全是碰巧的结果,并不需要质疑书的真假。

更加令人迷惑的是,即便未受过概率论科学训练的人也很容易犯错。人通过直觉很难识别出随机事件序列,真正的随机性甚至会反直觉地产生重复性,让人误认为没有随机性。例如,苹果公司最初的 iPod 在随机播放音乐时就遇到了客户的抱怨:连着听到同一首歌。这反而倒逼苹果公司修改了软件,从而让歌曲变得不那么随机。这意味着,一个过程是随机的,并不等价于这个过程产生的结果也是随机的。某个幸运的基金经理随机选择的投资组合完全有可能猜中了股市未来的发展趋势。

认为随机序列中出现的重复是某种优异表现的错误认知也被称作热手谬误,体育运动领域是这类谬误的重灾区。该领域数据充足,信息公开,规则清晰,我们感兴趣的重复情况一而再再而三地出现令人着迷。

假设有 1000 位基金经理,那么在过去 40 年,某位基金经理在某个 15 年里每年都跑赢市场的概率是多少?这个概率远远超出了人们的想象,高达 75%。实际上,对于这个问题，我们往往会只见树木不见森林地理解为"一位基金经理在连续15年里每年都跑赢市场的概率是多少"。我们太喜欢讲那些猎奇的故事了，以至于我们放弃了必要的、艰难的认知。

严格按照第一种概率表达，如果没有某位或某几位基金经理获得成功，那才应该是真正的大新闻。人们与其对明星经理感到惊讶，不如对数学的力量更加敬畏。如果你能理解随机性的运作方式，那么至少你不会对本该普普通通的结论太过惊讶。

社会主义历史学家托尼曾说过，"历史学家们给出了一种必然性的说法，把获胜的力量推到显赫的地位上，把那些被它们吞噬的力量扔到角落里。"对历史最大的误解往往在于，将幸运错当成了能力，将无目的的行为错当成在控制某些东西。

这一点也得到了控制心理学相关研究的佐证。对掌控感的需求，影响了我们对随机事件的准确感知。人们可能会在口头上认同偶然性的概念，但往往诉诸因果的解释，按偶然事件能被控制的观点来行事。金融专家、商业顾问总是声称以往的记录代表了专业水准，而我们对这些人投入的信心在事后看来有点过头了。

这也解释了为什么 CEO 的能力和才智与公司表现之间的因果关系并不像我们认为的那样直接，不管 CEO 的能力和才智如何，其个人表现总是受到整个公司体系中那些不可控因素的影响，就像音乐家演奏水平的差异在充斥着噪声的广播中会变得不那么明显一样。

如占卜水晶球般清澈的事件场景是可能出现的，但不幸的是，这种场景只会在事后出现。就预测而言，个人能力实际上什么都不是。那些通常被忽略不计的次要因素会由于偶然性突然在某些时候变成主要因素，导致重大事件的发生。

意外的订单、管理层的突发奇想日积月累最终会改变市场；经济活动由单独的业务决定，有的业务太小，小到无法预见，无人关注，但这些小的随机事件积累起来，会随着时间的流逝以正反馈的方式得到放大；许多次要因素同时发生甚至可以使没有特别优势的公司压倒竞争对手。这些案例更像是因规律而非意外发生的。

按照与财富成比例的方式评价人们的才能显然很可能是错误的。我们无法看到某个人的才能，只能看到才能带来的后果，因此我们常常认为结果必然体现了才能，并对一个人形成错误的判断。很多人不愿相信随机性的力量，因为如果人们相信付出和收获之间存在某种随机因素，就没有多少人甘愿付出长期的努力了。

努力的态度被看作某种高尚的品质，并且可以让人保持理智，但也因此人们高估了带来成功的才能，成功人士会更高地评价自己的观点而不是他人的。

我们先通过成功的程度定义才能的高低，再通过才能与成功之间的相关性进一步强化两者之间的因果关系，人为地剔除了随机性的概率影响。

西塞罗认为，那些经常赌博的人迟早都会扔出一次维纳斯（古希腊类似抛掷羊拐骨的游戏，扔出一次维纳斯的概率大概不到4%）。不时地，他们也的确能连续扔出两次甚至三次维纳斯。我们难道就准备因此确信这种事情的发生是因为维纳斯女神的眷顾，而不是因为纯粹的好运气吗？

西塞罗的这一质疑可谓前无古人，可以毫不夸张地说，西塞罗应该是古典时期最伟大的概率大师了。甚至概率这个词的词源 probabilis，也是西塞罗发明的。罗马的军事教材中有这样的题目：如何在敌人占据对岸的时候估算河流的宽度？罗马人虽然没有诞生过哪怕一位真正的数学家，但却在日常生活中看到了概率的价值。西塞罗就曾说，"偶然性正是生活之向导。"

无常是概率，不是因果，概率区别于因果的一个重要智慧是，许多事情的发生都可以与在它之前发生的任何事情无因果必然联系。如果判断能与期待相隔离，并完全用理性来说话，那么我们对世界的评价将大为不同。

这解释了为什么芒格尤其关注失败，并把失败原因排成决策前的检查清单，这份清单意味着对随机性的敬畏。芒格一定深知，那些我们通常所看到的清晰的因果必然性中必然隐藏了诸多谬误和错觉。

为何我们以为存在的命运循环因果难以在真实的世界里解释和规划？随机性带来的决策分化就是最重要的原因之一。

体育教练大都认为，严厉的管教和训斥往往会带来学员成绩的提高。但实际上，这一观点的总结也许完全出于偶然。运动训练的肌肉记忆往往是缓慢提高的，但这一提高往往并不具备连续性，有的学员第一天的表现优异，第二天的表现回归正常，也有的学员第一天的表现非常糟糕，第二天的表现正常回归正常，而教练常常在第一天大声训斥后一类学员并在第二天观察到其进步，以此证明训斥是高效的训练工具，但教练却不会以同样的力度训斥前一类学员，尽管两类学员都经历了表现的回归。

在任何一个不同寻常的随机事件之后，更可能是一个相对普通的事件，而这种情况的发生完全出于偶然。特别好或者特别差的表现都可能是运气造成的，两类学员随后都经历了表现的回归，而教练的训斥手段根本就不曾改变过什么，但教练却将其归因于此并将其当作现实有效的教育手段。

由此可见，日常的逻辑背后是随机性的基本原则，但它带来的理解却不是有关随机性的，我们常常把随机性的因素解释为成功或失败的原因，并将其当作今后行动的依据，好像这里真实地反映了某种趋势。这一点正是希伯来大学心理学教授、诺贝尔经济学奖获得者丹尼尔·卡曼尼所发现的我们在理解随机性时面临的最大挑战。

我们不断地从概率的现象中获得因果的认知，并用因果的想法对偶然性做出解释，有时是对的，有时是错的。这个事实带来的结果就是，我们既难以预测也难以解释自己的人生。

不要以为自己可以预测或控制未来，偶然性既然无法逾越，那我们唯一的胜算就是诉诸更多的尝试。要成功，就要把失败的次数加倍，并等待幸运之神的眷顾，即便你等不到，也没有什么值得抱怨的，这就是现实。如果把逃避现实当作浪漫的话，那么不如拥抱随机性，去做个彻头彻尾的"反浪漫"主义者吧。

陆

贝叶斯的力量：因果源于偏见

据 Spurious Correlations 统计，美国在空间技术科技领域的投资与美国自杀（绞杀窒息等）人数高度相关（相关系数为 99.79%）；阿卡德酒店的收入与美国授予的计算机博士学位数量高度相关（相关系数为 98.51%）；美国从挪威进口的原油量与火车相撞导致的司机死亡人数高度相关（相关系数为 95.45%）；人均奶酪消费量与被床单困死的人数高度相关（相关系数为 94.71%）。尽管了解到这些重要的事实，政治家们也没有尝试减少美国科技投资、倡导增加酒店收入、限制挪威进口原油或减少奶酪产量。显然，承认这些相关性的决策者们，拒绝相信这里面的因果联系。

大数据分析很容易走入一种叫作虚假的相关性的误区，这与回归方法的过度拟合滥用相关，过度拟合也可以看作对数据的过度诠释。以上这些例子都可以说是结论最为优美的废话。

为什么在金融市场、生育政策、种族政策、粮食政策、宗教政策、道德研究等话题中会出现那么多结论互相冲突的文章呢？某个话题在人群中引发的好奇心越大，就会有越多的人花时间研究因果，这变成了一个恶性循环，恶果就是会产生互不相容的信念。这些信念几乎完全来自对数据的过度诠释。

在资本市场的定价过程中也能够看到这样的矛盾，对同一事件人们能够解读出矛盾甚至对立的观点，从而引发分歧，对于事件驱动的资产价格波动，诉诸因果的解释也五花八门，让人摸不着头脑，从而为资产价格波动提供内在动机。

如果你记得 p 值操控，你就会理解，即使真正显著的效应并不存在，但只要随机地预测 100 次事件之间的相关性，你就有 5 次机会得出显著的结果。例如，经济学家们可以联系起失业率和通胀水平两个事实，并给出多达 2000 种不同的解释。按照 p 值检验的标准，你就会有 100 次发表科学论文的机会来详细阐述其中的因果联系。只要你掌握了国家统计局的汇总数据，并对数据投入足够多的研究，你就可以轻松地攒出一篇"严谨"的科学论文，题为《证明抗生素的滥用会制约经济发展的 100 个统计学证据》。

这就是滥用过度拟合的原罪。在探索言之有理的解释时，只要愿意，人们就总是能找到有显著性的统计数据作为佐证。人们甚至不会思考，其实这些统计数据的发现并没有什么神奇之处。即使每个统计数据都不太可能具有显著性，但让所有统计数据都没有显著性的难度更大。过拟合使我们滥用因果推断，我们不得不更加深刻地思考，该如何解决这类问题。

贝叶斯主义就为我们提供了一个解决过拟合的工具——最大后验估计。最大后验估计在极大似然估计的似然函数基础上，增加了一个先验概率的信息。这个增加的先验概率的作用就是正则化。这正是第 4 章伍节介绍的 Lasso 回归和岭回归的核心思想。正则化允许我们根据抽样来调整模型的拟合程度。

即便是这样的数学形式上的调整，也无法逆转人类社会中过度依赖"因果迷信"的情况。人类擅长创造因果联系，而并不在乎事物之间的相关性是过拟合的还是欠拟合的，过拟合只是更近一步助长了我们一厢情愿立场的自我强化。

在繁多的因果解释理论中有一个相当极端的理论叫作上周四主义（Last Thursdayism）。你也可以说它是上周二主义或上周三主义。这个主义坚持宇宙是上周四创造的，但其物理表现却有着几十亿年的历史。书籍、化石、遥远恒星发出的光，以及一切（包括你对上周四之前的记忆）都是在创造之时（上周四）形成的，它们看起来都很古老。

上周四主义最厉害之处在于,它是无法证伪的,它没有违背任何物理法则,毕竟物理法则也是上周四创造出来的。无论我们将来观察到什么现象,都可以在上周四找到它出现的原因。

心理学家乔纳森·海特指出,社会科学实验一次又一次表明,人类总是先选好立场,再用自以为理性的论据来为自己的立场辩护。理性对我们来说只是一种工具,用来源源不断地制造解释。这些事后的解释不止一个,只需要一个好的立场甚至不需要任何立场,我们就会对其深信不疑。

即便是可证伪的波普尔观点,也无法否定上周四主义。在这一点上,它甚至还不如纯哲学思辨非科学方法的奥卡姆剃刀原则好用。1319 年,奥卡姆提出,Pluralitas non est ponenda sine necessitate,即如无必要,勿增实体。

既然上周四主义对宇宙诞生的解释与科学家通过对宇宙的观测实验得到的解释完全一样,那么上周四主义的上周四假设就有点多余。为什么要假设上周四创建了一系列假的科学实验证据的解释呢?直接接受科学实验真实的数据不是更简单吗?于是,上周四主义的上周四假设无法让人们解释为什么要假设并伪造并不存在的实验证据这么复杂的东西。至少上周四还要假装创建一大堆数学工具,假装创建工程学观测设备,假装创建科学家们的研究论文,这上帝也太敬业了!

正因为这个假设是多余的,所以奥卡姆剃刀原则会把它剃掉。

但是,有些人不会去关注具体的证据,从语言的表述来看,上周四解释更容易理解,我们为什么要去理解可观测宇宙在 130 多亿年前突然出现,然后产生了恒星、行星、生物及人类和人类的思想这些复杂事物呢?尽管奥卡姆剃刀原则表面看似简单,但其使用原则却很模糊。不同的人对奥卡姆剃刀的"简单"剃刀标准的理解也是不一样的。

想要严谨理解理论简洁性,还是要回归科学的工具,用到算法复杂度这类有关复杂度的理论。理论工作者的贡献是不可或缺的。

但在贝叶斯主义者看来,任何有理有据的理论解释都是徒劳的,这正是没有免费午餐理论。不管你用什么办法来选择你的因果解释模型,你的方法必定在某个方面被其他的解释模型超越,这些模型一般也都会有自己的先验置信度。只要你是一个坚定的贝叶斯主义者,你就一定带有自己的主观偏见。无论你的偏见是什么,总有其他贝叶斯主义者的偏见比你的偏见能够得到更好的结果。

贝叶斯主义者确实带有偏见，但他也并不刻意隐瞒这种偏见。但如果据此认为贝叶斯思想是极端的，那就大错特错了。贝叶斯公式中隐藏着一个更加惊人的秘密，即贝叶斯公式的分母项配分函数。利用全概率公式分解，贝叶斯公式可以改写为

$$P(A|B) = \frac{P(B|A)P(A)}{P(B|A)P(A) + \sum_{X} P(B|X)P(X)}$$

配分函数的前半部分重复了分子，这是关于原理论的，重要的是配分函数的后半部分，其代表了原理论之外 X 个替代理论的分子项。也就是说，这个配分函数可以让不同的理论可以相互竞争，以保证置信度的和总是等于1。

这个特殊的数学形式意味着，当且仅当某个理论比其竞争理论可靠得多时，贝叶斯主义者才会对这个胜出的理论赋予更高的置信度。这也代表了当足够多的证据出现时，你不能说服贝叶斯主义者接受由这些证据所归纳出的单一理论，要想达成这一点，你必须在多个备选的理论中选中最为证据所支持的那个理论。贝叶斯的观点是开放的，即便有理论的争论，贝叶斯也从不参与辩论，而会兼收并蓄地将多种竞争的观点都当作自己观点的一部分加以考量。

可以说，所有可容许的决策机制组成的集合，正是所有贝叶斯方法组成的集合。贝叶斯不是一个人在战斗，有一群互不包容的人同时在为其出谋划策。所有非贝叶斯的替代方案作为个体方法，都会处处劣于某个贝叶斯方法。互不相容的模型组成的森林一定比某棵树更加睿智。

贝叶斯主义者重视先验，也重视信息。此外，他们更重视独立的"异见"。这就是贝叶斯"森林"世界观。这种观点的另一个优势是它天然排斥阴谋论。回到贝叶斯推断的表达式：

$$P(H|D) = \frac{P(D|H)P(H)}{P(D)}$$

式中，H 表示假设；D 表示数据；$P(H)$ 表示先验概率；$P(D)$ 表示证据；$P(D|H)$ 表示似然；$P(H|D)$ 表示后验概率。

在阴谋论者看来，这个方程可简化为

$$P(H|D) = P(H)$$

这意味着，阴谋论者往往过度地简化认知。他们通常立场坚定，顽固不化，无

视新的信息（似然），过分依赖假设立场甚至既有成见（先验信息）。而贝叶斯主义者从根本上来说，对于阴谋论是先天免疫的。

实际上，在贝叶斯"森林"观点下，任何单一模型的解释都是没有因果确定性的，它们都是人们的主观思维的投射，而贝叶斯则包容了所有的观点。

可以说，纯粹的贝叶斯理论里没有因果。

即便深刻如物理学，也缺少实在性和因果，只是描绘了时空中各种事件之间的相关性。例如，对于惯性力到底是什么这个问题，新的解释不断涌现：牛顿认为是绝对空间；马赫认为是宇宙中其他物质作用的结果；爱因斯坦一开始认为是绝对时空，后来认为是引力场；希格斯认为是希格斯海对加速的物质粒子的作用而产生的阻力。直到今天，这个谜团仍然没有完全解开，我们并没有找到惯性力发生的真正原因。

似乎，因果概念并不是一个基础性的概念，如果带着放大镜深入探究每个事物，那么任何100%确定的因果性都是值得怀疑的，就像对惯性力的理解一样，随着时间的流逝和科学的进步，我们会不断给出新的见解。甚至"宇宙随着时间的某种节奏演化"也被广义相对论否定了。在物理学家看来，时间的流逝只是一个与穿越时空的路径相关的函数而已。

冯·诺伊曼和纳什等数学家开创了以目的论为主要诉求的博弈论，这让我们进一步意识到，似乎因为有了人的参与，因果诉求才真正成为一个值得严肃对待的主题，就像物理学家为了理解世界的运行机制，并以此为目的发展科学理论，带来了科学的因果解释一样。

在以目的论为基础的博弈论领域，因果甚至可以是逆向的。法律和司法的主要作用不是惩戒罪犯，而是为了阻止社会成员犯罪。一切惩罚的目的都是不再出现犯罪。在这里，结果可以先于原因。

带有目的论的博弈假设人类所有个体都会做出战略性的行为，采取能够最大化利益的行为。在畅销书《自私的基因》里，里查德·道金斯就为演化生物学赋予了目的论的框架，强化了因果。如果没有目的论，这个世界的本质就只不过是没有因果的贝叶斯森林，我们的偏见赋予了每棵树不同的权重，从而产生了不同的立场和认知。

因果源于偏见。

第 7 章

统计认知

壹

无人车困局：无法逃离的概率世界

2015 年，纽约市对外公布了其出租车运营的统计数据，在 13437 台出租车 × 平均 7 万英里 / 年运营里程 ≈ 9.41 亿英里总里程内，共发生了 7 起严重交通事故（致死或致伤），平均每 1.34 亿英里发生 1 起。如果假定这 7 起严重交通事故都是独立发生的，相互之间没有关联，那么我们就可以通过概率模型来估算无人车达到同样的驾驶水平需要达成的无故障行驶里程。

最常用的统计量是平均无故障时间（Mean Time Between Failure, MTBF）。MTBF 意味着对时间间隔建模，该模型通常是指数分布模型。

通过指数分布得到 MTBF，相当于一个点估计问题，但在实践中，我们并不关心点估计值，而关心区间估计的下限。人们更喜欢这样的答案：MTBF 至少为 1800 小时，置信度为 90%。转换为区间估计，需要对点估计值进行必要的处理。χ^2 分布可以完成这个任务，利用失效次数和置信度，参考点估计值给出置信区间。

如下图所示，当在 100 小时内只有一次故障时，点估计 MTBF 为 100 小时。

- 当置信度为 50%，失效次数为 1 时，χ^2 分布给出的置信区间上限的乘法因子为 3.5，即故障发生间隔时间的上限是 100×3.5=350 小时。
- 当置信度为 50%，失效次数为 1 时，χ^2 分布给出的置信区间下限的乘法因子为 0.4，即故障发生间隔时间的下限是 100×0.4=40 小时。

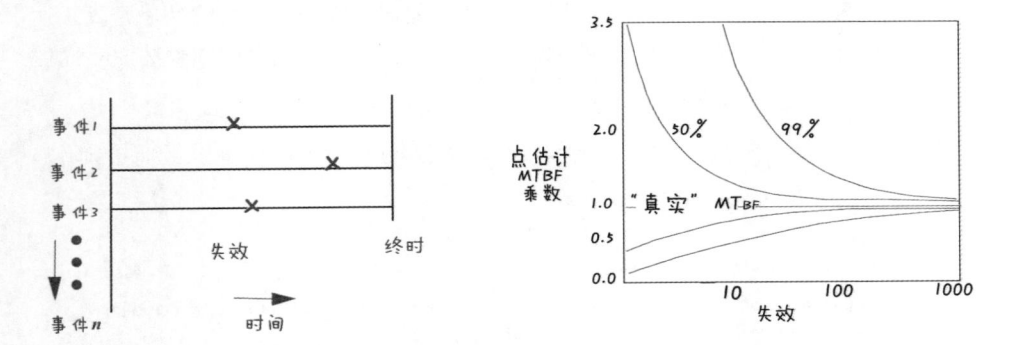

在没有经验（很少失败）的情况下，上下置信区间将变得非常宽。随着经验的增加（经历更多次的失败），信息也越来越多，修正的置信区间将变得更窄。按照这个混合了 χ^2 分布的指数分布模型推演，对于无人车来说，基于 95% 的置信度，要达到 4 亿英里的无故障行驶里程，我们才能认为无人车刚好达到人类驾驶水平，即平均每 1.34 亿英里发生 1 起严重交通事故。

4 亿英里究竟是一个什么样的概念呢？问问无所不知的 Wolfram 就知道了：整个地球上的公路里程只有 2046 万英里。换句话说，为了知道无人车是否真的比人类驾驶员更厉害，我们需要给无人车队安排 20 趟环球之旅。如果这个车队只有一辆车的话，那么它要不停歇地行驶 5000 多年。

美国著名智库公司 RAND 也曾做过统计模型来思考这个问题。RAND 对人类驾驶水平的评估约为 9000 万英里 1 起致命事故，如果要求无人车的驾驶水平比人类高 20%，那么在 95% 的置信度下，无人车的无故障行驶里程需要达到惊人的 110 亿英里。为了证明无人车比人类驾驶员厉害，我们需要一支 500 辆次规模的无人车队，而且它们需要马不停蹄地连续行驶 300 年。最关键的是，还不能发生一起严重交通事故，否则行驶里程还要继续增加。

特斯拉最喜欢说：打造世界上最安全的汽车至关重要。

统计信仰：驾驭无序世界的元认知

Q3 2018 Vehicle Safety Report
The Tesla Team · 2018年10月6日

At Tesla, the safety of our customers is our top priority, which is why it's critical that we design and build the safest cars in the world. Not only do we conduct extensive in-house testing and simulation to ensure our vehicles achieve top safety performance before they ever reach the road, we are also uniquely positioned to leverage the hundreds of thousands of miles of real-world data our fleet

但多年来，特斯拉一直对自家安全数据讳莫如深，没人清楚其产品是否真正达到了最安全这一承诺。就连美国公路安全保险协会（IIHS）和美国国家公路交通管理局（NHTSA）也不清楚。

终于，在特斯拉官网 2018 年第三季度公布的安全报告中，破天荒地出现了 3 个数字。

Here's a look at the data we're able to report for Q3:

- Over the past quarter, we've registered one accident or crash-like event for every 3.34 million miles driven in which drivers had Autopilot engaged.
- For those driving without Autopilot, we registered one accident or crash-like event for every 1.92 million miles driven. By comparison, the National Highway Traffic Safety Administration's (NHTSA) most recent data shows that in the United States, there is an automobile crash every 492,000 miles. While NHTSA's data includes accidents that have occurred, our records include accidents as well as near misses (what we are calling crash-like events).

- 打开特斯拉的 Autopilot 模式，每 334 万英里行驶里程出现一次事故或类似撞车事件。
- 关闭特斯拉的 Autopilot 模式，每 192 万英里行驶里程出现一次事故或类似撞车事件。
- 引述 NHTSA 的数据，全美平均每 49.2 万英里行驶里程出现一次事故（不含类似撞车事件），比特斯拉高 4 倍。

对此统计数据，加利福尼亚大学伯克利分校的研究人员 Steven Shladover 有不同的理解：这几个数字并不是基于统计学推演出来的，由于特斯拉车主通常是高收入群体，也更年长，它们往往驾车在更安全的高速公路上行驶。直接拿 NHTSA 的全国全车型平均数据进行对比可能是带有误导性的，不具参考价值。

当然，以上一系列计算都是基于独立假设条件的，即假设每起交通事故都是独立发生的，它们之间没有关联。而在现实世界中，这个假设并不稳健，如局部恶劣雨雪天气、公共假期出行、通勤高峰时段等因素都会导致事故在空间维度和时间维度上集中出现。

纽约市出租车数据、RAND、特斯拉这 3 个案例对无人车平均无故障行驶里程的估计并不一致，相差几十倍。这些测算几乎都是无效的，因为测算背后的统计模型都是存疑的。风险关注的是 Edge Case，即极端事件，在肥尾的观点下，经典统计中的充分统计量都将失效，我们必须从全新的角度来评估无人车安全行驶实现的真实难度。

下面来看两个故事。

驾驶员在浓雾大雨的天气里打着双跳灯开车到了十字路口，却造成了交通事故。原来是因为汽车的软件设计存在缺陷，人为给出了这样的逻辑：当打开双跳灯时，转向灯无效。问题源自有缺陷的设计需求。

1996 年 6 月 4 日，阿丽亚娜 5 型运载火箭首飞点火后就偏离了路线，起飞仅 30 秒便不得不引爆自毁。原来是因为软件开发人员粗暴地复制了阿丽亚娜 4 型火箭一部分控制程序，但却忘记了新旧型号的火箭水平速率测量采用的是不同长度的变量类型，格式错误的数据进入控制程序导致了致命的数据溢出，从而使整个系统瘫痪。问题源自被忽视的环境条件。

在工程领域，有缺陷的设计需求和被忽视的环境条件是系统性失效的两个最重要的原因。

螺母工厂生产了一万个螺母，并将其装入一个大箱子送到汽车厂装配。由于取放操作失误，这个箱子在卸车时意外落地，箱子的一角触地，那个角上的一个螺母受到挤压并产生凹陷。随后，一万个螺栓和一万个螺母被组装成一万个螺纹连接单元安装在汽车上……

几乎所有这些螺纹连接单元都能够在没有故障的情况下运转。但是，那个稍微有些凹陷的螺母不能承受重复的热机械应力并且失效了。于是，可靠性工程师可能会观察到这一结果并记录下"系统寿命随机故障的概率是万分之一"。

得出这个随机故障的概率是否有原因呢？肯定有啊，但可靠性工程师却不知道，于是，这个失效被看作随机性失效，因为一切都正常运转，但故障出现了，故障发生几乎完全是随机的。与这个例子类似，芯片被静电击穿、芯片晶元的制造缺陷等都可以看作随机失效。

但对于目睹了零件落地并产生凹陷的你来说，这个观点却是不可接受的，因为你知道问题出在哪，失效是不受约束的环境条件影响的，运输条件和方法不在你的缺陷风险评估体系中，如果你把这个考量加入你的评估体系，就是系统性失效，而不是随机性失效了。

如果你有刘慈欣笔下《三体》中的三体舰队探测器——水滴，有足够的洞察力观测地球上每个时刻每个原子的状态，就可以毫不费力地找到任意失效发生的确切原因，有了这个黑科技助攻，失效模式就只有系统性失效，不再有随机性失效可言，几乎所有的随机性失效，在全知全能的水滴面前，都可以看作系统性失效。

因此，随机性失效的概率观点并不是失效的本质。失效的本质是系统性的：有缺陷的设计需求，被忽视的环境条件。

安全本身是注重系统性因果联系的，因受控，果就不会差太多。但我们无法量化经验之外的认知，因为观察有限，认知有限，时间有限。大多数时候，我们不得不退而求其次，寻求概率认知，利用随机性来解释我们的有限观察。

这样看来，对于无人车这种复杂的工业产品，就算我们做再多测试和观察，都无法穷尽我们的认知实现绝对可靠。

传统汽车企业，如丰田，即便每款主要车型在开发阶段都要经历上千万千米的整车测试，以及上千万小时的软件测试，但还是会在设计中暴露严重的安全问题，如：

- 福特平托事件（Pinto Case）。
- 丰田刹车门事件。
- 通用点火开关事件。
- 高田气囊问题。

这些工程事故都非常令人印象深刻。汽车的设计细节中容纳了太多的运行状态、太多时间序列的组合，这让测试的维度没法穷尽每种可能性。

想象一个测试儿童穿越人行横道的场景，在 10 次测试过程中，汽车都没有撞到儿童。于是汽车工程师得出结论：汽车不会撞到人行横道上的儿童，测试结束。但凡有一点思考能力，就能看出这个结论简直漏洞百出。尽管 10 次测试儿童都成功通过了，但存在很多种作弊的可能性：

- 无人车随机选择的路径 10 次都"幸运"地避开了儿童。
- 无人车在较低车速下才能识别儿童，而这 10 次测试都"恰巧"在低车速下完成。

- 如果儿童不在人行横道上，无人车就不会躲避儿童。

继续推演下去，测试存在局限性的事实就会无所遁形。这还只是一个简单场景，如果我们把视野放开，利用层级的观点逐步递进，就会发现更多的局限性。

- 正式部署的汽车路试：无法模拟极端天气，特殊的交通法规，独特的交警手势等。
- 部署前的路试试验：无法模拟意料之外的场景和驾驶环境。兼容第一条。
- 封闭场地路试试验：无法模拟意料之外的驾驶行为，低等级的交通基础设施，道路危害。兼容前两条。
- 完整的汽车和环境模拟试验：无法模拟真实的物理世界，如路面摩擦、传感器噪声、执行器噪声等。兼容前三条。
- 简化的汽车和环境模拟试验：无法模拟真实的传感器感知信息，如纹理、反射、阴影等，无法模拟真实的执行器特性，如控制系统的响应速度特性。兼容前四条。
- 汽车子系统模拟试验：无法模拟子系统之间的交互作用。兼容前五条。

这就引出无人车测试中的一个重要的概念——结构化测试。

为什么叫结构化呢？因为这个结构是层层嵌套的。

- 测试越接近底层，就越偏向于简单而普遍的测试情境，能够提供更高的测试覆盖率。
- 结构化测试策略能够降低整体测试的复杂程度，让测试降维。上一级测试只关注下一级测试的理论局限性。例如，正式部署的汽车路试只需关注意料之外的场景和驾驶环境，而不必关注更底层的模拟实验，其余以此类推。
- 测试没有尽头，所有的测试环境皆是仿真的，测试局限性是永恒的话题。**这里的逻辑就是，你可以做你想做的所有测试，但你永远也找不出所有的错误，因为你无法预知你不知道的东西。**

当然，这不是说测试没用。正相反，越是敬畏世界随机性，就越要提高测试覆盖率，一点一点地提高安全水平。但这可能会越来越难，**从 99.9% 的安全到 99.99% 的安全，甚至比从 99% 的安全到 99.9% 的安全做出的努力要多得多**。在测试观点下，现在提升安全性的努力有一些成熟的思路。

- "刷"路试里程：重点跟踪"脱离"事件，并利用整车测试验证仿真结果。
- 激进的"故障注入"策略：通过人为导入故障的测试来寻找潜在失效模式。
- 通过结构化测试进行"仿真"：通过层级化的测试提高测试覆盖率和测试有

效性。
- 确保以正当的理由通过测试：确保人类能监控到无人车的决策过程，并认为决策是合理的。
- 关注测试的意外情况：在测试时应考虑黑天鹅事件的影响。
- 关注测试的假设前提：如果假定 A 不会发生，就设置一个"探测器"机制来证实 A 确实不会发生；如果认为 B 很罕见，就通过测试计算出 B 的出现概率；如果认为 C 不会引发 D，就注入一个故障模拟 C，看看是否会发生 D。

但这并不够，我们还看到多数无人车公司发布了众多的安全实践倡议，也有的付诸行动了。

- 硬件冗余：随机硬件失效率是符合概率统计规律的。如果两套硬件互为备份，那么系统失效的概率相当于单套硬件失效概率的平方，能够显著提升硬件系统的安全水平，如制动系统、转向系统、电源系统、运算系统、碰撞检测规避系统、车辆定位系统、通信系统的双冗余甚至多冗余。
- 运行设计域（Operational Design Domain，ODD）：类似一个虚拟的围栏，将无人车的运行范围设定在某些安全条件下，涉及地理位置、道路类型、速度范围、天气情况、工作时间、国家及地区交通法规等。
- 目标和意外的检测与响应（OEDR）：系统要能检测并响应紧急的、需要立即进行驾驶操作的情况，如救护车、消防车、交警手动指挥、道路维修、紧急救援等。
- 回退（Fallback）：一种为了降低危害而人为设计的预防性措施。系统能够检测到功能失灵、退化，或者违背了 ODD 限制的情况。一旦发现异常，汽车要能够主动地退回到一个风险可控的运行状态。
- 模拟器验证：参考现实世界打造高精度的虚拟现实世界，基于现实世界的失败经验不断复盘模拟寻找最优解，同时通过某个最棘手的驾驶情境，探索不同假设条件下的模拟结果，并将以上经验变成知识库共享给无人车队，从而回到真实场景验证和迭代。
- 官方安全知识库：官方机构通常掌握着非常全面且详细的汽车安全数据库，这是助力安全性的一个有力信息源。2015 年，NHTSA 发布了最常见的预碰撞场景的数据分析，分析发现仅 4 种碰撞场景就涵盖了 84% 的碰撞案例，这 4 种碰撞场景分别是后撞、转弯或穿过十字路口、车辆驶下路沿、车辆变道。自然地，这些场景也成了无人车的重点测试场景。

测试维度越来越多，汽车工程师们也要适应形势，逐步建立起全面的测试观。

在肥尾的数据特点下，不论是结构化测试还是压力测试，不论是测试指导原则还是安全实践，都只是权宜之计，只能部分地解决安全问题。做得再多，最后也不得不承认"**我想到了所有的可能性**"只是一个幻想。

自动驾驶比我们想象的要困难得多，即便到了 2020 年，谷歌的自动驾驶汽车也还只能在美国南部的凤凰城进行试验，因为该地区少雨，道路宽阔，街道都是直线的，这些因素大大简化了计算机视觉系统的工程难度。

不管是模拟的环境还是现实的环境，任何测试都要由人类来搭建测试场景。**越是测试，汽车的行为就越依赖于人类的认知和经验，而任何经验、场景和设想在概率的观点里都不是完备的。**测试要涵盖我们认为不重要的东西、罕见的东西、不能完全确定的东西，甚至要涵盖我们想象不到的东西。

测试的终极局限性就在于，它无法逃离概率的世界，离散的测试点堆砌永远无法完全填补连续的真实世界。

贰

缺憾之美：直面死亡的生存分析

选择偏差，通常是由主观的人为原因造成的（见第 9 章壹节）。在医学实验研究和临床试验中，这个概念也常被称作选择性偏倚，选择性偏倚的问题可以通过实验设计（见第 6 章壹、贰节）来解决，方法是引入双重盲法和随机性、对照组、协变量和交互作用分析。

在医学实验设计之外，作为其补充的是观察性实验，可以看作非实验设计，即不施加干预（Pearl 所说的因果推断第二层行动能力，见第 6 章叁节），通过自然的调查数据进行研究。同样在医学领域还有横断面研究、病例 - 对照研究、队列研究等。

此外，医学领域、心理学领域的现代理论构建还发展出效应量、等效性检验、生存分析、Meta 分析等新的概念，新的应用层出不穷。

传统假设检验往往将"两组相等"作为原假设，但这难以满足临床实际中需要评价疗效差别的要求，因此需要引入优效性、非劣效性和等效性进行推断，建立不同于传统的检验假设。

生存分析并非医学领域所独有，实际上这门技术先后发展了几个世纪，其最早应用于政府部门评估预期寿命、保险费率和年金的使用情况。从20世纪中叶开始，统计学家们才将其广泛应用在医学领域。

从20世纪80年代开始，Meta分析一路从教育学、心理学等社会科学拓展到医学。定量研究内容也不再限于p值本身，借助消除了度量衡单位的效应量、多样的相关系数、差值、比值，完成研究结果的再分析。

如果有人问自然科学领域哪些学科最难以入门，我会力推物理学和医学。物理学站在科学的顶端，是一切科学理论溯因的原点，而医学站在医学科学、伦理道德和律法循证的交汇点，是统计推断的潮头，可以说医学是统计学理论应用密度最高的学科之一。医学统计是统计理论的集大成学科。

现代统计学的发展有一个经典模式：描述—估计—检验—回归。这不光是理论发展的时间轴，在现代统计学实践，尤其是医学实践中，也可以看到类似的脉络。从讲述的角度看，生存分析是一个极佳视角，让我们得以窥见现代统计学的全貌。

生存分析并非医学领域所独有，在生存分析问题中，不仅要考虑事件是否出现，还要考虑事件出现的时间长短。带有这两个属性的数据是很普遍的，因此在各行各业的实践中，都能找到生存分析的影子。

- 在医学与生物学中，它叫作事件时间分析（Time-to-Event Analysis）。
- 在社会学与经济学中，它叫作事件历史分析（Event History Analysis）。
- 在工程学中，它叫作失效时间分析（Failure Time Analysis）或可靠性分析（Reliability Analysis）（见第7章叁节）

读懂生存分析，首先要读懂什么是"生存"。在流行病学中，生存和死亡的定义如下。

- 流行病患者治愈出院后未再次因感染住院 = 生存。
- 流行病患者治愈出院后再次因感染住院 = 死亡。

参考这个定义，可以更一般地将生存分析数据拆分成两类信息：生存状态和生存时间。生存或死亡代表的是生存状态。生存状态只能为1或0，1表示死亡，0表示生存，或者1表示阳性，0表示阴性。按照惯例，数字1通常表示发生了研究感兴趣的结局的事件。从治愈出院开始到再次因感染住院的时间间隔代表的是生存时间。

生存状态和生存时间是医学研究人员最熟悉的两个概念，它们都是报告临床实验结果的行业通用语言。医学统计常用的方法，大部分都是在经典统计理论上针对生存分析数据做了生存分析化（体现生存状态和生存时间）的专门改造得到的。

例如，用于处理单个分布数据的 Kaplan-Meier 估计，能够对随机临床试验两样本进行检验（仍然是医学试验的黄金标准）的对数秩（Log-Rank）检验方法，就是医学领域中最常用到的由经典统计方法改造出来的。

也许你会问，两样本比较不是已经有成熟的方法了吗？例如，涉及两样本的 t 检验及其非参数形式的 Wilcoxon 检验。为什么医学领域那么特殊，非要起一堆奇怪的名字呢？

这是一个好问题。之所以要起新的名字，是因为之前发展成熟的检验方法大都不适用于生存分析数据。生存分析数据通常是含有大量删失信息的数据，为了处理删失信息，一定要对原有方法做出合理的改造。

下面假想一段医患对话。

医生问病人："你第一次吃安眠药是在什么时候？"

病人 A 回答："我吃过了，但我不记得具体时间了。"

病人 B 回答："我从来没吃过。"

病人 C 回答："你上次问的时候我还没吃，之后吃过，但我不记得具体时间了。"

医生能对病人强求什么呢？在现实中，病人的三种回答都很合理，其共同特点是信息确定性的缺失。

在临床医学领域，医生每天都要处理大量这样的信息，信息的不完整为统计学理论的应用带来了高难度的挑战。如果按照传统样本的观点，缺失确定性的信息就不能再使用了。这非常可惜，因为医学样本往往非常珍贵，尤其是那些稀有病例，一年也遇不到几例，如果就这样放弃了岂不是很可惜？因此有人思考，尽管无法得到 100% 确认的信息，但样本还是透露出部分关键的信息，如事件之外时间的信息。那么，我们是否能够利用这一点确定的、有价值的信息片段呢？

这就是生存分析强大的地方，它总能契合临床医学统计中样本的信息特点，从部分模糊的回答（删失信息）中充分提取出尽可能多确定的信息。以上三个病人的回答就分别代表了左删失（时间轴向左的信息丢了）、右删失（时间轴向右的信息丢了）和区间删失（一个时间段之内的信息丢了）三种情形。生存分析能利用这些删失信息，套用统计工具挖掘规律。

对于删失信息，不仅要考虑到终点事件（如死亡）是否发生，还要将终点事件出现的时间考虑在内，有效地解决研究中时间因素所带来的影响。

为了表达和分析删失信息，一种被称作生命表的数据表达格式被采纳。生命表是人口统计学家的一个伟大发明。生命表的制表逻辑是这样的，统计学家先划定一群有代表性的样本（人群），每年入户调查上一年度还活着的某个年龄段人口在这一年还活着的概率。这个制表逻辑告诉我们一些隐藏的秘密，如预期寿命并不是我们通常认为的平均寿命。

想象有一个荒无人烟的旷野，一座新的城市拔地而起，来到这里工作和生活的都是35岁以下的青壮年，当统计一年的死亡者平均年龄时，我们发现结果只有32岁，据此我们说这座城市人口的预期寿命为32岁。显然，这个结论是错的。

生命表告诉我们，如果预期寿命提高了，则意味着各个年龄段人口在一年内的死亡率都降低了，而不是人的平均死亡年纪越来越大。计算预期寿命需要查阅生命表，统计各年龄段人口在下一年度死亡的概率，只有涵盖并体现每个年龄段人口下一年度死亡的概率，我们才可以计算预期寿命。

值得注意的是，生命表是非参数的，因为不同年龄段人口的（死亡）风险率之间没有特定的联系。生命表的出现带来了一系列全新的统计实践，如此前提到的Kaplan-Meier估计，其用法是依据生存状态和生存时间画出两种治疗手段或药物的Kaplan-Meier估计曲线并进行比较。

但这种方法似乎并不好用，因为医学问题常常是喜欢比较的，如比较两种治疗手段、两种药物、两个年龄段等。因此，最方便的方法一定是两样本检验方法——兼容删失信息的对数秩检验方法。对数秩检验方法的最大优点是可以比较整个生存时间内的分布，而不是仅比较某个特定时间点的生存率。

随着医学技术的进步，容纳多个自变量的情形也成为常态，新问题、新挑战也随之出现。纳入考量的自变量越多，分组就越多；分组越多，组内的样本就越少；组内的样本越少，结论就越不可靠。为了解决这个问题，必须诉诸回归模型的方法，对多变量进行处理。

与此同时也要对传统的回归模型做适当的删失信息化改造，得到的就是 Cox 比例风险模型，它允许我们利用删失信息进行完整的回归分析。在 Cox 比例风险模型中，单个数据点 Z 具有以下数学形式：

$$Z_i=(c_i, t_i, d_i)$$

式中，t 代表观测生存时间；d 代表删失特征；c 是我们要评估的生存影响，如不同治疗方案的组别。比较有趣的是，这个半参数化的模型同时包含了对数秩检验和 Kaplan-Meier 估计。

- 如果 c 被看作我们要评估的协变量，这个模型就是 Cox 比例风险模型。
- 如果 c 被看作治疗方案中的 A/B 组，只取 0 和 1 两个值，这个模型就是对数秩检验模型。
- 如果 c 被看作治疗方案不存在（没有方案对比），这个模型就是 Kaplan-Meier 估计模型。

在 Cox 比例风险模型中，有一个重要的概念——风险比例。风险比例被看作相对危险度的度量。

医学领域非常喜欢带有"相对""比例""比值"字眼的方法，如 OR（Odds Ratio）代表得病与未得病的比值，OR 就是两个 Odds 的比值，通常是通过分类资料的多因素分析逻辑回归得到的，被称作优势比；有一个与其非常相似的概念叫作 HR（Hazard Ratio），Hazard 特指某时刻存活群体的死亡率，HR 就是两个 Hazard 的比值，是通过生存分析的多因素分析比例风险回归得到的，被称作风险比。HR 的含义很好理解，如乙治疗组化疗+放疗与甲治疗组化疗相比，HR=3.1，95% 置信区间为 (2.67, 7.44)，这就表示两个治疗组的死亡风险差别有统计学意义，乙治疗组的死亡风险是甲治疗组的 3.1 倍。

分析优势比 OR 的逻辑回归，以及分析风险比 HR 的 Cox 比例风险回归，这两个工具之间的差异就是 OR 与 HR 的差异。HR 等价于额外融合了生存时间信息的 OR，增加了生存时间信息，会更匹配与时间参数相关性更大的医学预后课题（预先对疾病后续发展过程及结果的判断和估计）。

问题又来了，为什么医学回归模型这么偏爱比较两个比值，并计算两个比值的比值呢？

答案还是老生常谈，谁让分析的数据类型总是生命表格式的呢！谁让医学分析总是各种对照分组呢！想不分析"相对""比例""比值"都不行。例如，某国 1999 年 40 岁年龄别人口数为 40 万，70 岁年龄别人口数为 20 万，1 年之后，这两个数字分别变成 39 万和 10 万，计算生存风险就是用 (40-39) 万去比较 40 万，用 (20-10) 万去比较 20 万，然后对两组数据分别求比值并进行比较，得出 1/40<10/20，只有比较两个比值而不是绝对数字才有统计意义，如可得到某个年龄别人口死亡率更高的结论。

医学领域的统计工具都针对所分析问题的数据特点做了合理的调整和妥协。

另外，对于加入生存分析这种带有删失信息的各种统计模型来说，引入生存状态最大的负面影响就是样本信息的丢失导致我们很难像传统方法一样提取出一个有效的充分统计量，如样本的均值、方差这些描述手段纷纷失效了，t 检验等依赖充分统计量的分析手段也失效了。

这也是生存分析统计工具不得不改头换面的深层理由，生存分析数据特点导致统计量充分性缺失。于是对应单因素分析连续资料的 t 检验、方差分析，对应分类资料的 χ^2 分析在生存分析领域失效了，要换成生命表、Kaplan-Meier 估计；参数化的两样本学生 t 配对检验和非参数 Wilcoxon 检验在生存分析领域失效了，要换成非参数化的 Breslow 检验和半参数化的对数秩检验；常规的多重线性回归、逻辑回归、泊松回归在生存分析领域也失效了，要换成 Cox 比例风险回归。

底层的统计学还是那个统计学，只是按照描述—估计—检验—回归的主线进行了完整的学科化改造。当然，这里不是说医学问题中只有生存分析数据一种数据类型，或不经改造的工具没法用在医学领域，只是想通过生存分析数据这一医学特色数据类型来说明统计学强大的适应性。生存分析数据确定性的缺失没有打败统计学，而让它变得更加丰富和强大。

需要补充的是，在利用 Cox 比例风险回归研究恶性肿瘤预后课题时，没有人反对用传统多重线性回归研究糖尿病患者血糖量与胰岛素水平的关系，以及成年人体重与双肾总体积的关系；没有人反对用逻辑回归研究药物的剂量与效应的关系，以及患食管癌与吸烟喝酒饮食习惯的关系；没有人反对用泊松回归研究不具传染性、无永久免疫、无遗传性、发病率很低的癌症的发病人数，以及单位面积内粉尘颗粒或细菌的出现频数。

工具没有价值区别，只要应用得当，它们都是优美的、有效的、人道的、深刻的医学研究统计工具。

叁

元认知：效应量到 Meta 分析

显著性检验的 p 值通常表达的是观察的差异归因于偶然性的概率，正如我们在第 2 章伍节中分析的，它是一个间接的混杂指标，并不十分好用。

尽管人们对 NHST 有着无数毁灭性的批评，但 NHST 却变得越来越流行，改革的努力普遍令人失望，全新的统计学实践势在必行，必须努力摆脱过度依赖 NHST 的思维。

那么，在现代统计学的实践中，是否有更好的选择呢？也就是说，是否能够通过直接衡量差异的大小来表达某项研究的真实度呢？

答案是肯定的，这个更好的选择就是效应量（Effect Size，ES）。

过去半个世纪以来，当代最有影响力的两位统计学家 Gene Glass 和 Jacob Cohen 都曾间接提出过效应量的观点。Gene Glass 说："统计显著性是结果中最无趣的。你应该用数量级的标准来描述结果。不仅要描述治疗对人有没有影响，还要描述它对人的影响有多大。"Jacob Cohen 说："研究调查的主要结果是一个或多个效应大小的度量，而不是 p 值。"

一个对自己的体重比较关心的人，其真实体重就是一个效应量。当他开始关心体重的变化时，这个体重变化的量也是效应量。效应量无处不在，它可以是医学研究中有关风险的指标，如 OR、HR，可以是心理学中的 Cohen's d，可以是回归方程中代表精度的决定系数 R^2，可以是方差分析中的 η^2，还可以是均值、中位数、百分比、相关系数等，只要你选定了问题，就一定会有合适的效应量成为你的研究对象。

利用阿司匹林预防心肌梗死的健康研究是一个很好的说明效应量作用的例子。由 5 年内 22000 多名受试者的数据发现，尽管总体心血管死亡率没有降低，但阿司匹林的使用与心肌梗死的降低高度相关。假设 p 值甚至小于 0.00001，这个结果实在太惊艳了，几乎确凿地证明了阿司匹林的正面效果，以至于该研究获准提前终止。

但是，细心的人发现，该研究的效应量非常小。

- 风险差异为 0.077。
- 决定系数 R^2 仅为 0.001。

效应量的这个结果意味着，建议许多人服用的阿司匹林既无益处甚至还有产生不良反应的风险。于是医学界慎重地进行了更多的实验并依据补充的证据推翻了原来的结论，最终郑重地修改了阿司匹林的服用建议。

另一个例子来自 PNAS 在 2014 年发表的一篇题目为"Experimental Evidence of Massive-Scale Emotional Contagion Through Social Networks"的论文，从一个大型现实社会网络收集到的数据显示，持续时间较长的情绪（如抑郁、幸福）可以通过网络传递。研究认为，当有意识地给人们的 Facebook 新消息中呈现更多的负面消息时，人们自身表达负面情绪的词汇也会增加。

从显著性检验 $p=0.007$ 的结果来看，这个结论好像挺显著的，但是其 Cohen's d 效应量值却小得惊人，只有 0.001。这意味着，这个命题的真实度几乎等于零，是不能予以采信的。

批评者认为，广泛采用 p 值的 NHST 实际上已经在阻碍科学进步了。20 世纪七八十年代，Ken Rothman 在医学期刊上发表了一系列文章，提倡放弃 NHST；1990 年，Rothman 成为《流行病学》的创始编辑，宣称该杂志不会发表任何有关 p 值的文章，在他担任编辑的 10 年里，该杂志的影响逐渐扩大，同时几乎没有发表任何 NHST 相关文章，这似乎证明了好的科学并不需要 p 值；在心理学方面，Geoff Loftus 在 1993 年担任《记忆与认知》的编辑时，也不断提倡新的统计实践，并极力避免使用 p 值。

2005 年，心理科学专家 Ioannidis 重新阐述了 NHST 的危害，并指出以下三个问题，令人信服地解释了为什么大多数已发表的研究结果都是错误的。

- 已发表的研究是所有研究的偏颇性选择。
- 数据分析和报告通常是选择性和有偏见的。
- 人们很少进行重复研究，因此错误结论一直存在。

他毫不客气地指出，我们依赖 NHST，尤其是获得统计意义的必要性的根源在于，这是出版发行、职业发展、研究经费及利润来源（尤其是对于制药公司）的关键所在。我们常常以此标准来认定符合统计显著性标准的任何发现都是真实的，它们都不需要进行重复验证。

许多发表在顶刊上的论文突出显示了 p 值，但常常忽略了定量研究中的效应量大小。半个多世纪以来，学者们一直在发表对 NHST 的有力批评，记录它造成的损害，并敦促变革。在做预测时，Armstrong（2007 年）讨论了在确定变量之间的关系时，使用效应量度量的必要性，以及在这样做时应避免采用显著性检验的事实。他认为，显著性检验的结果常常被曲解，即使被正确地呈现和解释，也无助于决策过程。无独有偶，Schwab 和 Starbuck（2009 年）对管理科学也提出过类似的论点。

如今，一些国际期刊已经要求在报告 p 值的同时还要报告效应量。尤其是在心理学领域，从 20 世纪 80 年代开始，用效应量来强化显著性检验已经成为普遍的做法。中国理学会的旗舰期刊《心理科学》在其提交指南中就明确指出，效应量应该伴随主要结果——条形图和线形图中包括分布信息，通常是置信区间或平均值的标准误差。

回到技术层面，在解决检验的问题时，效应量的大小通常受三个因素的影响。

- α 水平：犯第一类错误的概率。
- 检验的势 $1-\beta$：我们知道，β 代表犯第二类错误的概率，$1-\beta$ 代表两个总体参数的确存在差异时所使用的统计检验能够发现这种差异的概率。$1-\beta=0.90$ 意味着，对于假设 H，理论上在每 100 次检验中，平均有 90 次能拒绝假设 H。这就像在刑事案件中，法庭掌握的嫌疑人犯罪的证据越多，嫌疑人就越有可能被判有罪，我们放走真正罪犯的可能性就越小。
- 样本量 N：观察到样本的多少。

检验的势 $1-\beta$、样本量 N、效应量 ES、α 水平这 4 个变量是相互依存的，只要知道其中 3 个就可以推导出第 4 个。

在关注效应量的同时，也要同步关注检验的势 $1-\beta$。这是因为 $1-\beta$ 通常体现了假设的强弱。如果 $1-\beta$ 很小，就说明原假设 H0 很难被否定，这是一个非常弱的假设，否定它没有太大的意义。因此，计算效应量得到的结果的意义就被削弱了。例如，你的假设是南极的冬天很冷，否定这样的假设并不会带来太多认知上的进步。

一般要求将 0.8 看作检验的势的通用标准，究其根源，与将 α 水平定为 0.05 是直接相关的，这是一种人为的约定。为什么要设为 0.8 呢？这要归功于 Cohen，他认为 α 误差比 β 误差的后果更严重，因此容许 β 误差可以是 α 误差的 4 倍：$4\times0.05=0.2$，自然检验的势 $1-\beta$ 就等于 0.8。尽管这是一个略显武断的标准，并被认为缺乏充分的解释，但研究人员几十年来一直在使用该标准。在心理学领域等社会科学研究中，检验的势通常都远低于 0.8，很多都在 0.5 左右。因此，在不同的应用中，这一指标尤其值得关注。

提高检验的势，可以通过提高样本量 N 或降低犯第一类错误的概率 α 来实现。

检验的势也可以和效应量 ES 和样本量 N 关联：如果干扰因素的影响很明显（强证据），则样本量 N 很小（更少的证据）就可以检测到这种影响；如果干扰因素的影响较小（弱证据），则很可能需要更大的样本量 N（更多的证据）才可以检测到这种影响。

效应量成为取代 p 值的强有力竞争者。效应量的提出被看作一个巨大的理论飞跃。这种表达更加直观且易于理解，因此更适合成为某些研究领域（如医学、心理学、管理科学等）的首选度量标准。

然而，效应量还可以走得更远。统计学实践没有停下脚步，在后续的发展应用中，效应量的概念还有力地支撑了全新的 Meta 分析技术。

在英文中，Meta 作为前缀所代表的"元"，非常类似于"递归视角"。如果一个领域 A 的研究对象是 B（如物理学的研究对象是自然现象），那么 Meta-A 的研究对象将不再包含 B，而只包含 A 本身。类似的概念有元神、元宇宙等。这里的 Meta 分析就意味着"分析的分析"。

1980 年，《柳叶刀》杂志发表了一篇科学评论。该评论针对的是临床试验协会提出的一种分析阿司匹林功效的新想法。这个想法是将所有的临床试验放在一起进行数学评估，发明它的人是英国牛津大学的理查德·皮托。

早在 20 世纪 70 年代，皮托就致力于发展一种理论，这种理论认为，不应孤立地看待各项临床试验的结果，而应将它们整合在一起通盘分析。这一新想法就被取名为 Meta 分析。

Meta 分析的出现一度引起争议。临床医学专家认为，将不同的临床试验硬拉到一起，违背了统计学的基本原则，因为临床试验中涉及的医学方法不尽相同，病人群体存在年龄和性别等差异，医学诊断结论也未必统一，很难将它们整合到一起来处理，凑数据必然带来偏差。

这也是烟草企业对 Meta 分析所秉持的观点，因为从商业利益出发，烟草公司要极力否认吸烟与患病之间的因果关系，由于人体临床研究的复杂性，以及实验室环境下动物研究的结论无法直接套用在人类身上，因此一般研究往往无法进行可靠的因果推断。

皮托誓要打破这种僵局。

他对 Meta 分析的看法是，它根本不是在凑数据，而是在关注一个更加简单而重要的基本问题：实施一类试验到底有没有证明该医学手段是有效的？为了让各项研究可以比较，效应量派上了用场。Meta 分析为了汇总不同研究结果、考察平均效应大小，决定策略性地放弃统计量估计，并广泛地采用效应量估计。

我们通常使用的传统统计量，如 t、F、χ^2、p 值等检验指标，从 Meta 分析的角度看来，其实并不"规范"，这也是 Meta 分析反对者们最大的理由，而效应量则能够将研究人员开发的各种测量工具的经验发现转换为通用度量标准，是被"规范"过的。

"规范"效应量依据自身数据特点，被分为三大家族。

- d-家族：如表达差异的 Cohen's d、Hedges' g。
- r-家族：如表达相关性的 Pearson r、R^2、η^2、ω^2、f。
- OR-家族：如表达相对概率的 OR、RR。

重要的是，在 Meta 分析中，以 Cohen's d、Pearson r、f、OR 为代表的这些效应量之间可以很方便地互相转换。

历史研究结果当然不能白白舍弃，尤其是那些带有原始数据，如均值、方差的研究结果更显珍贵，通过效应量转换后仍然能够提供有用的信息。此外，对于那些只保留了 t、F、χ^2 等统计量，缺失原始数据的研究，就要分别研究、各个击破，这也是 Meta 分析的核心任务。

Meta 分析所关注的是研究者汇总多个研究文章的效应量之后，可以进行更加准确的估计，这对于增进认知而言是非常有意义的，也是科研的真正目的。

2014 年，Geoff Cumming 在 *Psychological Science* 上发表了一篇名为"The New Statistics: Why and How"的文章。在这篇文章中，他以创建新统计学的口吻，提出了改进心理学研究的 25 条建议，其中第 3 条指出，基础数据要详尽；第 9 条和第 10 条指出，不要相信和使用任何 p 值和 NHST；第 12 条和第 16 条指出，建议使用效应量；第 18 条指出，要广泛地使用 Meta 分析；第 22 条指出，如果使用 NHST，则检验的势也要纳入考量；第 23 条提出，在使用效应量时不可忽视检验的势。

在 Cumming 的建议中，无论何时，只要诉诸建立一个累积性的知识学科，就要使用小规模或大规模的 Meta 分析。

在物理学、工程学、考古学、天文学、古生物学等领域，其核心理论公式很精简，在很小的范围内可以不断地重复验证，这里的知识可以很容易地被重复强化并累积起来。但在神经心理学、组织行为学、神经经济学、心理信息学、管理学、心理学等领域则不然，为了定量化地累积确定性的知识，必须诉诸 Meta 分析方法。

在后者这些可重复性存在很大变数的研究领域，每个独立研究测量到的效应量会因为误差而变来变去，Meta 分析几乎是唯一可靠的方法。

效应量、Meta 分析被寄予厚望，而对于是否要严肃地正式禁止 p 值或 NHST，根本没有必要争论。也许过一段时间，我们几乎不会注意到它已经消失了，因为我们正专注于建设一个完整的、令人兴奋的全新理论领域。

肆

浇筑现代工业之花：可靠性试验验证

不管到哪儿，我都要套用那个公式。

我会保守好秘密的。

很简单的算术。

应用题。

如果一辆我们公司生产的新车以每小时 60 英里的速度驶出芝加哥，后桥差速器锁死，汽车被撞毁，所有的人都被困在里面活活烧死，我们公司要不要启动召回呢？

将已经投放市场的同型号汽车总数（A）先乘以故障率（B），然后乘以庭外和解的平均费用（C），A 乘以 B 乘以 C 等于 X，这就是我们不启动召回的代价。

如果 X 大于召回成本，我们就启动召回，这样就不会有人再受害了。

如果 X 小于召回成本，我们就不启动召回。

这种事故很多吗？

多到你无法想象。

你在哪家汽车公司工作？

嗯，一家大公司。

——《搏击俱乐部》（1999 年）

过去几十年，在工业领域，尤其是汽车行业里，商业竞争逐步加剧，用户开始重视产品安全、耐久性、可靠性，并且对抗疲劳性产生了越来越高的期望。期望高了，就需要借助深刻的统计方法来达成这一目标。

工业领域的可靠性很好理解：**一个零件/系统在规定的环境和工作循环下，在试验标准期间实现用户期望功能的概率**。

可靠性试验是唯一已知的一种验证产品是否满足寿命和功能技术规范的实用方法，体现了设计师为了满足客户期望，利用自己了解的产品使用程度方面的知识，并将这种知识融入产品设计所做的努力。一旦建立了实验室和现场之间的关系，工程师就可以开展实验室可靠性试验验证。

按照可靠性的定义，可靠性试验需要确认的是试验标准期间实现用户期望功能的概率，这就意味着在这么多系统组件中，应当关注最薄弱的环节，因为最薄弱的环节决定了系统的失效时间，也决定了在期望时间内实现用户期望功能的概率。

这个表述很容易勾起我们脑海里的知识记忆。没错，极值理论中提到的 Weibull 分布，正是最佳备选（见第 5 章肆节）。工业设备上众多组件的寿命都可以合理地假设成独立同分布的随机变量，而随机变量的最小值就与可靠性直接相关。

可以说，Weibull 分布备受工业设计师的偏爱。只不过，其验证暗含了一点凋谢美学的意味：验证 Weibull 分布必须验证到产品报废为止，只有这样才能产生足够的信息进行参数估计。这就陷入了尴尬的境地：Weibull 分布的模型参数有点多，极端样本少了肯定不行；实验一旦开始就不能停止，要做到产品报废才行，如果零件怎么都不坏，超出了预期寿命，也得咬牙坚持做到产品报废，这都意味着测试成本的飙升。

凋谢有美的一面，肯定也有不美的一面。总这样也不行，汽车行业第一个就要跳出来说不。汽车设备本来就是设计出来用于长期工作的，可靠性试验过程比其他产品更受煎熬：样本数量和试验时间都受固定开发周期的约束；试验不充分会增加产品使用风险，试验过度又会带来成本和时间浪费。如果全部严格按照 Weibull 分布的要求试验到产品报废，产品也就没法上市了。

加速试验成为破题的关键。

加速试验说起来容易，但物理定律是无法突破的，似乎只能用蛮力突破了。既然模拟实际使用工况太耗费时间，那就把载荷提高，振幅增大，频率提高，使温度更极端，用强度换时间，用更加苛刻的外部手段使产品快速疲劳。

另外，可钻研断裂力学、疲劳损伤、应力、应变、断裂、点焊疲劳特性等方面的研究理论，寻求减少试验时间的方法。最终，工程师们还真搞出了一点名堂，得出了被称作 SSAT 模型的加速寿命试验方法。

但这还不够，还需要解决一个更加棘手的问题：减少样本数量。能不能用原来一半的样本数量，实现相同置信水平的预测呢？在实践中，这就意味着需要在量产产品中人工挑选残次品，而不是随机样品，如果残次品的试验结果没问题，好的零件自然就不用验证了，这样就节省了一半的时间。

这样一来，如何挑选残次品就变成一门手艺，就像挑瓜的老汉，必须有充足的把握挑中下第 50 百分位品相的，客户才肯付钱（奇怪的要求）。通过主观合理选择实验样本达到减少样本数量目的的这种做法，被统计学家们赋予了一个学术的名字——有偏抽样。

在实践中，有偏抽样的思路像一个偏方，你不能说它过于主观，因为它有时候确实有效，如果影响挑选结果的因素里有一个单一主导因素，有偏抽样的方法就尤其好用。例如，布氏硬度对疲劳寿命的影响就很显著，应用有偏抽样就可以达到很好的分析效果。这样产品开发的性能和时间成本算是达成妥协了。如果要考虑的因素很多，且没有主导因素，就不能通过有偏抽样方法大刀阔斧地减少样本数量。

可靠性设计是产品设计师的关注点，偏技能的维修师的关注点则略有不同。前者利用生存分析数据模型来研究失效实验，这是可靠性的出发点；后者是从可维修性的角度来看待产品的。

实际上，可维修性与可靠性并不是一回事。

汽车维修师如果追求可靠性，那么谁来修车呢？他们只关心能不能修、好不好修，因此会从调试和使用的角度，利用可维修性的模型来思考问题。

在维修师的眼里，许多系统都可以分为两种类型。

- 一次性或不可维修系统。
- 可重复使用或可维修系统。

如果系统是汽车，在发动机发生故障时，只要更换发动机，汽车就修好了。这里的汽车就是可维修系统，发动机就是不可维修部件。但是，更换发动机太不经济了，如果失效的零件是发动机里面的火花塞，那么只要更换火花塞就可以。这时，发动机就是可维修系统，火花塞就是不可维修部件。

若可维修系统中包含多个不可维修部件，则非常适合用随机模型来评估系统可靠性。随机模型主要用来描述连续过程中的随机事件。对汽车类工业产品来说，连续过程指的是行驶时间或行驶里程，随机事件指的是事故。

最常用的实现可维修性评估的模型就是非齐次泊松过程（NHPP）模型。NHPP是指，对于非负随机变量的无穷序列，任意时间间隔内的故障数服从泊松分布。

这意味着，调整 NHPP 模型的参数，可以很方便地模拟如下两种状态。

系统在磨损状态下的可靠性特征——故障间隔随机递减。

系统在调试状态下的可靠性特征——故障间隔随机递增。

也许你会问这个模型有什么用呢？你听说过预测性维修吗？没错，借助统计模型，维修师就可以对设备故障进行预测。此外，专业保险公司其实也会对这样的数据产生兴趣，并借此带来更大的商业利润。所以没有什么统计模型是不好用的，就算它再冷门，用对了也能事半功倍地创造价值。

设计师、维修师从工业可靠性、可维修性视角出发思考，可能只是工业应用领域中的几个缩影，但我们可以发现，统计学掺杂其中，串联起了 Weibull 分布、可维修系统、可靠性试验、步进应力加速寿命试验、有偏抽样等多个模型和概念，它们都需要利用统计的数学工具来理解。

如果没有统计学的助力，我们很难想象汽车这样的工业产品如何被设计出来，得到市场的认可，并借助可维修性被赋予长期使用的价值。

汽车作为工业产品中的集大成者，集齐了力、热、声、光、电等几乎所有物理知识和原理的应用，如果没有统计学理论对物理基础原理的揭示（见第 6 章壹节），对产品开发成本和开发周期的缩减，以及对产品维修性数据的关注带来的产品估值的变化，我们将会寸步难行。

美国天文学家 Clifford Stoll 曾说，"你第一次做一件事情的时候，就像搞科研。第二次做这件事情，就像搞工程。第三次，你就成了技师。"当我在着手一件事情的时候，我已经开始想着下一件事情了。工业产品的迭代离不开科研理论学者、工程师、技师们的共同协作。

什么是统计学的创新？只有在面对这些实际应用制造业难题的时候，我们才能多脚踏实地寻找切实可行的方案。多样的统计学工具能够支撑起多样的科研直觉、工程思维、技师匠心，回归事物的本源去思考事物的基础，再搭建出事物的全局。

伍

精美的试验品：从布朗运动到金融帝国

苏格兰植物学家罗伯特·布朗曾研究过细小的花粉粒在水中的不规则运动，并将其命名为布朗运动。布朗运动启发了 Bachelier 对于债券价格波动方式的理解。他相信两者都是不可预测的过程，尽管粒子行为或个人行为的细节太过复杂，但整个系统却可以通过概率的方式加以研究。毕业于巴黎大学的法国数学家 Louis Bachelier，在其 1900 年的博士论文《投机理论》中，首次将布朗运动原理运用于金融资产分析。

Bachelier 被后人看作现代数理金融学领域的奠基人。他通过对巴黎股市的研究，提出了有效市场、股票价格随机漫步等思想原型。相对论的奠基人爱因斯坦也受到布朗的启发，开始研究分子间相互作用，并提出了与 Bachelier 的思想形式非常相似的概率方程，这便是随机漫步的数学表达式，但爱因斯坦本人却并没有意识到这只是历史的一次巧合。这不难理解，毕竟在爱因斯坦的时代，对于证券价格运动、分子运动、热传导等研究对象，理论家们都利用相似的数学模型来描述。

Bachelier 的思想虽然发端很早，但却被埋没了 50 多年才被萨缪尔森发现并广为传播。萨缪尔森和他的学生们基于 Bachelier 的创造，继续发展了有效市场理论、EMM、现代投资组合理论（MPT）、资本资产定价模型（CAPM），以及集大成的期权定价 B-S 公式。这一系列古典金融理论的基础几乎都根植于 Bachelier 引入的布朗运动。

为什么布朗运动适合用来描述金融资产价格波动呢？

标准布朗运动的数学描述可翻译为如果时间为 0，位置为 0，那么在任何有限时间区间 Δt 内，布朗运动满足均值为 0、方差为 Δt 的正态分布。也就是说，方差随时间线性增加。这个性质意味着，布朗运动与任何数学方程表达的轨迹都完全不同，它不连续也不平滑，曲线的转折非常剧烈，而且这种剧烈程度几乎不受观测尺度变化的影响。

布朗运动的这种处处不可微分、波动频繁的特点非常接近金融资产价格波动曲线，令人们欢欣鼓舞。

但新的问题也随之出现了，虽然布朗运动从形式上满足金融资产价格波动的特点，但在数学上却很难处理和分析，因为古典微积分理论无法处理处处不可微分的情形。

分析手段的欠缺导致迫切需要人们发明新的理论，即为随机变量也建立一套类似普通微积分的理论，让我们能够像对普通的变量微积分那样对随机变量进行微积分处理。

一个全新的想法是，如果将股票价格看作布朗运动 Bt，则金融衍生品可以被建模为布朗运动的函数 f(Bt)，借助其微分形式 df，就可以利用微积分的成熟理论对 f(Bt) 加以分析和研究。这便是伊藤引理（Ito's lemma）出现的历史背景。一切只因一个新的数学工具的出现而变得不同。

布朗运动的性质非常奇特，专业来说就是位移的平方累积（二次变分）始终等于时间区间的长度。通俗来说就是在时间区间的长度趋于 0 的极小尺度内，位移的变化不是 0，不过这个位移微小量的平方可以测量，它就等于时间微小量。这个微小量的累积在随机过程中无法被忽略。

伊藤的研究关键的一个步骤就是在古典微积分的后面增加了一个新的额外项——二次变分（位移的平方累积）。二次变分作为布朗运动的核心特质，被计入随机过程。通过二次变分，伊藤巧妙地改变了微积分的处理方式，建立了**伊藤过程**。虽然只是微小的变化，但却是一个质的飞跃。借助**伊藤过程**，布朗运动干扰项被引入微分方程，带来了随机性，伊藤引理实际上将布朗运动理解为随机干扰，从而赋予了布朗运动更一般的意义。

×	dW	dt
dW	dt	0
dt	0	0

至此，我们有能力构建这样一个精妙的数学结构。

一只金融衍生品，比如说期权价格 C 满足伊藤过程，而期权价格 C 作为股票价格 S 的对数表达 ln$S$，也满足伊藤过程，这两个伊藤过程都是基于同一个布朗运动模型的，即期权价格波动符合布朗运动，股票价格波动符合几何布朗运动。所谓的几何布朗运动，是金融数学中的概念，它与描述传统的微粒无规则运动的布朗运动之间只相差一个对数变换。

由于期权价格 ln$S$ 波动符合布朗运动并服从正态分布，因此股票价格 S 波动将服从对数正态分布。这就是说,在给定当前股票价格的前提下,股票在未来的价格波动符合几何布朗运动,股票在未来特定时刻的价格服从对数正态分布。

这个结论在金融领域具有举足轻重的地位,因为它就是期权市场出现的理论基础。

什么是期权?可以说,期权本质上就是押涨价还是押降价(或者其更复杂的操作,如押波动性)的选择权。如果你看涨一只股票,后来其价格真的涨了,你就赚钱;如果股票价格跌了,你就牺牲掉购买期权的费用。看跌的情况与之类似。在整个过程中,你都不会"持有"股票,这里交易的是持有股票的"权利"。

虽然期权在 18 世纪就被发明了,但由于价格不透明,其发展一直受限。在交易过程中,由于不能连续报价,期权还不是一种标准化的合约,其市场流动性受到很大的限制。客户经常会问:我怎么知道自己的指令成交在最公平的价位上呢?

布朗运动和伊藤微积分为这个问题给出了一个数学形式上的完美答案。

- 股票价格可以看作一个伊藤过程。
- 期权价格也可以看作一个伊藤过程。
- 伊藤微积分的应用告诉我们,一个伊藤过程的函数也是一个伊藤过程,它们基于同一个布朗运动模型。

人们突然发现,既然可以把股票和期权各自的伊藤过程看作基于同一个布朗运动模型的过程,不就能够得到一个股票价格和期权价格之间不含随机性的确定性函数表达式吗?而且这里面的布朗运动的随机性被相互抵消了。

这个想法是颇具颠覆性的,随机性是风险资产的属性,但借助伊藤微积分,随机性突然消失了。如果将股票和期权放入一个资产组合,利用期权价格和股票价格之间能够消除随机性的函数关系对冲,我们就得到一个完全没有风险的资产组合。

没错,这便是 1973 年 Black、Scholes 和 Merton 利用随机微积分工具为风险资产(如股票价格、股票指数、汇率、利率等)所建立的 BSM 模型。从 1973 年开始,看涨期权、看跌期权、股票指数期货期权等,先后在芝加哥期权交易所和纽约期货交易所挂牌交易。这个模型带来了金融期权市场和商品期权市场的巨大繁荣。

以 C 代表期权价格,S 代表股票价格,这个模型的公式非常简洁:

$$C = \frac{\partial C}{\partial S} S$$

按照这一公式，每做空一份期权，就要做多 $\partial C/\partial S$ 份股票，这种在 Δt 内完美消除布朗运动随机性、构建投资组合的方式，被叫作 Delta 对冲。借助 Delta 对冲，金融领域广泛采用的随机微分方程一下子改头换面，变成了纯粹的非随机微分方程，这就是著名的 BSM 微分方程：

$$\frac{\partial C}{\partial t}+rS\frac{\partial C}{\partial S}+\frac{1}{2}\frac{\partial^2 C}{\partial S^2}\sigma^2 S^2=rC$$

这个公式中包含期权价格 C，同时包含股票价格 S、股票的风险波动率 σ 和无风险利率 r（借钱的利息）。此外，这个公式中还加入了金融的折现概念（时间 t），以体现金融衍生品在时间上的价值。最重要的是，这些参数均与风险无关。

除股票的风险波动率 σ（根据使用者的不同取值会有区别）以外，其他参数的取值都比较确定，这就带来了另一种应用：根据期权的实际交易价格和 BSM 微分方程反推出波动率，即隐含波动率。其中最有名的例子就是芝加哥期权交易所的 VIX 恐慌指数，它通常代表了市场对于风险的普遍观点。

按照 Delta 对冲，共有两种在股市进行投资的对象——股票和期权。只要愿意，任何人在任意时刻都可以把期权变成股票。

静态来看，BSM 模型能告诉我们，在任意时刻用多少股票来代替期权可以使总的风险不变。以看涨期权为例，它的价值随着股票价格的上涨而上涨，随着股票价格的下跌而下跌。我们可以计算出，最初要买入多少股票，在未来的每个时刻、每个价位还要再买入或卖出多少股票才可以获得与期权合同相同的回报。

动态来看，在现实中，在达到平衡前投资者总是追求低买高卖，大量的套利行为上演。当期权和股票的预期回报率一致的时候，市场就达到了平衡，此时投资者对这两种产品没有偏好。

有趣的是，看涨期权要比看跌期权更受欢迎，原因可能在于大多数股票投资者更倾向于看到事情的光明面，因此更经常希望股票价格上涨而不是下跌。然而，这种特别的买入看涨期权的倾向并不会使看涨期权变得昂贵，看跌期权变得便宜。因为可以证明，行家可以通过在股票交易中将看跌期权转换为看涨期权，将看涨期权转换为看跌期权，任何期权都可以转换为其他期权。

更进一步地，你甚至可以寻找一个合适的对冲组合来为一个期权定价，不管最后股票价格变成什么样子，这个对冲组合与期权之间还是保持一致的。这就是对冲的另一个含义，即复制。复制和对冲没有任何不同，所有的金融衍生品定价理论根本上都在用这个方法，它们反复说的都是同一件事情。

BSM 模型的内核本质上是依赖于伊藤微积分的，尽管其伊藤微积分的显式表达在 BSM 微分方程中已经通过对冲被隐去了，但通过 BSM 模型，理论上的投资组合能够"崩塌"成一个确定的回报。

批判地看，古典金融理论中的 BSM 期权定价公式在发端伊始只是几何形式化地利用了布朗运动的运动轨迹，在那个数学模型匮乏的年代，将一个物理现象形式化地利用本质上并没有什么深刻的道理。正是伊藤微积分的出现，让包含特殊数据类型的微分和随机方程恰巧满足了期权衍生品定价的数学结构，并最终促成了健全的期权市场的诞生。

尽管金融市场在一场随机游戏里取得了巨大的繁荣，但我们仍不禁要问，这里是否有真正的统计学基础？我们似乎过度关注理论的数学形式，反而忽视了物理统计意义的构建。这引来了很多问题。

为什么要把股票价格波动看作几何（指数）布朗运动？正态分布又是从何而来的？

仅仅是因为指数关系在数学上好处理带来人为偏好，才将股票价格公式推导成对数正态分布的吗？

既然借助伊藤微积分金融学才容纳了布朗运动，为什么要把布朗运动看作金融产品自然的先天属性？

我们在使用任何一个模型之前，都要先了解模型成立的前提条件，并了解它适合解决的问题，从而避免它被滥用。至少，当 BSM 模型在面对一些更加棘手问题而变得狼狈不堪时，我们应该回到理论的根基上看一看是哪里出了问题。

陆

变异与毁灭：预防原则

没有接受极值理论训练的流行病学家给出的防疫建议，可能实施效果还不如什么都不做。

太多的政策、决策、建议所依托的原始数据信息，往往比人们一开始认为的肥尾情况还要极端，因此在政策制定者们关注传统插值方法和平均值分析的时候，所采用数据的这些统计量实际上没有任何统计学意义，这带来的最严重后果就是风险被显著地低估了。

在肥尾 Pareto 分布的情形下，可能有 90%～97% 的观测值都低于真实分布的统计平均值。因此，像"人类是比以前更好战，还是更不好战"这类问题上，根据对过去暴力事件和战争的观察，必然会产生错误的低估。

1860 年，英国历史学家 H. T. Buckle 就犯了这样的低级错误，他错误地使用了描述性的非统计推理，给出了这样的观点：这种对野蛮的追求，在社会的进步中不断地衰落……如果我们比较一个国家和另一个国家，就会发现，在很长一段时间里，战争变得不那么频繁了……我们已经保持了近 40 年的和平，出现了一个前所未有的情况……

讽刺的是，不管这段陈述是否具备道德感，Buckle 的文章发布之后的一个世纪却是人类有史以来最凶残的一个世纪。

统计学家告诉我们，对于一个造成至少 1000 万人伤亡，并且伤亡人数少于第一次世界大战或第二次世界大战的大规模冲突事件，平均间隔时间为 136 年，平均绝对偏差为 267 年。如果按照今日全球人口数量修正，则相当于平均间隔时间为 52 年，平均绝对偏差为 61 年。因此，所谓"长期和平的 70 年"这样的说法，显然不足以证明未来大规模战争不会在短期内发生。

可以说，对于肥尾变量，均值几乎完全由极值决定。这里有一个通俗的比喻：摇尾狗效应。这个效应是指，一个分布越肥，狗摇尾巴越甚，即有用的统计信息越来越多地存在于尾部极端的情况下，而分布"身体"部分的有用信息越少，几乎变成了纯噪声。

如果你对尾部不确定，你对均值就不确定。人们通常认为尾部事件和平均值在某种程度上是独立的，却没有意识到平均值已经包括了这些尾部事件。这就像说"凶手除偶然一次在学校枪击事件中杀死了30名学生之外，一辈子都表现得非常有道德"一样荒谬。

极值理论的诞生就是为了解决肥尾问题。它的出现让我们能以更加稳健的方式应对尾部风险，即使在观测样本数量有限的情况下也是如此。在荷兰，为了建造足够高和足够坚固的水坝，极值理论被用来处理最大值的分布，而不是平均值，以保障公民的安全。

基于极值理论的风险管理实践，对于存在系统性和极端风险作用的情形，通常能够获得很好的预防效果，对于政策制定者来说是很好用的理论工具。在极值理论的帮助下，不光流行病的风险可以被量化，战争伤亡、环境破坏、复杂网络和许多其他经济现象也都能够得到分析，从而减少普遍的对风险严重性的低估。

极值理论作为决策工具是有效的，但是单纯消除对风险的低估还不够充分。在风险管理领域中，决策者要有连带责任，以防止将社会的整体或某个重要部分暴露在意外风险之中。这就是本节的重点——极值理论观点下的预防原则。

所谓预防原则（Precautionary Principle，PP），是指如果一项行动或政策有可能对公共领域（如民众的健康和环境）造成严重损害，那么在行动的安全性缺乏科学确定性指引的情况下，提出行动的人有责任确保不会带来损失，并承担相应的后果。

这是一个极具使命感的原则，当潜在危害是系统性的（而不是局部性的），即其后果可能涉及完全不可逆转的毁灭时，必须全面贯彻预防原则。例如，防止人类或地球上所有生物的灭绝。这个原则旨在重点关注那些缺乏证据和科学认知不完整，并且可能导致灾难性后果的领域。例如，人们曾担心欧洲质子加速器制造的迷你黑洞会毁灭地球。

当然，这样的情形并不多，因此预防原则本身不能被滥用，只有在必要的时候，才需要以此原则介入干预。大多数滥用预防原则的决策者都有一种不好的倾向，即认为所有的风险都是平等的，但事实却不是如此。

例如，我们谈论以下两种危害。

- 局部的非扩散风险。
- 能够造成不可逆和广泛传播的扩散性风险。

标准的风险管理应该侧重于前者，即风险可以很容易地从过去的数据中计算出来，成本效益分析就是典型的方法。即便产生误判，其危害的影响也是有限的。物种进化、天气变化、局部战争是比较常见的研究对象。

对于后者，不可逆和广泛传播的可能性给决策和风险控制提出了全新的问题。流行病、物种入侵、金融危机、个人破产和单一文化都是预防原则的研究范畴。

尽管存在极端事件，但我们所熟悉的蝴蝶效应本身并不如我们所想的那般普遍，并不是所有的蝴蝶拍翼都能引起飓风，而且我们也不清楚是否真的存在这种可能性。然而，如果小扰动可以改变大尺度的事件，那么一定具备产生放大的特定条件。

从经验论上讲，自然界的存在本身就是否定蝴蝶效应的一个绝佳的例证，即便经历了数万亿次的微小"蝴蝶效应的影响"，它仍然很好地存在。

自然界天然地接纳了预防原则。像地球一样的高维度、大尺度系统中，有着大量的精细尺度变量。蝴蝶效应并不会在大尺度系统里兴风作浪，它主要适用于低维度系统中几个变量起作用的情形。在自然系统中，地理屏障作为天然防火墙，让各个存在精细尺度的子系统具有高度的独立性，从而化解了各种蝴蝶效应。

预防原则不是一个普世原则，它就像核按钮一样，只有在必要的时候才能启用。正因为它是条件式的，所以必然会有误用的倾向。因此，在使用之前，必须明确地解释并理解这一原则，避免其被别有用心的人拿来主义地当作个人的护身符和挡箭牌。标准风险管理和预防风险管理是有区别的。

标准风险管理	预防风险管理
局部危害	系统性毁灭
微妙的成本效益	不计成本地规避
基于统计性	基于脆弱性
基于统计性	基于概率性，非统计
变异	毁灭
概率收敛	概率发散
可恢复	不可逆转
独立因子	交互作用
基于证据	预防性
薄尾	肥尾
自下而上 修补	自上而下 建造
进化	人造

在预防原则下，很多事情似乎是反直觉的。例如，相比核能的利用，我们更应该担心转基因生物。

核能利用有很多令人担心的理由，如会释放辐射。此外，在切尔诺贝利核事故阴影下，堆芯熔毁和核废物也令人心忧。但即便如此，它的影响相比全球影响来说，还是有限的,从普里皮亚季扩散的核污染大部分都限于白俄罗斯和乌克兰两国境内。尽管这里也有随机性和肥尾特点,但成本效益分析方法仍然是适用的。

然而,有些人提出,核能看不见的风险仍有可能唤醒预防原则,我们必须清楚存储核废料数十万年的长期风险。但好消息是,由于核废料数量不多,因而很难产生全球系统性的污染。

相比之下,转基因生物似乎更值得担忧。在这个问题里,生态和健康两个方面的风险都是系统性的。

在生态方面,除有意种植以外,转基因生物具有不可控制地扩散的倾向,因此类似于蝴蝶效应,风险将不单局限于某地。野生型植物与转基因植物的杂交将导致不可逆的系统性后果,其影响很难评估。此外,大面积单一种植单一作物也会带来系统性风险,19世纪的马铃薯饥荒就是这一恶果的集中体现。

单一栽培与基因工程的结合又极大地增加了风险。这些基因修改无视长期的进化选择,在复杂性里引入了幼稚的工程策略,并且采用了非常有限的实证检验方法。

当今硬核的工程学已经逐渐转向进化的方法,如柔性制造,但生物学家和农学家们却反其道而行之,大量采用工业革命"原始"的、自上而下的工程学策略,冒着全球系统性风险,将大批量单一品种转基因生物引入野外。

在健康方面,作物的改良会影响到每个人。转基因玉米是主要的转基因作物之一,不仅可以新鲜食用和作为谷物食用,还是加工食品的主要成分,如可制成高果糖玉米糖浆、玉米油、玉米淀粉和玉米粉。由转基因作物制成的食品,在上市之前都没有在人体内进行过严谨的测试和研究。

转基因生物支持者有一个论点:转基因生物不是人工干预的新理念,我们祖先世代以来所做的选择性耕作,也是人工作用的结果。

的确,人类确实经历了几千年的选择性育种。但在这个过程中,基因变化仍然是以自下而上的方式发生的。

在自然界中,自然突变的生物体不会立即被复制,并成为一个新的物种主宰某个领地,强势的物种只有在自然条件下经历重重考验,并反过来证明其基因的强大,才会逐渐变为主流。人工选种哪怕出现一个错误,带来一些有害的变化,短期内也只会影响局部,不会蔓延到整个系统,带来系统性风险,这种风险是薄尾的。

引入基因改造生物,会带来蝴蝶效应般的系统性风险,就如同现存的人畜共患疾病（如艾滋病、流感）一样，引入更大的危险性。人直接跨过生态系统，按照自己的主观意志舍弃了自然界中大量相互依赖的自然因素考量，在短时间内让一个物种变为主宰，这必然带来肥尾风险，并可能造成整个生物系统的全局崩溃。

转基因生物支持者还有一个论点：如果没有转基因生物，饥荒的风险如何应对？

针对这个论点，首先，饥荒问题不是非转基因生物导致的，而是糟糕的经济和农业政策导致的。例如，Taleb 在 2020 年曾指出，美国燃料乙醇消耗了 40% 的粮食，这足够养活全球 10% 的人口了。其次，尽管谈论这个问题可能不够人道，但饥荒问题并不是全局性的，相比之下，引进转基因生物所带来的风险基本上是未知的。饥荒的后果是可预测的，但转基因生物大规模普及具有更大的未知性和风险性。

科学界应该对健康效益和风险评估采取更加严格的要求，即预防原则，而不应采取标准风险管理原则。如果没有这种严格的要求，科学的宣传将失去科学性，并受到短期商业利益的挑战。

不确定性的增加带来了"毁灭"可能性的增加，大多数关于转基因生物拯救穷人免于饥饿的讨论，都忽略了这个基本的不对称性，短期的人道理想主义要让位于长期的人道理想主义。

转基因生物支持者并不甘心，并提出了第三个关于健康的论点。

在转基因生物支持者看来，基因修饰的主要是为了影响植物的"化学功能"，如改变其对其他化学物质，如除草剂或杀虫剂的抗性，或者影响其自身对其他竞争生物的杀伤力，这里的改造并不直接影响人类自身。

但是，这个观点并不能证明这样的改造不会对人类造成影响。

首先，改造抗农药作物在实践中只会使农药的用量持续增加，这些农药随后会以更高的浓度存在于植物中，这对环境和人体健康的影响都是有悖预期的。

其次，不要说基因生物公司，就算是整个人类社会现有的知识，也还不足以去评估独立蛋白质改造影响植物生物化学的方式，以及人体内各种代谢途径和调节系统之间的相互作用，以及由此产生的生物化学变化对人体健康的影响。

这些确切因果性研究和测试，在实验设计领域都被看作是极其困难的，很难获得确实的结论。这就像证明吸烟有害健康一样不易。目前，已经有科学家提出证据，证明母体血液中神经毒素（对人类认知功能产生影响）浓度的增加可能与转基因生物有关。

如果只因为现存的模型不能预测负面的结果，就把整个系统暴露在一些潜在的、未知的危险之下，是极其不合理的。

面对未知，科学训练教育我们要从错误中获取新的认知，但现实是，风险管理和科学是完全不同的，科学是渐近认知的过程，因此犯错是进步的前提。风险管理则不同，如果你犯错，也许直接就一败涂地了，以后也不会有再次犯错的机会。

因此，在极值观点的启发下，风险管理首要的目标永远都是减小出"大错"的可能性。

第 8 章

商业决策

壹

门萨圈套：智商测试的伪科学

智商与财富等硬指标之间是否存在显著的统计关联性呢？这是一个备受关注的有趣问题。大多数与智商相关的"成就"，一般都是以学术上的成功、考试的成绩、薪水的高低等来衡量的，这很难被量化。

财富常被看作一个比较好的衡量智商的标准，即便智商高也并不一定意味着成功。财富之所以被特殊看待，似乎是因为它被看作唯一的生存"硬通货"。例如，你可以用 30 元钱换取食物，而不能用"业务"排名、"考试"排名、社会地位换取食物。

虽然理想很丰满，但是智商和财富之间的相关性并不像人们认为的那样显著。

- 美国一项统计结果表明，智商的高低在财富为 4 万美元以上的人群中没有明显的作用，统计的噪声很大。

第 8 章 商业决策

- 即便将财富变成收入，NLS 数据库也不支持智商与收入的关联性。收入的回归模型对模型的解释程度只有不到 1%，财富的回归模型对模型的解释程度只有不到 2%。
- 对比不同职业人群的智商分布，排名前 25% 的保安比排名后 25% 的大学教授智商更高。
- 在重复性上，同一个人的多次智商测试之间的差异达到了 2σ，要显著大于人群智商调查的抽样误差。如果一次测试和再次测试之间的相关性是 80%，则意味着你作为你自己，只能解释 64% 的自我测试结果。
- 智商和 SAT 分数之间的关系也告诉我们，它们没有相关性。

专注智商测试的心理学家可能并没有意识到，统计学并不是用来解释以上这些噪声的。于是，有些种族更擅长跑步的论调就过时了，体能的维度要大得多，是无法用跑几次 100 米的方式来定义的。

众多例子告诉我们，大多数智商测试相关性检验都存在一类统计缺陷：噪声淹没了信息。噪声并非仅有的影响，还存在认知的问题。

- 如果智商的分布是用高斯结构构建的（几乎永远都是），而现实世界中的表现是肥尾分布的（几乎一定是），那么在这种情况下，任何可用的传统度量标准都会高估回归模型的可预测性。
- 当人们说"某个人群的智商偏离标准差更多"时，他们其实并不知道这是什么意思，因为不同人群的智商有不同的方差，甚至不同的偏度，需要建立不同的统计模型。
- 智商中"智力"的多少是由学术心理学家设计的，这些心理学家也不是天才，因此这个智商测试自然会对低智商表现更加敏锐，也更不容易识别高智商的天才。

如果以上列举出的部分疑点没有得到解释的话，那么我们基本上会高估智商评分的现实意义。

按常理思考，低智商确实与非常消极的表现呈现一定的相关性，但高智商对积极表现可能并不那么敏感。

- 一个智商为 70 的人可能不能证明数学定理，这几乎是显而易见的。
- 人们不一定了解，在智商为 150 的人中有多少人做着社会底层的工作谋生。

总之，低智商可能提供更有效的信息，而高智商可能传达的信息并不比随机噪声更多。智商测量值的方差是随着智商的增加而增加的,这种非线性并不是所有心理学家都能够理解的。

如果医学博士和学者的智商更高,那么很大程度上是因为他们都要进入学校学习,并需要在类似智商测试的考试(如高考)中取得比较高的分数。这种滤波器的存在提高了可见均值,降低了可见方差。当你进行面试时,通常先看面试者的简历,而不是先看他们的智商。

种族主义者也许会说,如果一个国家的国民智商为 82,这在政治上就意味着该国家所有的人都有 82 的智商,因此我们应该禁止他们移民。这样的观点也不值一驳,因为这个观点中甚至没有用到基本的统计概念——方差。**概率论和统计学把一部分人弄糊涂了。**

还有一个更加极端的例子,这个故事叫作"死亡偏见"。

假定有一项针对 10 万人进行的智商测试。测试后,假定 2000 人会死掉,死人的智商为 0,测试表现为 0。此外,我们还假设其余活着的人的智商与测试表现完全无关。最后我们问:智商和测试表现的相关性是多少?答案非常出人意料:相关性大约是 37%。

这简直是无中生有,的确这里的活人没有任何相关性的贡献,但死人贡献了所有的相关性。死人的相关性本质上来自这样一个事实:如果你一直干扰或打断另一个人的工作,那么他的工作注定做不好。但反过来则没有完全等价的结论,不管你通过何种办法激励一个人,他也不会突然之间变得非常擅长做某件事情。正是因为这样的现实存在,几乎所有的能力测试都会显示出一些与智商正相关的规律,即使测试是随机的。因此,如果你在同类的故事里看到一个很低的相关性,那么你还不如坦率地承认这里没有任何有意义的相关性。

如果在"死亡偏见"的基础上考虑肥尾分布的影响,那么这对于相关性研究更是火上浇油。

也就是说,在极端斯坦世界里做回归运算,为了使样本具有更大的信息量,所需数据的数量级要比平均斯坦世界里所需数据的数量级大得多。更令人崩溃的是,如果样本数量不足,那么极端斯坦世界的数据回归运算拟合效果甚至比平均斯坦世界的数据回归更加稳健,决定系数 R^2 更高,因为肥尾分布的中心比薄尾分布的中心更集中。

因此，有理由怀疑极端斯坦世界中的有限样本并没有揭示任何相关性的规律，反而误导我们相信它的存在。这就是禁止社会科学家随意进行回归运算的原因。国民智商就是一个骗局。如果财富是厚尾分布的，那么你需要关注的是尾部的少数情况（智商有不可预测的回报），而不是平均水平。实际上，过大的方差（噪声）导致信息量几乎丢失，哪怕只多增加几个随机点就可以反转回归的斜率。

在现实世界中我们会处处碰壁，以下这些不确定性都是智商测试无法顾及的细节。

- 当有人在现实世界中问你一个问题时，你首先关注的是他为什么问我这个问题，这会将你转移到环境中并让你从当前的问题中脱身，人一般都有这种本能。
- 现实生活从来没有提供过答案清晰的问题，大多数问题往往没有明确的答案。
- 智商无法发现错误的凸性机会，如你会有意识地犯很多无关紧要的小错误，以避免犯一个重大的错误。
- 容易被随机性愚弄，把由看到的肤浅现象归纳出的模式当作事物的本质，这会导致天真的干涉主义。一些心理学家反倒认为，模式识别对现代社会的功能至关重要。
- 要想在生活中取得好成绩，你需要有思考的深度和能力来选择自己的问题并独立思考。一个人只有是疯子（或心理学家）才会相信像智商测试这类标准化测试能够揭示人们独立思考的能力。

伟大的卡尔·波普观察到，心理学家倾向于用某种类型的紊乱或人格缺陷，如"孩子气""自恋""自大狂"或类似的称谓，给那些让他们崩溃的人下病态的标签。似乎智商测试也是一个极好的用来给人贴标签的工具。

源自法国心理学家 A. Binet 的智商测试，是一个陈旧但久盛不衰的保留项目，旨在测量人的智力，但其结果往往更像在评价一个人在参加一些由某些人设计的考试方面有多优秀。虽然 Binet 的本意仅是粗略估计小孩的智力年龄，为防误用，他还特意强调智力高低不能用此种测试来衡量，但这一强调很快就被人们忽视了。

1912 年，美国移民局在语言不通、心情惶惑的移民中进行了不人道的智商测试，将包括 83% 的犹太人在内的大批移民视为"弱智"，成倍增加了驱逐率。直到 1938 年，刚领完诺贝尔奖的费米在移民到美国的时候，美国移民局的官员还表示需要测试其智力水平……

似乎是种族主义者或优生学者们，一直在致力于证明一些人的智商测试结果等价于较低的智力水平。此外，一些心理学家也在贩卖"智商是心理学中最好的衡量标准"这种想法给那些容易受骗的人。实际上，智商不是一种科学的衡量标准。在心理学研究中，即便考虑到信息学家对数据进行了精心的统计筛选，智商最多也只能解释某些任务中 2%～13% 的表现。

讽刺的是，真正在智商测试中败下阵来的往往是"学习障碍"型选手，最终成功的是应试者（Exam-Taker）、乏味的工作者（Paper-Shuffler）、"白痴"型知识分子（Intellectuals Yet Idiots，IYI）、无法适应现实生活者等。如果有人提出用情商、幸福商数或睡眠商数来对一个人进行量化的评价，这也是极其荒谬的。

类似"决定孩子成功的重要因素是 20% 的智商和 80% 的情商"的论断老套又迂腐。至少以下逻辑就能够反驳这样的论断。

- 解决问题的能力可能与智商相关，但终究被限制在问题本身。
- 号称的高智商根本没有证据证明，相反却是对自己立场的麻醉认同。
- 如果是基于立场的麻醉认同获得的"自己高智商"的认识，那么根本无益于问题的解决，因此第一点关联假设不成立。

因此，号称自己高智商的是最不愿意通过讨论来解决问题的人。

人类之间的差异更多体现在思考的角度和层次，而不是智商上，智商的噪声太大以至于不堪用。硬要说提升认知能力的话，不如多角度＋多层次。例如，对于争论，设置三个思考点 A、B、C（我的角度、你的角度、大家的角度），事情就会清晰一些。如果再加上三个层次（自我的、社会的、自然的），事情就更明朗了。

美籍犹太裔物理学家理查德·费曼是第一位提出高等量子力学中路径积分思想的人，同时他也是第一位发现呼麦演唱技法的人。费曼一生都与自称高智商的人保持距离。

他说过，"我的智商不够加入你们的俱乐部（门萨）。"

对于费曼来说，智商的测试就是伪科学，不值一驳。

贰

维度的秘密：戏局谬误与 PQ 测度

一位经理问交易员：市场价格会上涨还是下跌？

交易员回答：上涨，百分之百确定。

经理非常生气，他认为交易员撒了谎，交易员虽然嘴上说着上涨，但却一直在做空市场。这意味着，只有市场价格下跌公司才能从中获利。但交易员却很无辜，他很难跟经理解释清楚自己的观点和操作完全基于同一个意志，这里并没有矛盾。

的确，市场价格上涨的概率比下跌的概率更高，即使市场价格下跌，大幅下跌的概率也很小。但在交易员看来，小概率带来高回报，当大部分人都认为市场价格会上涨的时候，空头头寸的预期回报更加可观，既然如此为什么不做空市场呢？做空市场就意味着看涨啊！

在经理看来，交易员所相信的观点违背了他的行动。这里误解的根源在于，交易员所认定的市场价格上涨，是将一个更复杂的高维度交易策略"压缩"成单一维度的二元决策（非对即错）表达，这种简化被经理错误地解读了。上涨、下跌不能直接和做多、做空对应，因为它们并不在同一维度中。交易员看到的是二维 XOY 平面里的凸性机会曲线，但经理的眼中却只有一维直线上涨和下跌这两个不相容的选择，只能容纳高度退化的二元决策。

在现实世界中，回报是二元的这种情况非常普遍。

- 买彩票、掷硬币或支付固定金额的二元期权回报是二元的。
- 选举结果（如全民投票、总统选举）回报是二元的。
- 单个患者（非流行病患者）在特定的时间段内生存或治愈回报是二元的。
- 在特定时间购买特定产品的网购行为回报是二元的。

对于线上购物网站来说，二元预测（成功或失败）某种商品的销量是成功的。但在线下销售场景中，二元预测就没用了，这里是高维度的世界，线下的销售行为是肥尾的，较低的成功率也可能带来很高的回报。

一个人不太可能签署一份二元保险合同来对冲将来破产的风险，因为没有人能够提前知道崩溃的程度和规模（这是高维度的），从而在合同中做出约束。只有一类二元保险合同除外，而且运作得还不错：健康保险里要么没有补偿，要么当你重病的时候获得存在上限的一次性补偿。

几十年前，JP Morgan 的大佬每天只看一份只有一页的报告就能了解市场风险。很神奇是吗？然而真正做到这一点并不难，借助 VaR，只需要一个数字，就能表达潜在损失。这就像股票价格只用一个数字的波动就可以浓缩万千信息一样，原本丰富的信息表达在 VaR 化之后必然已经失真了。

如果没有肥尾的干扰，VaR 能够一直可靠地报告可能遇到的最大损失。所以毫不意外，当肥尾到来时，VaR 在 2008 年次贷危机中失效了，偏差甚至高达 25σ。要知道，物理学认可新发现的标准仅为 5σ，地球诞生至今时间跨度内事件发生 1 次的标准仅为 8σ，Matlab 计算的极限仅为 9σ。

在次贷危机中，来自华尔街的摩根士丹利就陷入了麻烦。他们试图在非线性的情况下取得收益，更具体地说，他们想要对冲房地产的崩溃。但摩根士丹利却犯了一个巨大的错误。"崩溃"不是一种二元的是或否的状态，而是可以被量化为很多值的状态，其中有一些会比预想的结果更糟糕。

如果现实只有轻微的崩溃，那么摩根士丹利能够获利；如果是严重的崩溃，摩根士丹利就会非常倒霉。这两种程度上的差异是无法通过二元状态来解释的。最终，摩根士丹利正确地预测了危机，但在对冲中损失了 100 亿美元。

"崩溃""灾难""成功"这些描述都是口语里二元化的典型例子。事实上，单纯地讲经济崩溃或气候灾难，你不一定能弄清楚其真正的含义。真实世界中的灾难拥有更高的维度，如水灾、地震、台风等灾难也是分等级的，崩溃要看影响范围的大小。由于缺乏特征尺度，在肥尾下并不存在"典型"的崩溃或灾难。大多数自然和社会经济变量往往是连续的，它们的统计分布往往没有一个确切的边界上限，如：

- 战争伤亡情况、地震灾害程度、医疗费用。
- 市场崩盘的规模、衰退的严重程度、通货膨胀率。
- 某个策略下的收入。
- 新产品的销售表现。

为了避免犯上述经理所犯的错误，我们需要对描述型的二元事件（经理的思考方式）与连续性描述的事件（交易员的思考方式）做出区分。世界的本质就是极端的，在极端和肥尾的世界里，用二元线性思维思考会不可避免地错配概率和回报。在肥尾的世界里，一系列二元预测也会非常迅速地将结论收敛到一个薄尾的高斯分布中，从而导致认知偏差。

以上案例都被称作戏局谬误（Ludic Fallacy）。戏局谬误是一种联系不相干事物的谬误，是错误地把游戏（戏局）的二元模式套用到现实世界中的做法。

戏局谬误是由塔雷伯提出的，用来批判那些利用数学模型预测未来的做法。在塔雷伯看来，统计学只能用在赌博这种风险可以被明确定义的场合，如果用赌场里高度退化后的二元模型预测未来，则犯了过度理想化的错误，必然陷入单纯追求数学纯粹性的思考陷阱。

金融学中的测度论就犯了这样的错误。测度论提供了一种实现"期望贴现"的手段，将现实世界中的问题被映射到一个"副本空间"中，在这个"副本空间"中，所有的参数都已经设置好了，这个"副本空间"在数学上非常完美，只要把现实世界中的问题映射到这个虚拟世界中，你手里的股票就立刻变成无风险资产，直接用设定好的无风险利率贴现，你就可以成为"股神"了。

映射的完美模型叫作风险中性测度，映射的过程叫作测度变换。测度变换可以看作调整概率：你可以按照自己的喜好把好事发生的概率人为地调高一点，把坏事发生的概率人为地调小一点。在概率上动动手脚，你就不用再想着怎么定义贴现率了，是不是很简单？

风险中性测度通过测度变换，对现实世界的概率进行了调整，从而可以用无风险利率 r 来贴现，不需要去估计真实世界中期权的贴现率。当然你不能随意乱调概率，否则这个模型就没有意义了，你要让变换前后的世界对你研究的问题观点一致，这就是等价测度的含义。

为了给风险资产定价，风险资产（P 测度）通过测度变换变成理想模型（Q 测度），在这个新的测度下，风险资产获得了一些非常好的性质，可以大大简化估计和计算的难度，最后把这个结果映射回现实世界（P 测度），就能"无中生有"一般生成一个现实里的金融天堂。

美国经济学家 Ross 提出了风险资产定价的基本定理。
- 如果一个市场模型有一个风险中性测度，那么它不允许套利。
- 完备市场的假设里通常只有一个价格，即一种对冲组合，通过风险中性测度就能够很容易地找到这个组合的价格。

其含义如下。

- 无套利基本上是跟着风险中性测度走的。
- 完备市场意味着那里的衍生品可以完全被对冲,存在唯一解。

BSM 模型中保留了那么多假设条件,自然同时满足这两个定理。因此,必然存在一个唯一的风险中性测度,通过这个风险中性测度求期望值,就可以得到那个唯一的期权价格。使用风险中性测度定价,需要依赖一系列条件,如风险中性测度下衍生品的价格是鞅。这意味着,未来期望价格和现在的价格一样,资产的交易变成了公平游戏,没有套利的机会。在现实中,没钱可赚的假设能够成立吗?显然不能,但是为了进行风险资产定价,我们又必须承认鞅的存在。

BSM 可能是一个极其聪明的数学思想,但期权交易是实践而不是数学理论,仅有一个远离现实的理论构想,在实践中还远远不够有力。P 测度和 Q 测度之间存在世界观的巨大差别。

- 在 Q 测度下,随机过程、偏微分方程一个比一个艰深,这里重视随机理论。
- 在 P 测度下,回归方程、非参数估计一个比一个泛化,这里重视统计应用。

BSM 的观点反映的是一个自上而下的路径,建立在交易者充分了解未来结果概率分布的假设之上。BSM 作为现代金融的创新,仅是一个精美的思想实验。对于交易者,估值需要一个强有力的理论框架,并充分考虑到假设前提和模型本身的脆弱性。BSM 理论在"不知天高地厚",即不知未来结果概率分布的情况下计算购买期权的价格,这不是估值,而是过度自满。

隐秘的理论和无情的现实,都让我们更加坚信了一点:通过在市场中践行 BSM 模型来证明 BSM 合理性的做法是极度愚蠢的。

叁

大厦将倾：肥尾重塑的金融秩序

2015—2020 年的 5 年里，SP500 的 500 只成本股，只有 Facebook、Amazon、Apple、Microsoft、Google 这 5 只股票的价格之和增长了 2.5 倍，而剩下的 495 只股票的价格加在一起几乎没有变化。

今日你看着上百万数量级的市场数据，无标度或分形的特点（在所有尺度上的自相似性）会呈现在所有的股票价格波动上。肥尾是真实存在的，之所以有薄尾的错觉，是因为样本数据较少并且存在采样误差。从 1963 年的 Mandelbrot，到 1973 年的 BSM 和 1976 年的 Merton 跳跃扩散，再到 2000 年的 Stanley 和 2003 年的 Gabaix，这些理论发展都证明了市场肥尾的属性从来都没有改变过。

许多原本好用的分析方法和策略都可能被肥尾破坏。这个说法可能会让你大吃一惊：在金融领域中，一大类统计分析方法论在实践中都是无效的。不管是参数方法，还是稳健统计，在计量经济学中但凡是违背肥尾假设被广泛使用的理论，从根本上说都是错的。它们包括现代投资组合理论，因子分析，广义自回归条件异方差（GARCH），条件方差，随机波动。以上方法都依赖于二阶矩（与平方有关的变量）甚至更高矩的存在。在肥尾的世界中，二阶矩是无法被量化的。

就连金融理论中唯一"好用"的期权定价公式也是与肥尾冲突的。BSM 的观点是，期权可以通过一种叫作动态对冲的方法变成一种无风险工具（见第 7 章伍节），但其数学形式建立的出发点仍然是薄尾的布朗运动——一种带有温和随机性的数学结构。交易者是工程师，不是预言家，他们不知道世界未来的状态及其概率的信息。因此，他们不需要硬生生地创造出一套 BSM 理论来生成一个期权价格，仅仅是为了避免针对他们的套利。

通过金融工具量化不确定性是永恒不变的课题。但未来通常是无法预知的，金融能做到的只是将人们对未来的期望贴现而已。这种期望贴现的实现手段，不外乎追寻一种"狂野"的建模策略，利用数学模型填补未知，在缺少事实和数据的情况下通过模型给出决策。于是，测度论、随机微分方程、鞅论等金融数学概念轮番上阵，让"无中生有"成为可能。

就像古希腊的埃拉托色尼，虽然他所处的时代没有任何确凿证据证明地球是圆的，但他仍然以此为假设设计了一个实验：测量位于同一条子午线上的两座城市太阳角度的偏差，并第一次正确计算出了地球的大致半径。埃拉托色尼也许只是恰巧猜对了"地球模型"，与他同时代的古希腊人构造的多是无理性的思想模型，单纯出于对数学甚至美学形式的极致追求。

古希腊医学家希波克拉底提出了体液论，将土、气、水、火四大元素与春、夏、秋、冬四个季节和血液、黏液、黑胆汁、黄胆汁四种体液联系到了一起。毕达哥拉斯的体系更为玄幻，他痴迷于数字，认为从平面几何模型到宇宙模型中，到处都是整数。那是一个痴迷地建立抽象几何模型的狂热信仰时代。

不同于古希腊的模型信仰，现代金融更关注实用性，但也默默契合了模型信仰，因为模型是会下金蛋的母鸡。

这里的逻辑是，金融衍生品类似于保险计划，需要不断地推陈出新，被看作批量的工业品进行生产和售卖。通过不间断的"复制"策略，利用深奥的数学模型不停歇地创造新的金融衍生品，甚至衍生品的衍生品。如果有一天不创造，生意就无法做下去，这无疑会自断生路。

2007年7月末，华尔街顶级投行之一贝尔斯登（Bear Stearns）旗下的信用担保债务凭证（CDO）对冲基金轰然倒塌，那场此后演变为全球性金融危机的次贷危机从此揭开序幕。

危机的源头就有一个金融衍生品的公式——用来描述违约相关性模型的高斯联结相依函数。该公式的创造者也没有想到，数学模型被设计得太完美了，以至于拿到这个公式的人会不假思索地将其用在不合时宜的场合，最终华尔街的金融机构滥用它，并利用它进行风险管理和金融衍生品设计，从而导致了那场次贷危机。

期权定价公式所依赖的偏微分方程和随机过程能够源源不断地将模型优美的数学性质转变成金融产品并带来实打实的现金流，谁能拒绝这样的诱惑呢？只要你能够创造新的技术，将风险的不确定性定价，并找到确定任何资产之间相关关系的方法，就一定有人愿意冒险。

BSM模型虽然在最大程度上剔除了人的因素并变得可爱起来，但它的成立却依赖众多假设：人是理性的；所有的投资者都是相同的；价格以连续的方式变动；金融资产价格波动能以布朗运动描述。这些假设的真实性都是存疑的。在现实世界中，它们都不能被严格地证明，甚至实证和观察结论可能与其完全相悖：人不是永远理性的；投资者也可以有不同的风格和信仰；价格也可能以离散的形式跳跃；金融资产价格波动不一定能用布朗运动描述。

在肥尾的视角下，古典金融的一切都是存疑的。更有出路的做法是围绕异常值构建一个全新的理论体系，极端表现是金融的常态，接受异常情况是金融风险管理唯一合理的方法，没有什么好解释的，这就是现实。

纽约期货交易所保留了全美超过一个世纪的棉花每日价格记录，但分析这些数据长久以来都是古典计量经济学家的噩梦，无论他们怎么摆弄这些数据，都无法使其符合 Bachelier 的布朗运动模型，因为价格的涨跌幅度太大，超过了期望的标准差。1987 年 10 月 10 日，道琼斯指数单日暴跌 29.2%，正态分布无法解释这一事件，所有基于 Bachelier 假设的模型都败下阵来。被认为设计合理的投资组合失败了，基于期权的投资组合保险失败了。此后一系列的金融波动更进一步挑战了这个古典体系。

观察过去近 100 年的道琼斯指数会发现，其与布朗运动是截然不同的，其偏离程度甚至达到了 22σ。讽刺的是，诺贝尔奖加持下的美国长期资本管理公司，在获奖第二年就倒闭了。再丰满的理论，也挡不住现实的冲击。

虽然 BSM 模型所基于的布朗运动具备很好的性质，即任意有限方差的随机行走都可以通过技术手段收敛于布朗运动，甚至中心极限定理也是布朗运动投影到一维的表现，但在解释现实金融资产价格波动方面，它却显得无能为力。

认知从根上就错了。

转机来自 Mandelbrot。1963 年，他的那篇著名的论文《特定投机性价格的变动》发表，使棉花价格波动第一次被用正确的统计模型解释。这篇论文是一个巨大的突破，它第一次在剧烈变化的金融市场中应用了莱维分布，并强调了幂律分布的重要性。莱维分布是一种符合广义中心极限定理的随机过程分布。

金融市场中价格的急剧改变，被 Mandelbrot 称作诺亚效应，因为价格的急剧改变类似于《圣经》中诺亚的故事中所描述的洪水。洪水来了又走，如同市场崩盘。

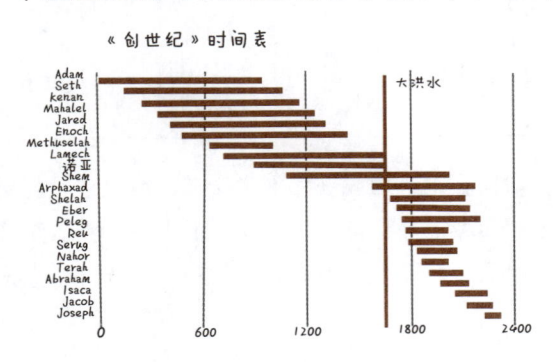

价格的急剧改变还有另外一种形态，即《圣经》中谈到的约瑟效应，暗示了市场价格波动在某种程度上互相依存（市场具有长期记忆），这种长期依赖性偏离了布朗运动的随机漫步预测，因为在一个方向上的漂移将持续一段时间。

"分形几何之父" Mandelbrot 主张，交易时间的混合行为模式可以由多重分形来构建。分形是一种模式，模式的部分反映出整体，只是按比例缩小而已。模式的某些部分快速萎缩，其他部分则缓慢萎缩，多重分形拥有包含尾部的分布，这个分布遵循幂律分布。值得注意的是，它同时蕴含诺亚效应（急剧地不连续变化）和约瑟效应（长期趋势）。

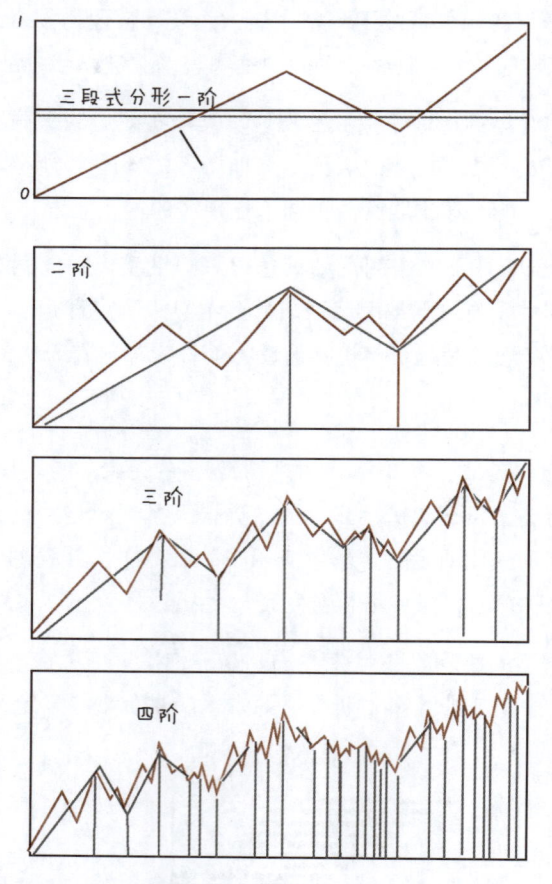

但是幂律分布并没有在第一时间在金融学领域得到关注，当时它还属于小众的理论。这也许更多是因为幂律分布自身的问题。很少有直观的统计量能够对肥尾行为给出精确的描述，以至于我们不得不像非参数观点一样诉诸大样本理论下的渐近行为，才能像挤牙膏一般慢慢了解并分析肥尾中隐藏的信息。这种反直觉性确实阻碍了幂律分布的发展，尤其是无限二阶矩（方差）特点，使得幂律分布并不如高斯分布一般直观，可以通过充分统计量（均值、方差、尾部特征等）来进行计算。这个特点使得解决风险评估（风险通常用方差来表达）这类问题变得极其复杂。

在平衡统计力学的封闭物理世界中，方差往往和温度有关，只能是有限的。在金融学高度复杂的开放现实世界中，不同于物理世界的理解，方差往往和风险有关，可以是无限的。这个强有力的类比，警示着幂律肥尾将在金融领域掀起惊涛骇浪。

1995 年，Stanley 等人在 *Nature* 杂志发表了名为 "Scaling behavior in the dynamics of an economic index" 的论文。该论文对股票市场高频数据（以分、秒为计时单位）进行分析后指出，价格收益率的概率分布既不是高斯分布，也不是莱维分布，而是尾部截断的莱维分布。更深刻地，这种价格收益率的概率分布呈现出动力学标度的行为。这启发了物理学理论和研究方法在金融领域的跨界应用。

Stanley 指出，金融动力学系统具有时间方向的自相似性，是一种强的记忆效应，记忆效应来自价格波动率的长程时间自关联。

如果精细比较股票指数的时间演变和物理学中湍流流体在高雷诺数时的速度，你就会惊奇地发现，两者在短时间内都呈现间断的、非高斯的特点。实际上，物理学在统计力学、相变、非线性动力学等方面的理论储备，都能联系到幂律分布、无法预期的随机性时间序列和随机过程等概念。这似乎暗示了幂律分布能够比布朗运动和高斯分布更深刻地揭示金融资产价格波动现象的本质。

虽然物理学在 20 世纪经历了一连串惊人的理论革命，建立了具有不确定关系的量子力学，海森伯不确定性原理对经典力学体系确立的决定论科学哲学观产生了巨大的冲击，但这种不确定性却很难通过类比的方式应用到经济学领域。金融市场是动荡的，需要进一步探究其内在复杂的随机动力学。

这里的关键就在于，扔掉"高斯认知"的旧枷锁就是"重走（幂律认知）长征路"，幂律分布极具侵略性，其显著动力学驱动的特征使得它再次进入主流视野，而这次被关注是因为它站在了更深刻的物理学认知肩膀上。从这里出发，金融理论是否可以从基于几何形式化表象的市场价格波动转变为带有摩擦的真实动力学模型的情形呢？

肆

效果逻辑：驾驭随机性的创业法则

创业伊始，吉列剃须刀创始人 Gillette 一直在寻找顾客必须反复购买的东西。一天早上，他在刮胡子的时候突然灵感涌现。于是他立马着手开发一种廉价、有效的可移动刀片剃须刀：制订计划，创造一个足够大的初始市场，寻找资金来源，并开始制造。随着他不断获取新的知识，并承诺股东更多的回报，他的目标也在不断地发生变化……

企业家创建一家企业是常见的。

更常见的是企业家在没有市场的情况下创建一家公司。也就是说，在创建公司时，所需的市场信息还不存在。因此，预测推理的逻辑前提并不存在。

从零开始创业难就难在没有确切的因果逻辑，只有一个模糊的概念，也不知道能否成功，只有尝试去做才能证实或证伪你的努力是否值得。在你能够控制的程度外，你无法预测未来。

当预测站不住脚的时候，目标通常也是模棱两可的。决策者自己的想法会不断影响环境，并以一种非随机的方式实现，决策者需要持续做出合理、明智的选择。这个逻辑与我们在逻辑书上看到的任何逻辑形式都不一样。因此，我们不得不发明一种新的逻辑来理解和阐述它，从而让创业者们少走弯路。

为了解决这一难题，2001 年 Saras D. Sarasvathy 提出了一种解决思路：效果推理（Effectuation Reasoning）。

想象一个厨师被分配了做饭的任务，有两种情况。

第一种情况是客户预先选择了菜单。厨师需要做的就是列出所需的食材，购买它们，并进行烹饪。这是一个因果推理的过程。它从一个给定的菜单开始，重点是在有效的烹调方法中进行选择。

第二种情况是客户让厨师查看厨房里的橱柜，寻找可能的食材和器具，并进行烹饪。在这种情况下，厨师必须根据给定的食材和器具想象可能的菜单，选择一种，进行烹饪。这是一个实现的过程。它从给定的食材和器具开始，专注于用它们来准备许多种可能令人满意的饭菜之一。

在因果推理的情况下，人们预先估计了市场需求，以及可能的生产线及其成本，制造商只需采购原材料、加工并按照预定计划进行组装。在现实的情况下却并非如此。就像 Gillette 所做的那样，要在资源有限、存在大量不确定性的情况下，选定合适自己的行为并付诸行动。如何看待并解决有关未来问题的不确定性，是创业思维下的核心问题。

1921 年，Frank Knight 首先提出可以将企业家在面对未来的决策中的知识归为三种不确定性：①风险；②不确定性；③ Knight 不确定性。

风险可以看作一个投机游戏。例如，盒子里有 5 个绿球和 5 个红球，若抽中红球则获得 50 美元的奖金。对于任何给定的抽球机会，我们都可以精确地计算抽中红球的概率，因为我们知道两种球在盒子里的分布。显然，我们需要解决的是一个具有已知分布的决策问题，需要用到从模型到数据的经典分析技术，这正是概率论研究问题的方式。

不确定性可以看作同一个投机游戏。唯一的不同之处在于，这次我们不知道盒子里有多少个球，分别是什么颜色的，甚至不知道盒子里是否有红球。现在，我们需要解决的是一个未知分布的决策问题，需要用到从数据到模型的估计技术，这正是统计学研究问题的方式。

心理学实验表明，在复杂的情景下，人们更喜欢一个模型已知的概率游戏，而非与其对立的、模型未知的统计游戏。统计是从数据到模型方法，对模棱两可的容忍度更高。人们一旦通过统计思维发现了潜在的好用模型，某个问题就常常被看作已知模型，可利用概率思维进行分析和处理。一旦通过估计程序发现了潜在的分布，未知分布的盒子就可以转变为已知分布的盒子。

Knight 不确定性是 Sarasvathy 提出的效果推理所研究的对象，这种推理过程提出了一种与上述两种逻辑都不同的新逻辑：不管球在盒子里的初始分布如何，我都会继续获得红球并将它们放入盒子。我会看其他人谁还拥有红球，并诱导他们成为自己的伙伴，并把他们的红球放入盒子。随着时间的推移，盒子里会有很多红球，几乎每次抽样我都会得到一个红球。另外，如果我和我的熟人只有绿球，我同样会把他们的绿球放入盒子，当有足够的绿球时，我们就宣称抽中绿球算赢。

这已经不是一个具备客观性的游戏了，而变成一个"过家家"游戏。这似乎已经超越了单纯的逻辑。一旦人们接受控制的观点，清晰的因果性就开始变得模糊，即（部分）人们往往更关心塑造、创造事物并成为他们所关心的世界的一部分，而不满足于预测并对预测做出反应,这太枯燥了。

在 Sarasvathy 看来,前两种逻辑的核心都是因果关系模型。它们要求决策者从一个预先定义的潜在市场开始,使用两种不同的方法,即概率分析法和统计估计法来寻找有关市场的信息。

风险,即处理分布已知的决策问题的决策模型,被称作概率分析方法。概率分析行为包括传统的市场调研方法,如焦点小组(Focus Group)、问卷调查,以及雇佣专业人员研究市场并提出商业方案等。不确定性,即处理分布未知的决策问题的决策模型,被称作统计估计方法。可以借助统计估计方法,如贝叶斯估计方法,迭代获取新的发现。统计估计方法的应用领域包括测试营销、"试飞气球"和其他系统化的实验和迭代学习领域,用于发现潜在市场的结构和形式。

与风险和不确定性都不同的是,Knight 不确定性包含控制的逻辑,即效果逻辑。在这里,决策者试图塑造、创造潜在的市场,而不是通过分析或估计技术来预测市场。例如,企业中的人往往预先承诺还没有达成的目标,在舆论上给出一个积极的预期,如投资者通过自己的行动向市场展示自己的看法,并影响市场的走向。Knight 不确定性很容易让人联想到索罗斯经典的反身性理论,即自我强化或自我毁灭构成的反馈循环。

至此,Sarasvathy 给出的核心假设可以表述为,当面临创建一个新公司时,创业者的想法更接近效果推理,而不是传统的另外两种市场研究技术,即概率分析和统计估计。

继续前进,在这一推理形式下,Sarasvathy 建议创业者在面临高不确定性和资源短缺的情况时,应该遵循以下五条基本原则。

- "手中鸟原则"。基于自己是谁、自己知道什么、自己认识谁,创造性地思考自己能做什么,也就是依靠已有的资源,采用工具驱动,而非目标驱动。
- "可承受的损失原则",而非收益最大化。这是一种保守的凸性策略。
- "疯狂的被子原则"。广泛建立合作伙伴关系,而非进行竞争分析。
- "柠檬水原则"。充分地拥抱偶然性,把它们当作机会利用起来,而非当作威胁进行规避。
- "飞行员原则"。这是一条总括性的核心原则,强调参与和控制,而非预测。如果你控制了未来,就不需要预测未来。

这五条原则满怀着开放的态度拥抱不确定性,更多地纳入了 Knight 不确定性的因素,与注重目标、战略、计划、分析的因果推理方法截然不同,这些原则不会因为标准选择的随意性对决策产生影响,对机会和风险更加宽容。在 Knight 不确定性的加持下,参与者的期望和事件的过程交织在一起互相影响。

似乎,Sarasvathy 完全不用这么复杂,将多样的不确定性原则放在效果推理的框架之下,效果逻辑真正的秘密并不在于它是否成立,也不在于它是否有别于因果逻辑,而在于它强化了个人的能动意愿,将控制列为创业者的核心特质并加以强调,创业者必须行动起来,勇于试错,争取稍纵即逝的机会及哪怕不是真正机会的机会。

创业者就像赌场里的赌徒,而不像实验室里的科学家。他们不应该观察,而应该不断尝试控制未知,不尝试怎么能知道是否徒劳呢? Knight 不确定性在实践中体现的往往不是客观的观点,而是个性化的心理预期。在不同的市场环境下,不同创业者的风险厌恶程度不同,预期也不同,行事风格差异也很大,这些因素叠加起来构成的决策无时无刻不在影响着市场。

在过去的几十年里,管理学领域曾涌现出很多创业方法,如商业计划、精益创业、设计思维、发现驱动的计划、规范性创业、效果推理等。其中,规范性创业、效果推理、发现驱动的计划是学者群体提出的,更强调不确定性;商业计划、精益创业、设计思维是实践者提出的,更强调确定性。效果推理、精益创业、设计思维更适用于创业早期阶段,强调调整和优化,更加投机和灵活;发现驱动的计划、规范性创业、商业计划更适用于创业末期阶段,忽视调整和优化的作用,更加死板和坚定。

然而创业不是严肃的科学研究,什么才是最佳的创业逻辑呢?对于这样的管理问题,也许永远都不会有教科书式的标准答案。

多一种方法论总好过没有方法论,效果推理是一种更加拥抱不确定性、更适用于创业早期阶段的方法。特别是在高不确定性和资源有限的情境下,效果推理有助于发现机会、开发机会,有助于提高创业生存的概率,适应性强。但它也有自己的短板:不适用于复杂的大型产品开发。

此外,值得注意的是,被 Sarasvathy 对立起来的效果逻辑和因果逻辑(Sarasvathy 定义的因果逻辑严密性略显松散)在应用时往往并不是水火不容的。在有些情况下,效果逻辑和因果逻辑是正相关的。在创业过程中,要将效果逻辑和因果逻辑当作互补的方法,而不是对立的。创业是一个复杂、动态的过程,因此我们必须采用整合性的框架看待创业。

北京师范大学经济与工商管理学院教授赵向阳曾经提出一个问题:在 2000—

2008年，如果你是任正非，并奉行效果逻辑，结果会有什么不同吗？那个时候，3G牌照久等不发放，华为随时面临崩溃，任正非压力巨大。在这种情况下，如果是你，会不会选择进军房地产行业，或者选择做小灵通？如果任正非奉行效果逻辑，那么今天的华为可能是什么样子的？

任正非可以应用效果推理成为勇于转型的创业者，但最终他似乎没有走向灵活性，而是坚持了自己的想法并取得了成功。但这并不意味着效果推理的失败，因为我们没看到这种可能性的后果。我们看到的任正非的成功，也有幸存者偏差的作用。在平行世界里，选择效果推理的任正非也可能取得了更大的成功，只是在我们这个世界中没有看到那种可能。

个人创业、团队创业、公司创业、公司内创业、裂变式创业、联盟创业、平台创业、生态创业、连环式创业、组合式创业、数智创业、社会创业、学术创业、制度创业……在创业热潮下，创业方法论、新概念层出不穷，好像每个人都患上了塔勒布所说的"新事物狂热症"。

创业能力是拓展未来可能性的能力，是连接不同事物的能力，是"无中生有"的能力，是突破既有范式"自创武功"的能力。在现代社会，创业是一项比生存更具挑战的活动，"大众创业"绝不是一个能够在短时间内批量复制的事物。在选择成为创业者之前，你觉得自己更能驾驭哪种创业逻辑呢？如果存在多个选项，你会选择效果逻辑吗？

伍

投机微论：最优组合与风格博弈

罗曼·罗兰说："人从出生到成年，被灌满了各种谎言，到了成年的第一件事是呕吐，把这些谎言吐出来，自己思考认识一个真实的世界。"在金融的世界里，人们被教授的知识和真实的世界截然不同，尤其需要通过实践明辨是非。

在投资管理中，占学院派主导地位的是现代投资组合理论。

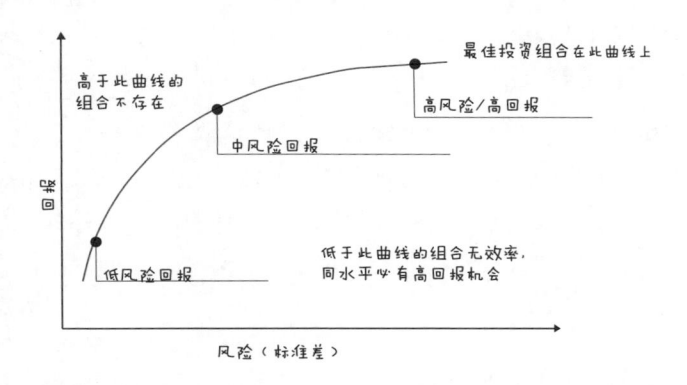

[图：横轴为风险（标准差），纵轴为回报的曲线图，标注"最佳投资组合在此曲线上"、"高于此曲线的组合不存在"、"高风险/高回报"、"中风险回报"、"低风险回报"、"低于此曲线的组合无效率，同水平心有高回报机会"]

但是现代投资组合理论背后的假设使它成为有缺陷的理论。这些假不限于：风险由波动率定义；收益呈正态分布；资产类别之间的相关性是恒定的；投资者理性且规避风险；市场高效。这五个假设在所有程度上都是不正确的，甚至是相反的，而且没有解决这些问题的"完美投资组合解决方案"。

现代投资组合理论起源于 Harry Markowitz 出版的《投资组合选择》(*Portfolio Selection*)。Markowitz 框架附带的均值－方差分析工具是支持资本资产定价模型的基石，该模型旨在解释系统风险与资产回报之间的关系。尽管资本资产定价模型在商学院得到了广泛采用，但它从未得到实证证据的支持，事实上，对组合资产回报的假设进行改变，往往会使其数学框架崩塌。

在历史表现上看，这种"最优投资组合"实际上是最不优的，因为它无法防范尾部风险，并且对高回报的资产类别配置不足。意思就是，优势没占尽，行事还特别保守。

这一现实很让学院派的教授们崩溃。更令人崩溃的是，决策理论中一个简单的

$1/n$ 规则，就能在市场中轻易战胜现代投资组合理论。在这个新规则中，一个人没有任何策略地平均（算术平均）投资 n 只基金（或其他金融产品），而不是根据一些优化标准，如增加一定集中度系数加权的现代投资组合理论投资。

$1/n$ 规则降低了由模型错误而导致破产的风险，因为一项资产的损失不会导致破产。虽然非优化准则预测的潜在巨额回报无法兑现，但由预测错误而导致破产是可以避免的。这是一种启发式的方法，能够很好地规避尾部风险。但这可能不是很直观，它是如何做到的呢？

从本质上看，世界的运行是非线性的，更极端一点的说法是，所有我们看到的脆弱事物都是非线性的。非线性是这样一种比喻：如果我被一块大石头击中，我所受的伤害会比我被同样重量的小鹅卵石连续击中所受的伤害要大得多。

任何脆弱但仍然存在的东西都必定经历过时间的考验，受到过高强度压力 X 的伤害，而不是压力为 X/k 的压力源的 k 次伤害。如果它脆弱，必然早就被小的事件摧毁而无法被观察到。可以说，这种非线性反应是地球上一切脆弱事物的核心。

由于非线性的存在，我们最好的生存策略就是保持多样性，而不是按照某个客观标准进行加权和集中。

这也是肥尾世界里 $1/n$ 规则这样简单的"多样化"策略比投资组合策略表现更优的原因，而现代投资组合理论的严格成立过分依赖均值－方差的薄尾框架。

你也许还听说过所谓的双峰策略（又称为杠铃策略）。该策略需要使用无风险资产作为参考基准，将一个虚拟的投资组合拆分成两部分。

投资组合的一部分投资于明确定义为"反脆弱"的无风险资产，即杠铃左侧的安全资产。虽然将资本分配给无风险资产有一个成本，该成本通常被称为持有成本，但它可以在灾难（通胀、通缩、没收、消亡等）发生时不至于导致破产或毁灭。无风险资产给了人们一个非常安全的核心，即使在深层次风险显现时也不会受到影响，因此完全可以通过进攻性投资组合（拥抱黑天鹅事件的随机性）积极追求回报。这就是投资组合的另一部分，即投资于杠铃右侧的风险证券。

显然，杠铃策略与 $1/n$ 规则并不矛盾，也是一种"多样化"策略，可以规避系统风险。防火墙对资产的隔离能够避免全局破产和毁灭。似乎这里的唯一问题就是，严格地讲绝对无风险的资产几乎是不存在的，也许中央政府发行的完全指数化的无违约风险的债券可以看作不多的备选之一。综合来看，$1/n$ 规则更具实践价值。

我们在学院里发展精美的模型来解释事物，但最终还是经过实践检验的朴素的模型渐渐胜出。为什么现代投资组合理论不好用？因为它无视非线性，不包容现实中重要的肥尾风险。

学院派的方法是自上而下的工程方法，擅长根据各种条件进行规划，因此要依赖大量的假设，而失败往往是因为无法预见现实中的诸多新条件。与此相反，实践方法通过自下而上实践出的理论通常是朴素的、不精确的、非条件式的总结。当然，实践出的理论不一定都是正确的。但这种自下而上的实践性的进步即便是错误的，其错误的影响也是有限的，这种影响意味着有进步的可能。于是，我们在自下而上创新过程中承担的风险一定不能扩展到整个系统，局部的失败往往蕴含着重要的有关进步的信息。

我们有理由尊重自上而下的工程方法，因为它永远在创新，从城市基础设施到高精尖的电子产品，都已成为现代生活中必不可少的东西。但人们却忽视了，工程方法在面对复杂多变的挑战时往往会失败，这种失败的案例即便在工程学界也不胜枚举。

在多变的金融市场中，这一对比更加明显。例如，任何人对资产价格的波动都会提出自己的学院派解释，有的人自上而下建立模型，如马科维茨采用概率理论改造的组合管理分析，有效市场理论"市场价格能够完全反应所有外在因素"，强调结果省略演化过程的价格－价值框架，擅长利用历史数据线性外推的"趋势投资"。

自然也有自下而上的实践方法，如索罗斯的"预测可影响被预测的事件"，巴菲特的"用时间过滤掉观点的波动"，戴维·德雷曼的"逆向投资"。另外，格雷厄姆、彼得·林奇、约翰·聂夫、邓普顿、安东尼·波顿等风格迥异的大师，也都能在市场中获得优异的业绩。

两个阵营的对立丰富了金融理论，一个直接的结果就是，投资和投机的区别变得没有那么重要了。

"短线炒卖是投机，长线持有是投资"这样的划分过于武断。很多成功的投资案例持有时间并不长，巴菲特和芒格也做过"短线炒卖"且收获颇丰。另外，也有很多被套牢的投资者，长期持有某个标的3～5年，并没有获得什么回报。

类似"分散投资和组合投资是投资，集中投资是投机"的观点也存在瑕疵。分散投资虽然可以降低单一市场和公司的风险，但也降低了整体的投资回报率，过度分散就变成了类指数投资，如此分类的话，巴菲特作为集中投资的代表人物就要被归类为投机大师了。

凯恩斯认为，投资和投机概念可以分别被阐述为，投资是对投资标的在整个生命周期所能带来的收益的测算活动，假设它的运作状况可以永久存续下去，而投机是对市场的心理状态进行预测，并期望它会使投资标的的评价基准朝着于己有利的方向偏移的一类活动。凯恩斯的意思是，投资并不关注其他投资者对标的的看法，投机则是对参与者观点的分析和预测。

然而，凯恩斯的划分方法也存在偏见：参与者也是金融市场的一部分，难道预测参与者的观点也是不理性的投机行为吗？按照凯恩斯的说法，巴菲特无疑是投资大师，而索罗斯是投机派的代表人物。

看来看去，还是"证券之父"格雷厄姆的分类方法更具价值。格雷厄姆说，投资是指根据详尽的分析，使本金和回报有保证的操作。不符合这一点的操作就是投机。显然，格雷厄姆认为，认知才是分割投资和投机的楚河汉界。只要通过认知获利，不管你是投资还是投机，你都是一位投资大师。

在格雷厄姆的观点下，投资风格本身并不是界定投资哲学的核心指标。在面对具体的机会时，认知往往比投资风格更加基本和重要，投资风格在大多数时候只是任人修改的标签。

事实上，人不是根据现实，而是根据他们对世界的认知采取行动的。对于一致的现实，不同人有不同的认知，有些人认知充分，有些人认知不足。参与者对于事实认知的不完善，通常导致他们的行为可能会造成无法预期的后果。事前和事后之间缺乏足够的对应关系，所以人们假设事前和事后之间没有分歧是完全不合理的。更何况，同一个情景对于不同的参与者有不同的意义，事件发生后，不同的参与者对场景的解读和理解也会不同。

通过观察金融市场中不同人操纵股票价格的方法可以发现实践中风格的差异：游资喜欢板块传播效应的逻辑，擅长制造涨停；外资喜欢大类资产全球配置的逻辑；机构投资由一层一层的参与者完成集体定价；程序交易喜欢推波助澜，制造股票价格波动；散户喜欢追涨杀跌，以至于无逻辑。同样是价值投资，有的人按照业绩预期逻辑，有的人按照业绩兑现逻辑；同样是散户，短期行为逻辑差异也很大，有的人关注平台支撑压力破位，有的人参考大盘涨跌定买卖点，有的人关注整数关口，有的人喜欢打板假造趋势，有的人喜欢赌突破设止损，有的人喜欢抄底设止损，他们都有自己的行事风格和自圆其说的理论依据，这些大都基于个人不同的认知。

这就是风格博弈的残酷性,既有共识合作也有观点相左的博弈,在基本面之上,每个人都有自己的行为逻辑。

因此,从历史事件中往往并不能发现科学论断。因为人们的决策并不是完全根据自己掌握的客观知识而做出的,人们选择关注什么、实施什么行动很容易受到自己的主观认知、主流范式和情绪的影响,所以结果就很容易偏离现实的预期。

因此,要承认认知的多样性并接受这种多样性。例如,从价值派观点出发把握"大趋势"忽略"小趋势",但不能说"看线炒股"是错的,因为"小趋势"也是重要的,"小趋势"中也隐藏了重要的认知。

批评者会说,K线是资金博弈留下的痕迹,是结果不是原因,而且K线的起起伏伏是个体选择汇总后的图形表达,它可以用来复盘以确认基本面消息面与波动之间的因果联系,但却不能定时定量地预测未来的概率走势。况且K线可以轻易被主力操控,单纯看K线炒股会产生负面影响。

与其关注这些噪声,不如去关注宏观经济环境、政策走向、景气程度、估值模型、公司的资本开支、并购活动、业务发展、融资债务和有关股票规模的决策等。

但支持者的理由也很充分,从基本面消息面的众多外因作用,到股票价格波动,其中太多的因果关联的主观解释噪声更大,消息干扰也会平添"虚假的线索",择时更是无从判断。

但只要短期共识或分歧多了,就可以打破死气沉沉的局面,印证基本面传导已经产生了流动性,会对价格产生影响,进而对未来预测产生了概率上的优势,而且具有长远投资预期的买卖行为,通常在量能上有所反应,量能的惯性必然会制造未来的短期趋势。即便量能是被操纵的短期骗线行为,它也无法骗过一揽子技术指标的火眼金睛,因此总会从近期过去的数据中提取出短期未来概率上的观点。而且短期被操控带来的流动性意味着效率,其作为择时的判断依据,可降低无谓的左侧等待,因此看线行为对价投风格也是一种必要的补充。

理论固然重要,但市场却在博弈中存在。博弈还要看玩家自身的精英牌技,因此实践也是重要的认知。工程派理论有诸多假设模型,实践派理论有诸多行事风格,畅行其间的唯有认知本身。

陆

反身理论：从金融学到宇宙学

我们对于均衡总有一种执念，认为市场的某种修正机制可以参与进来，防止认知和现实之间的过度背离。这就是古典经济乃至金融理论的主流思想。在这一观点下，认知和现实之间的分歧通常被看作噪声，从而惨遭忽略。

但在索罗斯看来，这种观点是单薄的。这一古典的对于均衡的执念，缺乏人类所特有的广泛的参与感，这种古典的观点更贴近自然科学，即认为每个人都是旁观者。然而，金融市场的运行需要参与者的深度交互，这种新的作用一旦介入，就将偏离均衡体系并带来极端的结果，观察的现象和干预行为之间的因果递归模式会让价格剧烈波动，偏离古典的所谓的均衡价格，这种新的作用被称作反身性。

索罗斯认为，投资者往往会思考将来，比如某个股票标的未来的上涨或下跌。这种期望显然不是对现实的看法，而是根据现实延展出来的对未来的想法，而决策是当前做出的，因此对未来的期望必定会反馈到当前的行为上并影响现在的价格。

作为金融学的核心思想之一，这被叫作贴现。

贴现是投资者的期望对未来价格的一种思维投射，投射反过来指导当前的决策并会影响现在的价格，这个新的价格又通过同样的反馈机制影响进一步的决策，这样就在投资或投机的过程中建立了反身性。

从这个意义出发，只要有投资者对未来价值的期望套用贴现思想，并开展套利行为，反身性就开始介入。套利行为本身，创造了反身性。

套利动机的普遍性持续制造反身性机制，使得认知与现实背离。或许只有出现非套利机制的影响，才能彻底扭转这种趋势。比起自由交换在市场中扮演的均衡角色，似乎权力和政策的作用反而被赋予了积极的意义。

这就解释了美国 1929 年的 *Glass-Steagall* 法案，以及 2003 年的 *Sarbanes-Oxley* 法案颁布实施的目的，而这个令人惊讶的反身性的推论，可能比宣布金融市场的不稳定性本身更加破坏市场原教旨主义者的信仰。不可避免地，对反身性理论的哲学信仰，也让索罗斯成为市场原教旨主义者的敌人。

索罗斯所关注的反身性，涉及时间轴的两端：带有事前预期的现实是鞅过程，联系将来和现在,这是参与,从预期到结果。带有事后观察的结果是马尔可夫过程,联系过去和现在,这是认知,从结果中开始新的预期。

两个过程在时间轴上是互逆的,导致因果关系的方向总是交叉往复于结果和预期之间。事后的结果受到预期的影响,但不会完全为预期所决定,因为因果链是互相交织的,一方只蕴含了另一方的一部分。

对于预期下的现实,有多少个参与者就有多少个现实,无数个现实被人们的不同预期贴现。事后的结果则不然,所有参与者看到的历史都只有一种主导的观点,它构成了现实。最终,历史盖棺定论,而未来是自由的。

古典金融的很多模型都假设,其过程具有马尔可夫性,设计者以此简化模型,并减弱对历史信息的依赖。但这种简化注定会失败,因为这里缺失了鞅过程,只有单向的时间轴,它无视了指向未来的另一条时间轴线上被金融学视为核心的贴现思想,以及金融学得以发展的原动力,即套利行为。

结合两种时间箭头互逆随机过程看待现实的方式,很难让人适应。我们毕生教育所学,大部分都是被动认知的,由此我们区分了事实和陈述、现实和观念。但反身性却告诉我们,思维既构成了现实的一部分,又是现实的部分解读。

思维的双重身份,给我们的认知造成了巨大的困扰。

在波普尔的科学哲学里,解释和预测都是确定的,反复的实验都不会有太大的差异。但在反身性哲学里,即便可观察因素是确定的,即便可以进行重复实验,主流观点和个人观点都很可能在重复实验时变得不同——实验进行的过程可以轻易地影响参与者的想法。重复实验结果没有普遍性,也就无法提供确定的解释和预测。

索罗斯的反身性理论有两个函数。

- 参与者理解情景的努力,被看作认知的或被动的函数:$y=F(x)$。
- 思维对现实世界的影响,被看作参与的或主动的函数:$x=\phi(y)$。

有趣的是,认知和参与,似乎正对应着"贝叶斯网络之父"Judea Pearl 所提出的实现因果推断要满足的三个层次的认知(见第 6 章叁节)中的前两者:关联(观察能力)和干预(行动能力)。

实际上,索罗斯给出的认知 y 和参与 x 函数的嵌套,是一种递归。索罗斯实际上抛开了数学归纳,在金融领域中通过一种非样本检验的、直觉的方式,建立了源于贴现思想和套利行为的,对认知和参与函数相互递归的描述性表达——反身性:

$$y = F[\phi(y)]$$

$$x = \phi[F(x)]$$

递归函数是被数学家称为动态系统（一些变量或变量集随时间变化的通用名称）的一个例子。有许多不同类型的动力系统，递归函数只是其中一种。

递归就像麦克风和放大器产生的反馈一样，麦克风先拾取一些声音，将其输入到放大器中放大，然后麦克风拾取放大的声音并将其输入到放大器中以产生更大的声音。

简单的递归规则很容易理解，但这不是最有趣的部分。最吸引我们的是，递归的数学演绎得到了一个新的概念——Mandelbrot 的分形。分形有很多种的生成方式，递归就是其中最为人熟知的一种。

分形这个概念其实并不陌生，正如我们在第 5 章壹节中谈及的，分形和幂律也有着紧密的联系。

幂律分布具有生存函数 $P(X>x) \sim L(x)x^{-\alpha}$ 的形式，其中 α 是尾指数，$L(x)$ 是收敛到常数 C（Karamata 常数）的缓变函数，使得对于足够大的 x，$L(kx)/L(x)$ 趋于 1。生存函数随尾部斜率 α（线性下降）渐近衰减。这意味着 $P(X>kx)/P(X>x)$ 的比值趋于某个常数，这就是自相似性，即分形。

可以看到，从反身性因果链的双向交织，到递归函数、分形，再到幂律，这些概念的抱团，自然而然就发生了。就好像存在一个定理的网络，让众多概念天然地簇拥在一起，对此我们不应该感到惊讶。

在现实中，套利动机是普遍存在的，这带来了持续的反身性机制制造递归，并使得认知与现实背离，并常常带来极端的结果，表现为幂律或分形的无标度波动。

正如凯恩斯在《就业，信息与货币通论》中已经证明的，充分的就业是特例。如果我们将反身性看作一般性的理论的话，那么均衡也将成为一个特例，极端的结果才是常态。

源于因果交织递归函数的反身性模型给出了一种很好的解释，来说明而不是描述金融市场里价格波动的分形，或者幂律规律的成因。

索罗斯的新哲学，启迪的不仅仅是经济和金融，实际上，它可以是一种更加普世的观点，可以套用在整个社会科学的研究领域，比如心理学、历史学、政治学中，正如波普尔哲学之于自然科学一样。

令人惊讶的是，在量子引力研究领域，反身性也占据了一席之地，这里的圈量子引力理论从一开始就选择了索罗斯的新哲学——一种不同于弦论的"波普尔时空观"的"反身性时空观"。圈量子理论深深扎根于反身性的观点，它只试图专注于努力完善单一的引力场理论，而不是试图像弦论一样具备万物理论的野心，即大一统所有的四种力场。

正如前沿物理研究的惯性力和广义相对论所揭示的，物质没有时空背景。因此，圈量子理论理应比弦论更加成功，我们的世界不能被理解为生活在一个固定的、静态的时间和空间背景下的独立实体的集合。

在波普尔哲学里，一辆设计拙劣的汽车无法启动，但在索罗斯哲学里，即便社会架构有缺陷它也能够留存。反身性认同现实是充满瑕疵的，某种思维潮流变为主流并不意味着它是有效的，某种制度的存在并不能证明制度本身是完善的。

我们对于世界的理解，应该是一个存在反身性的关系的网络，其中每一部分的性质都是由它同其他部分的关系所决定的。

第 9 章

个人决策

壹

偏见的偏见

选择偏差是行为科学中的重要概念，它是制造出许多 虚假相关性 的直接原因。一般来说，选择偏差是指不随机地选择个体、群体或数据进行分析，因此获得的样本不能够代表拟分析的群体或数据。

例如，在大企业的内部，通常高级别的员工掌握更多的资源，因此在评价员工对企业的贡献时，岗位的级别和贡献就产生了关联性，相比底层员工，高管的业绩往往更高。这并不能说明高管本身的能力一定出众，因为高管在为企业做出贡献之前，就已经掌握了更多的资源。

在第 2 章伍节中，我们已经见识了 p 值操控的问题：只要数据量充足并达到某个合理的量级，否定某个假设的概率就会大幅增长，因为 0.05 的 p 值检验标准与样本量是正相关的。这就意味着，当你不断地重复实验时，通过在什么时候选择停止实验，引入了选择偏差。在现实世界中，通过不断地采样数据（尤其是在频率观点下），得到证明结论的统计结果，这种做法非常普遍。

另外，只有得出结论的科学论文才能发表，而 p 值操控的信息即便没有任何新的发现，也很容易就能得出结论，因此普通科学期刊就成了 p 值操控问题泛滥的集中营。这也被称为发表偏倚。计算机科学家莱斯利·兰伯特甚至指出，即使是通过评审委员会评审后发表的数学论文，三篇中也至少有一篇包含一个错误的定理。

又如，接受过心理治疗的人在各种成瘾性问题（如吸烟、饮食肥胖）上的治愈率低于没接受过心理治疗的人。一种解释是，心理治疗让成瘾行为变得更加难以改变。但真实原因却另有玄机：与"轻微患者"相比，"严重患者"更倾向于寻求心理治疗。发现这一规律的是临床医生，临床医生往往更多地接触到"严重患者"，这当然是选择偏差"立功"的极佳场合。

虽然产生选择偏差的原因解释起来很简单，但选择偏差有时却隐藏得很深，几乎令人无法察觉。那么，应该如何打破选择偏差呢？从统计理论出发，至少有两个观点被证实是可行的。

在频率观点下，确保不存在选择偏差的唯一方法就是利用正规实验设计的方法来操控关键变量随机分组对照（如这个例子里的严重程度、是否接受心理治疗），而不是从带有偏差的数据中归纳出错误的结论。

贝叶斯派先天对选择偏差是免疫的。这里有三把利器，都隐藏在贝叶斯公式中：一是，分子里的先验项具有奥卡姆剃刀哲学，不够朴素、优美的解释已经被剔除了；二是，样本只通过分子里的似然函数对后验分布施加影响，任何基于数据的选择过程都不会影响到似然函数；三是，最重要的是贝叶斯公式分母里的配分函数，配分函数可以让不同的理论相互竞争，从而避免陷入单一逻辑解释。

但遗憾的是，实验设计和贝叶斯思想都不是我们思考的第一选择。实验设计作为科学方法发展起来不过短短几百年，而人们的思考方式更像是贝叶斯思想的一个变体，即 MCMC（见第 3 章肆节），而不是贝叶斯公式本身所揭示的更一般性的表达。

人类天生就喜欢选择偏差。我们倾向于夸大那些有利于自己的论据，扫除那些不利于自己的论据。我们还会怀疑一切挑战我们结论的信息的来源，质疑这个信息来源的可靠性和动机。信息时代更是放大了我们的这一倾向，不管我们的结论是什么，搜索引擎总能让我们找到支持我们结论的意见。因此，当身处争论中时，我们总是直觉先行地先选择立场，然后搜寻对自己有利的信息来支持自己的决定。

或许你还听说过一个类似的概念：幸存者偏差。这个概念在选择偏差的基础上，进一步告诉我们一个坏消息：即使你得到的个体、群体或数据是通过科学的方法随机选择的，偏差仍然会出现，因为你随机选到的都是一些"幸存者"，那些"死掉的"已经被自然地淘汰了。

《从优秀到卓越》中就涉及幸存者偏差的问题。他们调查的对象完全是"幸存下来的公司"，并以此为基础，推演出了一系列评价成功公司的"客观标准"。作者柯林斯声称他没有编造故事，而是根据数据进行了经验性的推断，得出了没有偏差的专业结论。但从柯林斯在书中给出的推断思路来看，他的说法非常值得怀疑：先从1435家"此前存在了40年的公司里"选出"股票价格表现优于平均水平"的11家，然后寻找这11家公司的共同点。如果你了解幸存者偏差，就不会相信这本书里的话。

当然，更具讽刺意味的是，《从优秀到卓越》出版之后，11家公司中的1家破产，1家一蹶不振，其余几家的股市表现则喜忧参半。

世界顶级咨询公司之一的麦肯锡也有一段"不堪回首的往事"。1982年，麦肯锡的两位默默无闻的咨询师突然之间写出了畅销的工商管理书籍《追求卓越》，其作者也被奉为"后现代企业之父"。但这本书的逻辑与《从优秀到卓越》的逻辑却毫无二致：先列出43家拥有良好声望和雄厚资金的公司，然后与这43家公司的经理交谈，并阅读杂志上他们的成功故事，总结出了这些人成功的8个共同点，如接近客户、偏爱行动这些相当随意的结论。

也许你已经看出了这里的幸存者模式。

只要是对成功的公司、成功的企业家、成功的婚姻、成功的人生，乃至长寿、富有的秘诀进行回溯性研究的主题，都容易陷入幸存者模式。很多体育迷也受到这一模式的影响。他们喜欢的球队表现出色，并拿到了赛季总冠军，但第二年，同样的阵容和对手，球队却表现不佳，于是他们得出结论：存在胜利者诅咒，即异常好的表现通常来说不倾向于再次发生。

当然，打破这种偏差也很容易，一定要看他们未来5年、10年、15年甚至更久的表现，如果不这样做，你就只是在考查过去，而不是在预测未来。如今现代科学越来越多地同时调查成百上千个选择，并选择最佳表现者进行后续的分析，选择偏差/幸存者偏差的逻辑一再上演，真是令人心碎的现实。

人类行为的认知偏差例子不胜枚举，仅维基百科的"认知偏差列表"词条下，就罗列了199种，甚至还产生了宜家效应（人们对自己部分组装的东西给予了不成比例的高估值），得克萨斯神枪手谬误（先射箭再画靶，常指统计研究做出结果后，把其中的集群当作有统计意义的集群，然而实际上此集群更可能是随机产生的）等。本书中仅谈到了其中的三者：戏局谬误、选择偏差和幸存者偏差。

这些词条详尽地解释了人们尽其所能、不理性行事的令人费解的方式，并在日常生活、商业和政策制定等决策领域留下了不可磨灭的印记，成为一种当代文化现象。这方面的畅销书更是不胜枚举，相比词条的数量有过之而无不及，还有数不清的演讲和培训都围绕这些偏见展开。

然而，对于一小群怀疑论者来说，这些理论的成功反而带来了副作用——偏见的偏见（Bias Bias）。越关注人类的偏见，就越倾向于寻找新的偏见，最终让偏见泛滥成灾。即便本质上并不存在偏见，也会在有色眼镜下诞生出偏见。

马克斯·普朗克人类发展研究所心理学专家和评论家 Gerd Gigerenzer 指出，理论的信徒们往往倾向于寻找偏见，即使本来就没有偏见。哥伦比亚大学金融工程教授 Emanuel Derman 表示，虽然公众喜欢它，但我认为它没什么价值。这就像说：嘿，我很聪明。

例如，热手谬误被看作一种概率谬误，主张某件事因为发生了很多次，所以很可能再次发生，就像篮球比赛中有"热手"的运动员有更大的概率进球一样。这个结论经得起推敲吗？根据近年来的重新研究，科学家发现热手谬误可能并不是真正的谬误，因此将其称作热手效应更合适，因为从数据中可以发现热手效应的真实作用。按照贝叶斯的方法论，这一效应是可以被解释的：投球与轮盘赌等随机游戏是不一样的，球员的心理状态可以被看作一个混杂因子（见第6章叁节），这个混杂因子可以改变投球的总体成功率。

我们不由得问，这199种偏见都是合理的理论吗？在过去的几十年里，Gigerenzer 始终对此表示怀疑，他的这一立场让他变成了科学家们的敌人。在 2018 年的论文中，他给出了这样的结论：大多数关于认知偏见的研究都存在缺陷。

大部分的错误之处在于，这些理论要么依赖小样本量，将个别错误误解为系统偏差，要么根据事实或问题的框架低估人们吸收信息的方式（如镁光灯效应、谷歌效应、玫瑰色回忆等）。

甚至还有过度自信偏见，然而商业世界不同于科学世界，那里充斥着基于拍脑袋和自负的非理性决策的例子，但过度自信并不意味着一定会产生偏见，从而带来的严重的负面后果，有时这就是一种谋生的手段。而且贝叶斯观点也告诉我们，偏见是客观存在的，看似偏见的东西往往也可以是经过深思熟虑的和理性的（见第 6 章陆节）。

以汇率或股票市场卖方分析师为例，他们的预测大部分是错误的，因为如果他们的预测大部分是正确的，他们就不必为谋生而打工。这些分析师和其他像他们一样的人往往会流露出自信，因为如果他们对自己的准确性更加诚实，就很少有人会接受他们的建议。

大多数人自信地认为，罗马的纬度比纽约低，因为罗马的温度更高，但实际上罗马的纬度比纽约高。但根据 Gigerenzer 的论文，如果问同样的问题，去随机比较所有的大城市，而不是比较精心挑选的这两个城市，偏见就会消失。由此可见，过度自信偏见的成立本身就严重地依赖于另一种偏见，即选择偏差的成立。

过度自信偏见没有任何成立的理由，为了使偏见成立而歪曲合理的行为是一种刻意的诱惑。当然 Gigerenzer 四处树敌的做法也遭到了理论界的批评，在这一点上，他颇有费耶阿本德的批判精神：只要是传统的观点，都要尽数批判一遍。

然而，Gigerenzer 并不是唯一一个在人类行为理论中寻找漏洞的人。他有一个名声更大、更令人尊敬、可靠的盟友——同样批判力惊人的塔勒布。塔勒布认为，导致上百种偏见出现的背后，其实有着为数不多的、共性的"偏见的偏见"错误。

错误的根源大多数蕴含在肥尾统计的认知中，只要加以辨别，我们就可以规避有关"偏见的偏见"错误。其中就包括更基本的二元谬误，多次提到的 p 值操控的问题，预防原则，以及第 5 章对肥尾统计更加系统的理解，当然还有我们对极端事件的看法，对凸凹性、脆弱性和遍历性的深刻理解。这些内容将构成本章的核心主题。

贰

平均斯坦与极端斯坦

几小时前,我还坐在计算机前面工作,现在我却站在这么多人面前,打完了 14 分钟的 NHL 比赛。如果你每场比赛都在,你总会得到机会的,但谁也不会想到这种事会发生在自己头上。明天一早我起来后会穿好衬衫,继续我的日常工作。不过我永远不会忘记今晚,这就像一场梦。

——Scott Foster

斯科特·福斯特(Scott Foster)是芝加哥的一名会计,同时也是一名 NHL 职业冰球守门员。他曾战绩辉煌:生涯扑救率为 100%,所有比赛全部零封对手。但严格说来,他的职业冰球生涯只有短短的 14 分钟。

如果要挑选一个人分享其双面人生经历,讲述什么是默默无闻,什么是万众瞩目,那么福斯特一定是最佳人选。

在高光的 14 分钟里,他阻止了 7 次射门,即便是两次入选全明星的保罗·斯塔斯尼近在咫尺的射门,也无法洞穿他把守的球门,至今江湖上只留下他的传说。在喧嚣过后,斯科特还是那个 36 岁的父亲,还是那个爱打冰球的会计。

如果给你一张美女的照片,那么你会猜测此人应该是模特还是职员?很多人会猜测是前者,但实际上,按职业划分,模特的数量要比职员少得多,因此后者才是可能性更大的回答。同样的道理,会计也远比球员多,成为一名会计所面对的竞争远远小于成为一名球员。

会计是枯燥工作的代名词,按照塔勒布的标准,这个群体的报酬是呈高斯分布的,因为其报酬取决于工作年限和工时的长短,如果一个人一辈子的工作时间按一万小时计算,那么很容易计算出极限值。球员群体则不同,顶级球员与底层球员的收入差距是很大的。在这里,幂律分布统治了一切。

世界是公平的。更少的竞争与更多的平庸是可以画等号的。

Lowy Institute 的高级研究员 John Edwards 说:"公司利润波动往往比员工工资的波动大得多。"

人们无法想象公司会向大批员工主动加薪 20%,但在公司经营不力的时候,降薪20%甚至裁员的情况却偶有发生。政策的变化和新技术可以让公司利润快速增长，而经济危机和政策的转向也可以轻易让公司陷入经营困境，公司经营的波动性远远高于员工表现的波动性。相应的，公司的利润波动也高于员工工资的波动。

会计的收入分布、依据照片判定是职员的可能性、员工涨薪的幅度大都是可预测的，并没有过多的不确定性，总体的平均水平可以由观察值的平均值计算，误差也很小，高斯模型的均值方差可以解释这类事物。这就是平均斯坦的世界观。

运动员的收入分布、依据照片判定是模特的可能性、公司利润波动的幅度等是不可预测的，总有黑天鹅事件出现试图打破平衡，在这个幂律分布统治的世界里，均值和方差都不存在，一切误差都是可能存在的。观察到的数据和真实的情况相差很大。这就是极端斯坦的世界观。

如果随机挑选两个人，他们的财富总和为8000万元，那么可以想象两个人很有可能的财富分配不是平均每人4000万元，而是分别为7999万元和1万元。

在极端斯坦的世界里，有一系列有趣的观察。

- 为什么自由市场比计划经济更能激发活力？因为它允许人们追求未知的商业模式，人们从积极的试错中获得预期外的收益，而非固定的报酬或奖励。
- 为什么在灾难面前专家的建议往往失效？因为专家在平均斯坦时期形成的经验在遭遇极端斯坦时往往无法奏效。
- 为什么时光机才是毁灭人类的终极科技武器？因为一旦掌握了这样的技术，人类的苦难将会大大减少，故步自封的可控变革将让人类经历进化的停滞和最终的灭绝。

如果生命的目的是长寿、繁衍、不伤害其他物种并给所有人带来快乐的话，那么树才是最大的赢家。危险的环境和危机感才是驱使人类不断进步、不断发现新事物的根本动力。如果人类没有了苦难，也就失去了创新、探索未知的动力。

西蒙·范·布伊说："生活是相反事物所创造出的短暂的美，人类的生存依赖于冲突，依赖于肉体和精神被困在这个日渐衰老的躯体内所形成的两股力量。"

从某些方面讲，有些罪犯也是有创造力的"发明家"。虽然这不符合直觉，但有害的发明也可能给人们提供一个契机，去创造前所未有的新事物。随着网络的兴起，有组织的战争对人们的吸引力和它们的作用都会越来越弱。同样，由于互联互通，一次相对简单的黑客攻击在合适的时间和场合也会造成联级式的破坏，但破坏的影响也随即被新的事物替代。极端斯坦一次又一次的胜利就源于人类探索新方式的冲动和渴望，收益的巨大杠杆效用产生的诱惑使人无法抗拒。

在平均斯坦的世界里，一个不好的事件发生，必须源自一系列不太可能发生的事件，而不是一个单一的事件；在极端斯坦的世界里，毁灭更可能来自一个极端事件，而不是一系列糟糕的事件。

对于保险行业来说，更希望损失来自多个不那么极端的事件，而不是一个单一的极端事件。也就是说，保险行业只能在平均斯坦的世界里存在，如果有发生灾难的风险，保险公司就不会起草一份无上限的保险合同。

在极端斯坦的世界里，远离分布中心的极端事件起着非常大的作用，这就是黑天鹅事件（黑天鹅事件通常被误解的一点在于，它并不是更频繁地出现，只是影响更大）。

一种新流感在大流行之前是未知的，在大范围爆发之前，其可能导致的死亡人数是很难预测的，只能通过查看过去的流感历史数据来估计可能导致的死亡人数。

- 黑死病：造成30%～60%的欧洲人丧生。
- 西班牙流感：传染了全世界3%～5%的人口。
- 1968年流感：大概导致了100万人死亡。

虽然新流感并不少见，却并不总是导致如此惊人的死亡人数。核心问题是，这些疾病导致的死亡人数变化很大。按照我们的判断标准，它们必定来自极端斯坦的世界。的确，这些疾病的确在相对较短的时间内使死亡的人数增加了几个数量级。

再来考虑由心脏病造成的死亡人数：**2020年由心脏病造成的死亡人数会是2019年的两倍吗？**

显然，这是不可能的。实际上，由心脏病造成的死亡人数一直呈稀疏分布，它们来自平均斯坦的世界。

《经济学人》曾犯过一个低级错误：将埃博拉病毒与其他常见疾病放在一起进行比较。专家们引用所谓的"经验"数据告诉我们，2016年只有两名美国人死于埃博拉病毒，因此我们过分担心埃博拉病毒是多余的。

不知道他们是否想过，**如果我们在报纸上看到有10亿人突然死亡，那么他们死于埃博拉病毒的可能性要远远大于死于吸烟、糖尿病或车祸的可能性。**这里的教训是，当不同现象背后的机制相差很大时，不宜在来自两个世界（平均斯坦世界和极端斯坦世界）的统计数据之间进行比较，这样做不是好的统计学实践。**但可悲的是，**

在大数据时代，这种情况越来越多。

　　心脏病和老年痴呆这些平均斯坦世界里的老年病，并没有引起年轻人和中年人的重视。相反，极端斯坦世界里的自杀、谋杀、恐怖主义的影响却被急剧放大了。于是，比尔·盖茨说："恐惧扭曲了我们对事实的洞察。"但他的结论却是错的，真相恰恰相反，正因为恐怖主义引起了过分关注，其发生的概率才处于低位。只有放松警惕，才会让恐怖主义从极端斯坦世界进入平均斯坦世界，使暴力失控。恐惧导致安全。

　　极端斯坦制造极端事件，与此同时，极端斯坦带来的恐惧又让我们远离极端事件。极端斯坦同时扮演了双面角色，它无处不在。

　　极端斯坦世界里不都是可怕的事，这里有暴力、灾难，但也充满了活力、机遇。在不服从命运安排的人身上，你往往能够发现一种特质，即打破平庸的束缚，找到不可能，找到极端斯坦。但将人生变成一场对极端斯坦的追逐，抓住随机性带来的机遇并不轻松。塔勒布告诉我们，其难度在于以下几点。

　　（1）我们不能直接观察到极端斯坦，能观察到的是极端实例。

　　（2）某个极端实例也许不能直接告诉我们它是否属于极端斯坦，因为极端斯坦隐藏得很好，在实例有限的情况下，极端斯坦往往乔装打扮成平均斯坦而不被人察觉，如肥尾分布在灾难发生前比薄尾分布稳定得多。

　　（3）我们只能通过极端实例知道自己是否身处极端斯坦世界。观测到多少只白天鹅能够估计未来黑天鹅出现的概率？再大的样本量都不能，而一旦出现一只黑天鹅就会让你的认知瞬间颠覆。

　　真正重要的是，这场对极端斯坦的洞察和追逐，需要亲身参与而不能只是旁观。

　　人生有限，所以：

　　不要将宝贵的时间浪费在重复别人的生活上。

　　不要被教条束缚生活在他人思考的结果里。

　　不要让他人的观点所发出的噪声淹没你内心的声音。

　　在经历平庸的馈赠时也不要忘记拥抱极端斯坦创造的机遇。

叁

遍历性灾难

在人生的中年时期,"爱"的内容有一大部分是要陪伴你爱的人度过人生的灾难。

——布莱恩·莫顿

在电影《星际穿越》里,有这样一段对白。

库帕:怎么了墨菲?

墨菲:为什么你和我妈要用不好的事给我取名?

库帕:我们没有。

墨菲:墨菲定律呢?

库帕:墨菲定律并不是说有坏事发生,而是说只要有可能的事,就一定会发生。而这听起来没什么不好。

墨菲定律有两层含义。

- 很多突发状况都可以与它之前发生的任何事情没有任何因果之间的必然联系。那些独立的随机事件是无法被预测的,它们毫无规律可言。极端事件发生的概率大于零。
- 即便我们可能一次又一次地远离极端事件(无论好坏),但随着时间的推移,不断重复地暴露在这样的事件中,这个事件就一定会发生。只要时间够长,该发生的事件就会发生,哪怕它是极端事件。

假设全世界的河流平均发生大洪水的间隔是一百年,即所谓的百年一遇,但你却发现同一条河流发生百年一遇的大洪水,三年内你就遇到了两次。难道统计学算错了吗?并没有,这个问题与遍历性有关。

假如有一个赌场,里面有 30 个赌徒,他们某一天的输赢会有一个比例,你可以以此来考察赌博游戏的公平性。但如果这里没有 30 个赌徒,你自己需要连续赌博 30 天,这里的输赢似乎也会有一个比例,但对你而言这个比例没有任何意义,因为或早或晚你总会在某一天输光。

如果你不知疲倦地玩俄罗斯轮盘赌,那么你不会随着经验和技巧的提升获得更高的预期收益，并成为轮盘赌世界冠军。正相反，你将会面对一件更加确定且可怕的事情：死亡。

没有人会说："看，前几天没有战争，所以我们不需要军队。"只要你愿意，你总能找到一大堆理由和证据，证明以前的原则不会导致破产，但你却无法确保以后一定不会破产。这就像你戴着眼罩和耳罩试图过马路，并且成功了，但这一事实并不能证明这个行为没有风险。

对于毁灭性的问题而言，随着时间的推移，尾部事件会导致某种终极的毁灭。**即便人们很有可能在一次这样的事件中幸存下来，但随着时间的推移，不断重复地暴露于这样的事件中，幸存下来的概率最终为零。**

这就是一个非遍历的环境，在非遍历环境中，期望收益的概念没有任何意义。

了解了这个故事，我们就可以正式地定义遍历性。

- 考察一个固定地点的时间轨迹，如一个赌徒30天的表现，这是一个时间概率。
- 考察一个固定时间的空间轨迹，如30个赌徒的平均表现，这是一个集合概率。

如果两个概率的值是一致的，时间和集合的不同视角并不影响最终的结论，我们就称存在遍历性。我们往往被教育并且认为，大多数系统是遍历性的。然而，几乎每个人类系统都是非遍历性的。如果你不想死亡或破产，那么了解遍历性至关重要。

本质上，如果你在赌场里输光了所有的钱（时间概率），那么别人也在输钱（集合概率）并不能给你带来任何好处，但人们却常以此来安慰自己，并时常乐观地想象，当别人赢钱的时候自己也该赢钱。然而这些虚妄的想法都是建立在遍历性之上的。

一个人在年富力强的时候开始赚钱并投资，当然花钱的地方不少（投资＋亏损），最后资不抵债变得一穷二白，最终破产，这是时间的力量。在集合（空间）的观点上，别人的破产并不会带来自己的破产。

这就是为什么在现实生活中谈论 "*如果你在1999年购买了亚马逊的股票并持有20年，你就是人生赢家*" 这种马后炮的例子是极度愚蠢的。

尽管1999年亚马逊的股票价格暴跌了90%并处于低位。但在1999年买了许多亚马逊股票的人可能同一时间买了许多其他的股票。或者，这个人在2001年觉得亚马逊没什么前途，早早地就卖掉了所有股票。这些时间轴上的可能决策都被"马后炮学家"们忽视了。

想象一下，有一对 1902 年出生并且即将退休的美国夫妇——尼克和南希。他们都 63 岁，通过劳作、智慧、毅力和一些运气存下了 300 万美元的积蓄。南希为此制订了一个养老计划：每年从积蓄中拿出一定的钱，并使这些钱维持到 95 岁。他们预计财富投资年均回报率是 8%，以此支持每年 18 万美元的消费，并计划每年增加 3% 的金额用于支付利息。按照这一计划，他们的总财富将在 75 岁达到峰值：350 万美元。此后，他们的总财富将一直递减，直到 95 岁。

这个计划看起来不错，没有什么瑕疵。我们预感她们在后面的 32 年里会度过幸福的晚年。然而，结果却是悲剧性的，两个人在 79 岁的时候就破产了。

即便两位老人能够预测未来，知道在 1966 年到 1997 年的这段时间里道琼斯指数的平均回报率为 8%，他们也不一定能如愿以偿地安度晚年。如果把时间线展开，就会发现：1966 年到 1982 年，基本上没有回报，道琼斯指数基本没有变化；1983 年到 1997 年，道琼斯指数以每年超过 15% 的速度增长，从 1000 点上升到 8000 点。

市场回报的波动非常大，这里没有遍历性，于是稳定期望收益的梦想破灭了。

误解遍历性不是只有像尼克和南希这样的散户投资者才会犯的错误。美国长期资本管理（Long-Term Capital Management，LTCM）公司成立于 1994 年，公司董事会成员包括但不限于 Myron S. Scholes 和 Robert C. Merton，这二人共同获得了 1997 年的诺贝尔经济学奖。LTCM 公司最初的运营是极其成功的，前三年的回报率分别是 21%、43%、41%。但在 1998 年，它在不到 4 个月的时间里亏损了 46 亿美元。

问题之一就在于，他们只用了 5 年的财务数据来建立数学模型，从而大大低估了一场严重的经济危机的风险。虽然 20 年一遇的事件不太可能在 5 年的数据中出现，但谁能 100% 确信第 6 年不会发生呢？

这种逻辑普遍存在于大多数人对自己企业的看法中。如果策划了一个产品，开发成本为 1000 美元，这个产品有 1% 的机会得到 100 万美元的收益，那么这个产品的预期价值将会是 1%×100 万美元 =10000 美元，即 10 倍的投资回报。然而当你一次又一次不断追求这一策略时，等待你的最终结果只有一个：申请破产。

遍历性灾难是如此普遍，以至于固定的策略总会招致毁灭。对此一个自然的想法是，将遍历的风险分散开。你可以把自己划分成一个部分能够独立承受失败而不"拖累"其他部分好的表现的集合，从而使自己更加遍历。坏事不会同时到来，但你可以保证总有好事会发生。

于是，金融领域常用杠铃式的投资方法，即将一组国债（据说非常安全）与期货（据说非常危险）组合在一起。在过去 30 年左右的时间里，股票和国库券大多与长期资本管理类似，具有反相关性或不相关性。但正如我们在第 8 章肆节中看到的，这一观点也值得怀疑。

但还是要批判地吸取杠铃策略的优点。

例如，将 80% 的资本投入风险较小的领域，如现金或无杠杆房地产，将 20% 的资本投入风险较大的领域，如天使投资或创业。对于个人理财也有一个常见的建议，即设立一个应急基金，将 3~12 个月内的部分预估支出保存起来，只有在紧急情况下才能动用。营销领域提倡 70/20/10 的方法：70% 的营销支出集中在最可预测、会带来稳定回报的渠道上，然后逐渐地用 20% 和 10% 的营销支出进行更多渠道的实验。即使实验失败了影响也不大，但如果实验成功了，宣传效果就会大幅提升。

仔细思考可以发现，杠铃策略似乎具备了两层含义。

- 将风险分摊给不同遍历属性的事物，减少单一负面影响。
- 倚重稳定收益，尝试通过少量投机获得超额回报。

肆

脆弱与反脆弱

有人拿一颗处于第七维度的行星当星级酒吧台球桌上的球。一杆打进黑洞。一百亿人死于非命。

——道格拉斯·亚当斯《银河系漫游指南》

有这样一个抽象的命题:有一个随机变量 X,该随机变量的影响被看作 $F(X)$。

这样的 X 和 $F(X)$ 在现实中有一种普遍存在的联系。

- 若 X 是人口出生率,则 $F(X)$ 可以是人口老龄化的趋势。
- 若 X 是股票价格,则 $F(X)$ 可以是期权的定价。
- 若 X 是家庭成员收入,则 $F(X)$ 可以是家庭的资产情况。

往往有这样一种倾向,评论家习惯关注 X,并认为实干家也应该关注 X。但常常事与愿违,对实干家来说,更有价值的往往是 $F(X)$,而不是 X。

这有点像统计推断和统计决策之间的差别。

- 统计推断反映的是科学的客观推断,理性分析,探求真理。
- 统计决策反映的是个人的主观行动,计算利弊,承担损益。

了解推断和行动之间的差异至关重要。

在现实的肥尾世界中,人们可能面对的风险有以下几种。

(1)不知道分布的类型和性质,如将幂律分布看作正态分布。这个后果可能是灾难性的。就像正态分布下 3σ 的极端事件,在同样的概率下,幂律分布下可能出现 10σ 的极端事件,以至于 Pareto 分布下可能出现 100σ 的极端事件。

(2)知道分布的类型和性质,却由于对肥尾的误判错误地估计了参数。这个后果同样可能是灾难性的。例如,小样本下的决策,因为尾部通常是看不见的,所以需要海量的样本,如果样本不足,就会带来错误的估计。对于极端的情况,如对 Pareto 分布来说,需要 1 亿个观测值,才能匹配 30 个观测值的高斯分布。又如,肥尾分布通常也带来了"尖峰",这意味着增大了样本出现在中心区域的概率,因此在小样本下,肥尾往往给人分布更集中的幻觉。

（3）黑天鹅事件。黑天鹅事件是无法被量化的，这与技术无关，而是世界观的冲击。任何统计的量化都是经验里的产物，因此经验之外的东西是无法被量化的。

无论处理的是哪种风险，甚至包括黑天鹅事件，人们关注的通常都是 X，即对 X 进行预测。但在肥尾的世界里，过度关注 X 就会遇到一个难题：小概率的 X 是不可计算的。这个问题也被称作知识的局限性（the Limits of Knowledge）。幸运的是，现实中仍有办法来处理这样棘手的情况。虽然我们不了解 X，但可以通过研究能够理解的 $F(X)$ 来处理 X。

这里的数学秘诀如下。

- 如果 $F(X)$（S 函数）为左凸右凹的［见图（a）］，则肥尾的 X［见图（b）］可被转换成薄尾分布［见图（c）］。
- 如果 $F(X)$ 是 sigmoid 函数［见图（d）］，则肥尾的 X［见图（e）］可被转换成有界的反正弦分布［见图（f）］。
- 如果 $F(X)$ 是左凹右凸的［见图（g）］，则肥尾的 X［见图（h）］可被转换为带有更肥的尾的分布［见图（i）］。

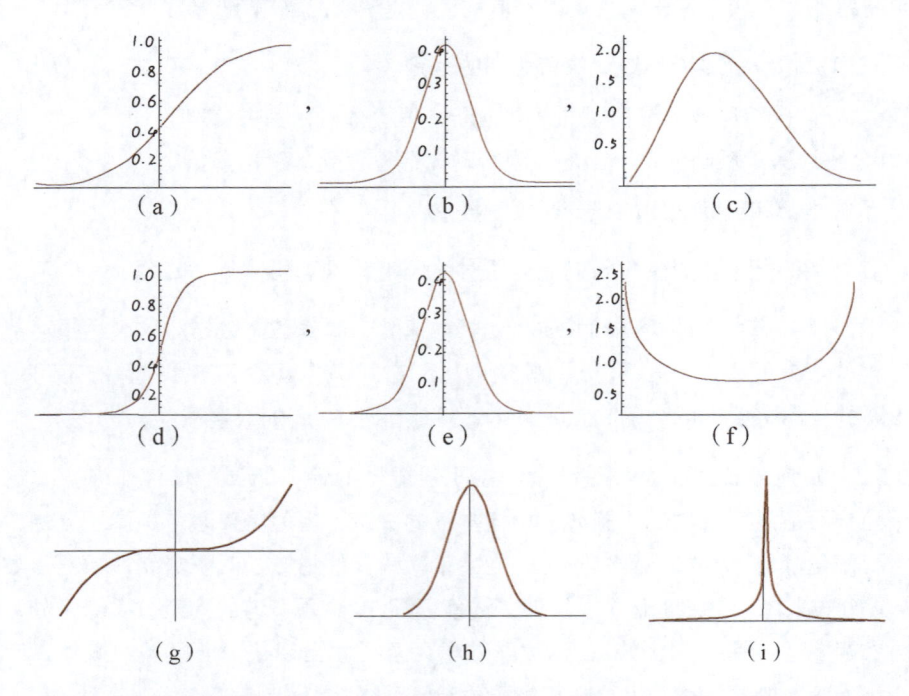

虽然知识的局限性束缚了我们对肥尾的 X 的理解，但以上秘诀告诉我们，我们

可以部分控制 $F(X)$，使其变成更容易分析和理解的薄尾分布或有界分布。

这也是塔勒布在 *Antifragile* 中提到的脆弱/反脆弱的故事。

- 当 $F(X)$ 是凹性（脆弱）的时，关于 X 的误差可能会变成 $F(X)$ 的极端负值。
- 当 $F(X)$ 是凸性（反脆弱）的时，关于 X 的误差基本不会带来 $F(X)$ 的极端情况。

塔勒布认为，在试错或有选择的情况下，我们不需要像了解风险一样了解 X，因为 X 的真实特性在小样本的情况下可能会被淹没。因此，我们要多关注 $F(X)$，因为我们可以分析它、改变它，而不要去研究难以捉摸的 X。

一个大概率赔钱的策略不一定是糟糕的策略，只要没有破产的风险且小概率能获得巨大收益即可，如尾部对冲策略；一个胜率为 99.99% 的策略也不一定是好策略，只要不能完全规避破产的风险，前期盈利就都可能会归零，如长期资本管理的杠杆统计套利理论。

显然，寻找反脆弱，即凸性的意义就是让潜在的结果对我们有利，或者至少不会对我们有害。

我们要牢记这条规律：$F(X)$ 对我们有利的变换通常不会是线性的。$F(X)$ 越凸，$F(X)$ 的统计性质和其他性质就越偏离 X 的统计性质和其他性质，$F(X)$ 越非线性，这种偏离就越显著。正如戏局谬误中，经理不理解为什么交易员预测市场价格上涨，但却做空市场一样，很多人有意或无意地把 X 的概率和 $F(X)$ 的概率混淆了。人们重视概率 X，而忽视了赔付 $F(X)$。

现实世界中的回报通常并不是基于概率的，而是基于赔付的，但是人们在直观上更在意概率预测。很少有人意识到，不论概率 X 是如何度量的，在肥尾的场合下，它都不如回报函数 $F(X)$ 重要。在大量决策科学文献中，即便有人看到了 X 和 $F(X)$ 之间的差异，往往也不会意识到通过凸变换控制 $F(X)$ 比直接控制 X 更容易。

预言家专注于预测 X 的数学实践已经远远落后于实干家专注于行动 $F(X)$ 的脚步。这就解释了为什么在现实世界中，"糟糕的"预言家却可以是伟大的实干家，或者正相反，"糟糕的"实干家却可以成为伟大的预言家。

风险管理的核心是不断调整非线性的回报函数 $F(X)$，而不是对 X 做出好的预测。$F(X)$ 的凸凹性是比有关 X 的知识更值得关注的对象。

老猎人有句格言：误把熊当作石头要比误把石头当作熊的后果坏得多。这意味着，在现实世界中重要的是表现，即收益，而不是概率。计算真正是熊的概率有多大在面临生死抉择的时候毫无意义。

- 当一个人押对的时候，会有很大的收益，但押错的时候，损失却很少。
- 当一个人押错的时候，会有很大的损失，但押对的时候，收益却很少。

你更喜欢哪个？答案不言自明。

小的错误如果影响有限，就应该被鼓励，而不应该被惩罚，这里无关犯错误的概率。如果犯错误没有成本或成本很低，或者有助于你的生存，这就不是一个错误。假如地球暴露给地外文明会被消灭，相当于无穷大伤害，对方完全合作好处也有限，那么彻底避免暴露必然是最优策略。但问题是不暴露人类也照样有可能遭遇灭顶天灾，得到其他文明的帮助还有助于免遭灭顶，这算不算无穷大利益？《三体》黑暗森林法则用到的无限猜疑链很惊艳，其本质是通信领域中经典的两军问题：你必须赌博，没有完全无风险的选项可选。

参加鸡尾酒会是一个明智的选择，因为这只会浪费你一点个人时间（有限的负面影响），但你可能会遇到一个改变你一生的人（无限的正面影响）。哥伦布之所以被人们称为冒险家，不仅是因为他坚信并愿意用行动去证明地球是圆的，更重要的是他利用商业凸性机会收获了冒险带来的巨大收益。看的人觉得那是冒险，做的人却知道那是深入思考之后得出的结果。思考越深入的人，越倾向于坚定地遵循思考结果。

平庸者的思考往往深度不足，不足以理解甚至抗拒凸性机会的现身。冒险通常是指他人对冒险者的表面理解，而不是指冒险成功的人的思考和行动。

凸性机会不一定总是积极的。例如，感染病毒的无症状者也能够传播病毒，不但让传统的温度检测措施形同虚设，而且大大提高了病毒的传播性；感染病毒的人被隔离、接受治疗，他会担心自己没有保险，不足以支付医疗费用。病人在健康和财产之间取舍不定使得一部分人甚至不想去接受病毒检测，这一社会性问题也为病毒的传播制造了有利条件。狡猾的新型冠状病毒无时无刻不在利用有利的凸性机会给人类制造难题。

人们常常担忧，对小概率事件的反应过度会助长我们的偏见。相关认知实验也向人们展示了类似的结论，以此表明人们对小概率事件反应过度。然而，这些研究过分关注反应过度的案例，却没有包括人类低估相关事件的影响后果。

斯坦福大学的概率和统计学家 Persi Diaconis 说："人的大脑生来就不太擅长进

行概率计算。"因此对风险的判断不应该仅关注概率数字本身，我们并不擅长于此。对风险的判断涉及概率及其后果，两者应该相乘。许多领域的事件都有肥尾，这意味着可能产生比传统统计方法认定的更显著的影响。当这种影响较大时，对小概率事件的过度反应不是非理性的，因为概率与危害的乘积更重要，大于传统概率分布的预期。

简单的计算即便有大概率的结果也将不敌低概率、无限损失的后果，即毁灭。当随机性一直在发挥作用时，不值得过度耗费心神了解概率。对付无常的最佳实践恰恰是反直觉地远离概率，未雨绸缪地去考虑事件影响的更加重要的东西：损益。

伍

人生算法

我对自己的要求很低：我活在世上，无非想要明白些道理，遇见些有趣的事，倘能如我愿，我的一生就算是成功的。

——王小波

泰德·威廉姆斯可以说是棒球史上最伟大的击球手之一。这位外野手是美国职业棒球大联盟中最后一个安打率超过 0.400（命中率为 40%）的球员。也是唯一一个单个赛季打出 400 次安打的球员。1941 年，他的安打率达到了 0.406。威廉姆斯参加比赛有许多革命性的个人特点，包括使用较轻的球棒快速挥棒，总是在第一个球时就丢球来衡量投手的"能力"等。

但威廉姆斯的辉煌战绩背后还有更深刻的秘密。他如此痴迷于击球，以至于当他退休后，还写了一本书《击球的科学》，在这本书里，他道出了自己的秘密。威廉姆斯认为，只要保持在最佳打击范围内，他就能为自己和球队带来最大的成功，他毕生都强烈地相信并践行这种纪律性的方法。只有当球落在他认为最核心的区域时，威廉姆斯才会挥棒，即使他知道可能因此而三振出局，但这个代价是值得的，毕竟去打那些次要区域的球会大大降低他的命中率。

威廉姆斯的策略就是"窄化选择"，发挥自己在红区能力圈的优势获取更高的命中率。如果他等待的投球真的在他的最佳打击范围内，他就有40%的命中率；如果他急不可耐或来者不拒，在低角位置挥棒，他就只有23%~25%的命中率。在威廉姆斯看来，做决定的方式，即决策过程很重要。获得成功的第一步就是等待一个好的机会。

恰巧，这也是沃伦·巴菲特的投资哲学。

巴菲特曾说过："我开发了很多过滤器。过滤出来的部分被称为我的能力圈，我一直在这个圈子里，而不必担心那些圈外的事情。游戏是你自己定义的，你在自己的游戏里占据优势非常重要。"巴菲特最喜欢在投资领域"看着球一个接一个地飞来，然后待在最舒适的地方等待击打……"

这当然是一个理想化的说法，在一些投资决策中，虽然可以选择与威廉姆斯做同样的事情，即坐着看书，等待合适的机会。然而，大多数决定都不是那种性质的，根本没有等待完美的投球机会的选择，一个人必须在一个信息不完全的不确定世界中做出决策。

威廉姆斯在挥棒之前，一直在等待具有超额回报的极端斯坦的降临。

巴菲特在投机机会浮现之前，一直在利用自己的过滤器期待极端斯坦的眷顾。

威廉姆斯的击球策略和巴菲特的过滤器，将我们的视线锁定在了同样的肥尾世界观里：变量的概率与收益的概率不是一回事，在真实世界中几乎没有线性规律的普遍存在。正是非线性带来了事物的凸凹性，带来了脆弱和反脆弱的特点。

冯·诺依曼时代的博弈论、经济福利理论、Pareto最优、卡莱斯基模型、汉森－萨缪尔森模型等，无一例外都是线性的、薄尾的，也无一例外地全部败下阵来。

博弈论的确很精密，但它的失败也埋藏在它的典型线性假设上，在方法论匮乏的年代，其思想在经济学上的应用显著地被高估了。不论是物理、气候研究，还是经济学研究，利用冯·诺伊曼的线性模型所做的长期预测也常常失败，失败并不是单纯数学推演导致的，线性假设也难辞其咎。此后的卡莱斯基模型，汉森－萨缪尔森模型都是线性的，无法解释经济领域里振荡发生的原因。为了自圆其说，只能将这种波动归因于外生的冲击。当然，这种全新引入的冲击也是线性的、薄尾的。

直到数学进一步发展，建立起非线性系统的模型，才打破了这个封闭的认知。

数学家门利用数学的方法甚至可以模拟出蝴蝶效应。全新的数学工具让运行的每条轨迹都严格地被方程决定了，但其长期发展却是无法计算和预测的。神奇的是，这个高度不稳定的行为由一个完全没有任何外生冲击的内生系统生成。

太阳的活动会影响到农业、旅游业甚至燃料价格，市场也会受到循环经济周期的影响从而变得不可预测。就像钟摆在摆动时，如果周期性地受到外力的影响，那么因为渐增的振幅、摆动的阻尼存在，其结果很可能是无法预测的。受到物理学的启发，国际贸易模型、商业周期模型、相互依赖市场模型相继被创造出来，它们都是非线性的。

不同于线性的、薄尾的旧哲学，理论的发展让我们自然而然地发展出一套全新看待世界的人生哲学。

（1）观察我们所处的环境是平均斯坦的还是极端斯坦的。

（2）观察我们面对的事件是否存在遍历性。

（3）考量该事件对我们的影响是脆弱的还是反脆弱的。

人们普遍认为统计数据是关于从数据中提取某些模式的感觉，或者从有限的人生经历中获取有用的人生经验，但这很有可能犯错。提取模式很容易，难的是如何通过尝试和实践不断过滤掉经验数据里的垃圾，从而窄化选择。

在每个问题里，我们至少有两种对立的选择。

高斯的或幂律的。

非遍历的或遍历的。

脆弱的或反脆弱的。

作为竞争的理论，它们都可以被看作贝叶斯公式分母中配分函数里相互竞争的世界观解释，而分子中的先验和似然函数则来自我们对世界的固有看法和不断增加的人生阅历，它们不断地修正我们对不同世界观看法的权重。这三个关乎人生的问题，每个都是一个窄化自己选择的机会，让人生美好的一面落入自己的最佳舒适区。这种窄化并不过度地削减每个人的自由。正相反，它让人们在嘈杂的噪声中寻求人生的真谛。

如果你的人生选择是通过贝叶斯方法走向肥尾认知，就先把自己变成"极端斯坦人"，这样才有机会寻找珍宝一样的凸性机会。而不应在平均斯坦世界里研究枯燥的概率或频率，并等待所谓的"运气"。只有这样，serendipity，也就是"意外发现珍奇美好事物"的能力才会降临到你的身上。

> **serendipity**
> [noun] [English]
> the effect by which one accidentally stumbles across something truly wonderful especially while looking for something truly unrelated.

参考文献

[1] PAGE S E. The Model Thinker[M]. New York：basic books，2019

[2] 张厚粲. 现代心理与教育统计学 [M]. 北京：北京师范大学出版社，2009

[3] 屈婉玲. 离散数学 [M]. 北京：高等教育出版社，2008

[4] WILLIAMS D. Probability with Martingales[M]. Cambridge：Cambridge University Press，1991

[5] BECKER G S. 人类行为的经济分析 [M]. 王业宇，陈琪，译. 上海：上海人民出版社，1995

[6] FELLER W. An Introduction to Probability Theory and Its Applications[M]. 北京：世界图书出版社，2021

[7] JAYNES E T. Probability Theory:the logic of science[M]. Cambridge：Cambridge University Press，2003

[8] 孙振球，徐勇勇. 医学统计学 [M]. 北京：人民卫生出版社，2018

[9] 基思·斯坦诺维奇. 这才是心理学 [M]. 窦东徽，译. 北京：人民邮电出版社，2020

[10] 陈希孺. 数理统计引论 [M]. 北京：科学出版社，1981

[11] BEIRLANT J，GOEGEBEUR Y，SEGERS J，et al.Statistics of Extremes:Theory and Application[M]. Chichester：John Wiley & Sons，2004

[12] PITMAN J. Probability[M]. Cambridge：Cambridge University Press，2010

[13] RICE J A. 数理统计与数据分析 [M]. 田金方，译. 北京：机械工业出版社，2011

[14] WASSERMAN G S. 工程设计中的可靠性验证、试验与分析 [M]. 石健，译. 北京：机械工业出版社，2015

[15] LEE Y L，PAN J，HATHWAY R，et al.Fatigue Testing and Analysis Theory and practice[M]． 2004

[16] 陈希孺． 数理统计学教程 [M]． 安徽：中国科学技术大学出版社，2009

[17] FREEMAN D，PASANI R，PURVES R. Statistics[M]. New York：W.W.Norton&Company，2007

[18] GRINSTEAD C M，SNELL J L. Grinstead and Snell's Introduction to Probability[M]. Orang Grove Texts Plus，2009

[19] DENNETT D C. 直觉泵和其他思考工具 [M]． 冯文婧，傅金岳，徐韬，译． 杭州：浙江教育出版社，2018

[20] MIKOSCH T. Elementary Stochastic Calculus[M]. World Scientific Publishing Company，1999

[21] 彼得·考夫曼． 穷查理宝典 [M]． 李继宏，译． 北京：中信出版社，2017

[22] SUSSKIND L，FRIEDMAN A. Quantum Mechanics: The Theoretical Minimum[M]. New York：Penguin，2015

[23] EFRON B，HASTIE T. Computer Age Statistical Inference[M]. Cambridge：Cambridge University Press，2016

[24] TALE N N. 动态对冲：管理普通期权与奇异期权 [M]． 熊赞，戴岭，王瑞，译． 北京：中国财政经济出版社，2016

[25] TALEB N N. Statistical Consequences of Fat Tails[M]. STEM Acadmemic Press, 2020

[26] TALEB N N. Election predictions as martingales: an arbitrage approach[M]． 2018

[27] CIRILLO P, TALEB N N. Tail Risk of Contagious Diseases[M]． 2020

[28] NORMAN J. Systemic Risk of Pandemic via Novel Pathogens - Coronavirus：A Note[M]． 2020

[29] 克劳斯·迈因策尔． 复杂性思维：物质、精神和人类的计算动力学 [M]． 曾国屏，苏俊斌，译． 上海：上海辞书出版社，2014

[30] 保罗·费耶阿本德． 自然哲学 [M]． 张灯，译． 北京：人民出版社，2014

[31] FEYERABEND P. Against Mothod[M]． 上海：上海译文出版社，1992

[32] 保罗·费耶阿本德． 经验主义问题 [M]． 汪意云，译． 南京：江苏人民出版社，2010

[33] SMOLIN L. 物理学的困惑 [M]． 李泳，译． 长沙：湖南科学技术出版社，2008

[34] SMOLIN L. Three Roads to Quantum Gravity[M]. New York: Basic Books, 2001

[35] 赵凯华. 定性与半定量物理学 [M]. 北京：高等教育出版社，2008

[36] FISHER R A. On the mathematical foundations of statistics[M]. 1922

[37] WALD A. Statistical Decision Function[M]. Chelsea Pub, 1971

[38] FISHER R A. The Design of Experiments[M]. 1926

[39] 冯国双. 白话统计 [M]. 北京：电子工业出版社，2018

[40] THRUN S, TEICHMAN A. Probabilistic Robotics[M]. MIT Press, 2006

[41] POPPER K. Postscript to the logic of Scientific Discovery[M]. Routledge, 1988

[42] POPPER K. Objective Knowledge[M]. Oxford University Press, 1972

[43] POLYA G. How to Solve it[M].Princeton University Press, 2004

[44] 欧几里得. 几何原本 [M]. 张卜天，译. 南昌：江西人民出版社，2003

[45] 亚里士多德. 工具论 [M]. 刘叶涛，译. 上海：上海人民出版社，2018

[46] 康德. 未来形而上学导论 [M]. 李秋零，译. 北京：中国人民大学出版社，2013

[47] L. 沃塞曼. 统计学完全教程 [M]. 张波，刘中华，魏秋萍，等译. 北京：科学出版社，2008

[48] SHANNON C E. 通信的数学原理 [M]. 1948

[49] 丹尼尔·卡尼曼. 思考，快与慢 [M]. 胡晓姣，李爱民，向梦莹，译. 北京：中信出版社. 2012

[50] EFRON B，MORRIS C. Stein's Paradox in Statistics[M]. 1970

[51] 周志华. 机器学习 [M]. 北京：清华大学出版社，2016

[52] FISHER R A, TIPPET L H C. Limiting forms of the frequency distribution of the largest or smallest member of a sample[M], 2008

[53] 刘慈欣. 三体 [M]. 重庆：重庆出版社，2008

[54] TRIVED I K. Probability and Statistics with Reliability, Queuing and Computer Science Applications[M]. 2014

[55] HILL B. The environment and disease: association or causation? [M]. 1965

[56] 世界医学协会赫尔辛基宣言（2013 版）[M]. 2013

[57] CUMMING G. The New Statistics: Why and How[M]. 2014

[58] BACHELIER B. 投机理论 [M]. 1900

[59] MANDELBROT B. 特定投机性价格的变动 [M]. 1963

[60] MANTEGNA R，STANLEY H. Scaling behavior in the dynamics of an economic index[M]. 1995

[61] 圣经 [M]

[62] 吉姆•柯林斯. 从优秀到卓越 [M]. 俞利军，译. 北京：中信出版社，2019

[63] 托马斯•彼得斯，罗伯特•沃特曼. 追求卓越 [M]. 胡玮珊，译. 北京：中央编译出版社，2012

[64] TALEB N N. Antifragile[M]. Penguin Random House, 2012

[65] TALEB N N. The Black Swan[M]. Penguin Random House, 2008

[66] GOWERS T. 普林斯顿数学指南 [M]. Prinston University Press, 2008

[67] MITCHELL M. Complexity[M]. Oxford University Press, 2009

[68] 布莱恩•阿瑟. 技术的本质 [M]. 曹东溟，译. 杭州：浙江人民出版社，2018

[69] SILVER N. The Signal and the Noise[M]. 北京. 中信出版社，2016

[70] IBRAGIMOV N H. A Practical Course in Differential Equations and Mathematical Modeling[M]. 北京：高等教育出版社, 2009

[71] 上田信. Combat Bible:The illustrated Manual of U.S. Army's Combat Skills[M]. 日本出版社，1992

[72] 伊曼纽尔•德曼. 失灵 [M]. 陶亮，译. 北京：中信出版社，2013

[73] 理查德•费曼. 费曼物理学讲义 [M]. 郑永令，译. 上海：上海科学技术出版社，2020

[74] 约尔格•吉多•许尔斯曼. 米塞斯大传 [M]. 黄华侨，译. 上海：上海社会科学院出版社，2016

[75] 彼得•蒂尔. 从 0 到 1[M]. 高玉芳，译. 北京：中信出版社，2015

[76] DOWNEY A B. 贝叶斯思维 [M]. 许扬毅，译. 北京：人民邮电出版社，2015

[77] 林宗涵. 热力学与统计物理学 [M]. 北京：北京大学出版社，2007

[78] CHUNG K L，AITSAHLIA F. Elementary Probability Theory[M]. Springer, 2003

[79] 靳志辉. 正态分布的前世今生 [M]. 2016

[80] WAGENMAKERS E J. Bayesian Inference for Psychology[M]. 2003

[81] HARRISON J M, KREPS D M. Martingales and Arbitrage in Multiperiod Securities Markets[M]. 2002

[82] ETZ A. How to become a Bayesian in eight easy steps: An annotated reading list[M]. 2017

[83] ETZ A. Introduction to the concept of likelihood and its applications[M]. 2018

[84] NEVES C，ISABEL M，ALVES F. Testing Extreme Value Conditions: An Overview and Recent Approaches[M]. 2008

[85] TALEB N N, Yaneer Bar-Yam, Pasquale Cirillo. On single point forecasts for fat-

tailed variables[M]. 2007

[86] TALEB N N. Four Points Beginner Risk Managers Should Learn from Jeff Holman's Mistakes in the Discussion of Antifragile[M]. 2014

[87] WONG F，COLLINS J J. Evidence that coronavirus superspreading is fat-tailed[M]. 2020

[88] HAUG E G，TALEB N N. Why We Have Never Used the Black-Scholes-Merton Option Pricing Formula[M]. 2008

[89] SMITH G. 简单统计学 [M]. 刘清山，译. 南昌：江西人民出版，2018

[90] 涌井良幸，涌井贞美. 统计学入门很简单 [M]. 刘楚姮，译. 北京：人民邮电出版社，2019

[91] RACHEV S, et al. Bayesian Methods in Finance[M]. John Wiley & Sons, 2014

[92] SPIEGELHALTER D. The art of statistics[M]. Pelican, 2019

[93] EDWARDS R D, et al.Technical Analysis of Stock Trends[M]. 北京：机械工业出版社，2010

[94] DECOURSEY W J. Statistics and Probability for Engineering Applications[M]. Newnes Press, 2003

[95] BOLSTAD W M，CURRAN J M. Bayesian Statistics[M]. Wiley, 2016

[96] LEHMANN E L. Fisher,Neyman,and the Creation of Classical Statistics[M]. Springer, 2011

[97] KEMP M. Extreme events, Robust Portfolio Construction in the Presence of Fat Tails[M]. John Wiley & Sons, 2010

[98] KURT W. Bayesian Statistics the fun way[M]. No Starch Press, 2019

[99] DONOVAN T M，MICKEY R M. Bayesian Statistics for Beginners[M]. Oxford University Press, 2019

[100] VICKERS A. what is p-value anyway? [M]. Pearson, 2009

[101] PEARL J. The book of why: the new science of cause and effect[M]. New York:basic books, 2018

[102] LAGNADO R，et al. Pension Funds Should Never Rely on Correlation[M]. 2021

[103] TALEB N N, et al.The Precautionary Principle with applications to the Genetic Modification of Organisms[M]. 2014

[104] MCGRAYNE S B. The Theory that would not die[M]. Yale University Press, 2016

[105] KRUSCHKE J K. Doing Bayesian Data Analysis[M]. Academic Press, 2010

[106] PEARL J. Causal inference in Statistics[M]. 北京：高等教育出版社，2020

[107] TALEB N N, et al. Behavioral Economics is biased, and it might not quite know it[M]. 2020

[108] MLODINOW L. The Drunkard's Walk[M]. Pantheon, 2008

[109] CHANCELLOR E. Capital Returns[M]. Palgrave Macmillan, 2016

[110] READ S, SARASVATHY S D, DEW N, et al. Effectual Entrepreneurship[M]. Edward Elgar Publishing, 2008

[111] MADSBJERG C. Sensemaking[M]. Hachette Books, 2017

[112] TALEB N N. Nudge Sinister:How Behavioral Economics is Dangerous Verbalism[M]. 2019

[113] HOANG L N. The equation of knowledge[M]. Chapman and Hall, 2020

[114] SOROS G. The Alchemy of Finance:Reading the Mind of Market[M]. John Wiley & Sons, 1994

[115] SOROS G. The New Paradigm for Financial Markets:The Credit Crisis of 2008 and What it means[M]. PublicAffairs, 2008

[116] FELDMAN D P. Chaos and Fractals:An Elementary Introduction[M]. Oxford University Press, 2012

[117] MANDELBROT B. Fractals and Scaling in Finance:Discontinuity, Concentration, Risk[M]. Springer-Verlag New York, 1997

[118] MANDELBROT B. The Misbehavior of Markets: A Fractal view of Financial Turbulence[M]. Basic Books, 2006

[119] MANDELBROT B. The Fractal Geometry of Nature[M]. W.H.Freeman and Company, 1982

[120] NAIR J, WIERMAN A, ZWART B. The Fundamentals of Heavy Tails, Properties, Emergence, and Estimation[M]. Cambridge University Press, 2011

[121] POUNDSTONE W. Labyrinths of Reasons:Paradox,Puzzles,and the Frailty of knowledge[M]. Anchor Press, 1988

[122] MAYO D G. Statistical Inference as Severe Testing:How to get beyond the statistics war[M]. Cambridge: Cambridge University Press, 2018

[123] SPITZNAGEL M. Safe Haven:Investing for Financial Storms[M]. Wiley, 2021

[124] ARTHUR W R. Complexity and the Economy[M]. Cambridge: Oxford University Press, 2014